Minerva Shobo Librairie

比較政治学

粕谷祐子
［著］

ミネルヴァ書房

はじめに

　本書は，大学3・4年生向けの比較政治学の教科書です。しかしながら，読者層としてはより広い範囲を想定しています。具体的には，一般の方で世界各国の政治を理論的観点から理解したい人，比較政治学の隣接分野（地域研究，日本政治，国際政治，政治理論，政策研究など）の研究者，そして，比較政治学の一部のテーマをすでに専門としているが他のテーマについて最近の研究動向を知りたいと思っている比較政治学研究者などです。このように幅広い層に対応するため，各章の本文はできるだけ予備知識がなくとも理解できるようにする一方で，研究者レベルの読者のために脚注を多くつけています。おおまかなことがわかればよいという方は，脚注は無視してください。

　各章では，比較政治学の主要なテーマを取り上げて，その研究蓄積状況を解説しています。その際特に重点をおいているのが，理論（実証を伴った因果関係に関する知見）の紹介です。なぜこのような形式となっているのかについては序章を参照してください。

　本書は各章で1つのテーマを扱う構成となっているので，興味のあるテーマ（章）だけを読む「つまみ食い」も可能です。しかしながら，比較政治学の全体像を把握できる，自分が興味をもつテーマが他の諸テーマとどうつながるのかを考えることができる，また，自分の専門テーマではないテーマの研究をしている人とのコミュニケーションを可能にする，というような理由から，全体を通して読むことをお勧めします。

　本書では，教科書によくみられる「さらに読み進むための参考文献」という形では推薦書を挙げていません。なぜなら，本書の扱うテーマはそれぞれに膨大な量の蓄積があるため，数冊を選ぶことが非常に困難だからです。その代わり，個々の論点につき脚注で参考文献を紹介していますので，より深く理解し

たい読者は脚注に挙げた文献を読み進めるようにしてください。

　筆者にとって比較政治学を学ぶ醍醐味は，一見混沌とした現象のなかに存在するロジックやパターンがみえてくることにあります。現象の背景にある本質をつかむこと，と言い換えることもできます。そのような比較政治学の面白さを，読者のみなさんと共有できれば幸いです。

比較政治学

目　次

はじめに

序　章　比較政治学とは何か………………………………………… 1
　1　「なぜ」を問う ………………………………………………… 1
　2　比較政治学という学問領域 …………………………………… 2
　3　比較政治学の誕生と発展 ……………………………………… 5
　4　本書の特徴と構成 ……………………………………………… 12
　5　なぜ比較政治学を学ぶのか …………………………………… 15

第Ⅰ部　国家と社会

第 **1** 章　国家建設…………………………………………………… 19
　1　古くて新しい問題 ……………………………………………… 19
　2　国家および国家建設とは何か ………………………………… 20
　3　西欧における国家建設 ………………………………………… 25
　4　非西欧における国家建設 ……………………………………… 29
　5　国家をめぐる研究の今後 ……………………………………… 33

第 **2** 章　市民社会…………………………………………………… 35
　1　市民社会の台頭 ………………………………………………… 35
　2　市民社会という「問題」 ……………………………………… 36
　3　市民団体形成の理論 …………………………………………… 41
　4　市民社会の政治的効果 ………………………………………… 45
　5　市民社会研究の今後 …………………………………………… 50

第 **3** 章　ナショナリズム…………………………………………… 51
　1　ナショナリズムの多面性 ……………………………………… 51
　2　ナショナリズムの分析枠組み ………………………………… 52
　3　マクロレベルの説明 …………………………………………… 56
　4　ミクロレベルの説明 …………………………………………… 60
　5　ナショナリズムのガバナンス帰結 …………………………… 64
　6　ナショナリズム研究の今後 …………………………………… 67

第4章　内　戦	69
1　内戦研究台頭の背景	69
2　内戦の定義と実態	70
3　内戦の経済・社会的要因	75
4　内戦の政治的要因	80
5　内戦研究の今後	83

第Ⅱ部　政治体制

第5章　政治体制としての民主主義	87
1　民主主義という難問	87
2　政治体制の諸類型	88
3　民主主義体制の定義	91
4　民主主義体制の測定	93
5　民主主義体制の下位類型	98
6　体制分析の今後	103

第6章　民主化	105
1　「民主化の第3の波」と民主化研究	105
2　民主化の歴史的展開	106
3　帰納的アプローチをとる民主化研究	108
4　演繹的アプローチをとる民主化研究	113
5　民主化研究の今後	120

第7章　民主主義体制と政治文化	122
1　文化をめぐる論争	122
2　文化をどう分析するか	123
3　政治的態度と民主主義	128
4　宗教と民主主義	133
5　政治文化研究の今後	137

第**8**章　権威主義体制の持続 ……………………………………… 139
　1　独裁者の抱える 2 つの問題 …………………………………… 139
　2　政権内コントロール問題 ……………………………………… 141
　3　社会的コントロール問題 ……………………………………… 150
　4　権威主義体制研究の今後 ……………………………………… 156

第Ⅲ部　民主主義の多様性

第**9**章　選挙制度 ……………………………………………………… 161
　1　選挙と民主主義 ………………………………………………… 161
　2　世界の選挙制度 ………………………………………………… 162
　3　選挙制度の帰結 ………………………………………………… 168
　4　選挙制度の選択 ………………………………………………… 176
　5　選挙制度研究の今後 …………………………………………… 178

第**10**章　政党と政党システム ……………………………………… 180
　1　政党をめぐる論点 ……………………………………………… 180
　2　政党の定義と類型 ……………………………………………… 181
　3　政党システムの形成 …………………………………………… 185
　4　政党システムと政党の政策位置 ……………………………… 191
　5　政党研究の今後 ………………………………………………… 194

第**11**章　執行府・議会関係 ………………………………………… 196
　1　執行府・議会関係への注目 …………………………………… 196
　2　定義，実態，本人・代理人モデル …………………………… 198
　3　議院内閣制・大統領制・半大統領制の政治的帰結 ………… 207
　4　執行府・議会関係研究の今後 ………………………………… 214

第**12**章　福祉国家 …………………………………………………… 216
　1　福祉国家をめぐる論争 ………………………………………… 216
　2　概念と歴史 ……………………………………………………… 217
　3　戦後の発展 ……………………………………………………… 222

4	1980年代以降を対象とした福祉国家研究……………………228
5	福祉国家研究の今後……………………………………………232

参考文献　235
おわりに　263
索　引　265

序章

比較政治学とは何か

理論の力を借りないのは，六分儀もなしに海をさまようようなものだ。

クレイトン・クリステンセン[1]

1　「なぜ」を問う

　日本を含め，世界各国の政治について毎日膨大な量の報道がおこなわれているが，そのほとんどは「生」の情報でしかない。すなわち，ある政治現象がどのようにおこったのかという情報である。これに対し，比較政治学は，ある現象がなぜおこったのかについて考えるよりどころ，すなわち，理論を与えてくれる学問である。[2]例を挙げよう。2012年に日本のある都市の市長がそれまでの原発反対から容認へと急に政策立場を変えたというニュースが流れた。[3]比較政治学の理論を使うと，この市長がなぜそのような行動をとることができたのか，ある程度説明がつく。ここで活用できるのは，大統領制研究の知見である（詳細は本書第11章参照）。日本の地方自治体は議院内閣制ではなく大統領制をとっている。議院内閣制の場合には執行府首長（首相）は議会から選ばれているためその地位を議会の信任に依存するので，首相は（議会の信任を失うことを恐れ）個人の意向で簡単に立場変更できない傾向が生まれる。一方で，「大統

---

(1)　Christensen et al. 2012, p. 17＝2012, p. 19.
(2)　本書ではComparative Politicsを翻訳した「比較政治学」という語で基本的には統一しているが，「比較政治」という訳語も同程度受け入れられており，言い換え可能な用語である。
(3)　「橋下市長，なぜ原発再稼動を一転容認」（『日本経済新聞朝刊』2012年6月6日）。

領」である県知事，市長，町長は有権者から直接選ばれているので議会にその地位を依存せず，その政策立場はより自由度が高い。要するに，市長の急な政策変更は個人的な気まぐれというよりは，制度上そのような態度変更が可能になっているからだといえる。

　このような分析は，比較政治学で蓄積されている理論を応用することで可能になる。ここでの「理論」は，ある程度一般化できる因果関係のあり方，という意味で使用している。言い換えると，ある政治現象に関し，国や特定の時代を超えて共通する原因と結果の関係を説明する論述である。本書は，日本を含む世界各国の国内政治に関してどのような理論があるのかを紹介する比較政治学の教科書である。本章では，比較政治学という学問領域の輪郭を描いたうえで，教科書としての本書の位置づけと狙いを説明する。

2　比較政治学という学問領域

　比較政治学は，政治学を構成する代表的な下位分野である。ヨーロッパでは国際関係論，政治思想と並ぶ3大分野の1つであり，アメリカではこれにアメリカ政治，時には分析手法についての研究分野である方法論（methodology）や公共政策研究が加わる。(4) だが，他の下位分野に比べると，比較政治学は名前を聞いただけではどのような学問分野なのかイメージしにくい。これは分析対象（世界各国の国内政治）が分野の名前になっていないことに起因するといえる。では，名前が示すとおり，「比較」をすれば比較政治学なのだろうか。筆者はそうではないと考える。比較はあらゆる考察に共通する本質的な分析方法であ

---

(4)　ヨーロッパでの政治学研究における分類についてはCaramani（2008, p. 3），またアメリカについては全米政治学会の機関誌の1つである *Perspectives on Politics* の書評欄での分類方法などを参照されたい。日本の政治学研究においては，比較政治学の位置づけが確立しているとは現時点ではいい難い。「比較政治学専攻」と名乗る政治学者はここ数十年増え続けているが，比較政治学をアメリカやヨーロッパのように独立した1つの部門として政治学科におく大学は稀である。例えば筆者が勤務する慶應義塾大学法学部政治学科においては，5系列ある政治学の下位分野のうち，2009年度より「地域研究」が「地域研究・比較政治論」と変更されたが，比較政治学は独立した下位分野としては扱われていない。

り，このような定義では比較政治学の範囲は際限なく広がってしまう。また，外国の政治を研究することが比較政治学といわれることもあるが，後述するように，これは研究者間での最近の共通認識とはいい難い。さらに，2つ3つの国を比べることが比較政治学とイメージする人にも筆者はよく遭遇するが，比較政治学における比較対象は国レベルだけでなく，1つの国における地方政府どうしの比較や，異なる時代間の比較も含まれるので，これも適切な特徴づけとはいえない。

　では，比較政治学はどのように定義できるだろうか。ここでは，政治学の他の下位分野などとの対比から比較政治学の輪郭を明らかにしたい。第1は，政治思想分野との違いである。政治思想研究は理念上重要な問題（例えば権力，自由，正義など）に対し，「どうあるべきか」という規範的検討を加えたり，ある理念や概念の思想史上の発展を分析する。ここでは，ある主張（理論）を展開する際の論拠として実証データを用いた検証は必要とされていない。これに対し，比較政治学（および国際関係論）においては，実在するデータを用いた分析（実証分析）によって仮説が検証され，それが支持された段階で初めて「理論」として成立する。実証分析という場合，とかく数値化されたデータ分析（例えば選挙結果，法案数，世論調査結果，経済成長率などを用いた計量分析）がイメージされがちであるが，数値化されていない情報（例えば政府発表の文書，政治家の日記，聞き取り調査の記録など）を用いた分析も含んでいる。このように，分析手法として実在するデータを用いる点は，政治思想研究にはない比較政治学の重要な特徴である。

　第2に，比較政治学と国際関係論との違いでは，分析する対象が問題となる。国際関係論はその名前が示すように国と国との関係，つまり国家間の政治（politics between nations）を分析するのに対し，比較政治学は国家内の政治（politics within nations）を主な分析対象としている。したがって，国際関係論での主要なテーマには，戦争，安全保障，国際貿易，国際機構の働き，などがあ

---

(5)　この特徴づけは Clark et al.（2013, pp. 5-7）を参考にしている。

る。これに対し比較政治学の主要テーマは，民主化，政党政治，選挙制度など，国内政治（domestic politics）が中心である。

　第3に，地域研究との対比からも比較政治学の特徴がみえてくる。地域研究は，ある国や地域に関し，その政治，社会，歴史，文化を包括的に理解しようとする学問分野といえる。比較政治学と（政治的側面に注目した）地域研究は，ともに国内の政治を対象とし，実証的な分析をする点では共通するが，研究の目的において異なる。誇張した表現ではあるが，地域研究の目的が分析対象地域そのもの，特にその地域固有の特性の理解であるのに対し，比較政治学の目的は，地域や時代を超えてある程度一般化できる因果関係の説明にあるといえる。民主化を例に挙げよう。地域研究のアプローチで1986年のフィリピン民主化を分析した著作に，清水展の『文化のなかの政治』がある。同書では，フィリピンにおけるカトリックの宗教的言説やイメージが大衆への浸透を通じていかに体制変化につながったかが詳細に描かれている。清水はフィリピンの民主化を「他国の先例の踏襲というよりも，フィリピン固有の文化の枠組みのなかで生起し，展開した独自の政治事件」と位置づけて分析する。これに対し，比較政治学的な民主化分析の古典が，マーティン＝シーモア・リプセットの『政治のなかの人間』である。同書では，「リプセット仮説」として有名な「経済成長が民主化を促す」という因果関係が複数の国の事例から検討されている。リプセットが理解しようとしているのは，地域・時代を超えてみられる民主化という現象であり，また，それがなぜある国ではおこり別の国ではおこらないのか，という因果関係である。いずれの著作も知的刺激に満ちており，優劣を議論する意図は全くないが，地域研究と比較政治学では理解しようとする事柄の方向性が大きく異なることがわかっていただけると思う。

　このようにみてくると，次のような比較政治学の輪郭が浮かび上がってく

---

(6) 地域研究の分析対象は，通常は研究者にとっての自国以外の国であることが多いが，日本の場合は日本在住者による日本研究も地域研究と呼ばれることがある。この呼び方はアメリカやヨーロッパを基点に日本研究をみる視点を反映している。
(7) 清水 1991, p. 5.
(8) Lipset 1960, Chapter2＝1963第2章

る。すなわち比較政治学とは，(1) 実在するデータを分析し，(2) 国際関係ではなく国内の政治を分析対象とし，(3) ある国の固有性理解ではなく，ある程度地域・時代を超えて存在する政治現象に対する因果関係の説明（一般理論化）をめざす学問分野である。だが，ここでの特徴づけは理解しやすくするための誇張が多分に含まれており，実際の研究ではこれら3つの対比の境界線は曖昧であることに留意して欲しい。例えば，政治思想研究で規範的な議論をする際に実際の現象を事例として用いたり，国際関係論の分析において国内政治を重視したり，逆に比較政治学で規範や国際的視点をとり入れた研究をおこなう場合もある。また，ある地域の理解と一般理論化は二律背反の関係にあるのではなく，どちらかというと地域理解中心，どちらかというと一般理論志向，というような「程度」の問題である。さらに，一般理論を構築しようとする際に分析対象地域の理解が必要なことはいうまでもなく，比較政治学の一般理論が地域研究の恩恵なしには形成されないことは非常に多い。このような留保がつくとはいえ，分析方法，分析対象，目的の3点において比較政治学はある程度独立した学問分野であるといえるだろう。

3　比較政治学の誕生と発展

(1) 第2次世界大戦後の「誕生」

　上記のような特徴をもつ比較政治学は，どのように生まれ，発展してきたのだろうか。史上初の比較政治学者は，古代ギリシャのアリストテレスといわれている。というのも，彼はその著『政治学』において当時実在していた都市国家の政治体制を分類かつ比較し，それらの違いが生む帰結の一般的特徴を分析しているからである。同様のアプローチ，すなわち類型化と類型間の（直観的な）比較，そして一般化は，その後も多くの知識人に踏襲されてきた。例えば，現在まで読み継がれている古典的研究としては，ニッコロ・マキャベリの『君主論』がある。16世紀に出版されたこの本では，歴史上存在した様々な君主制と共和制をとる国を分類・比較し，その征服と維持手段の一般法則が検討

されている。18世紀に出版されたシャルル・ド・モンテスキューの『法の精神』も比較政治学の先駆的な研究といえる。同書では，古代ローマ・ギリシャに始まり当時のヨーロッパからアジア・アフリカに至るまでの幅広い時代・地域に存在した国制が比較考察され，最適な統治形態としての権力分立の理論が提示されている[9]。

このように比較政治学の特徴を備える著作は古くから存在するが，政治学の一分野として公式に「誕生」するのは1950年代のアメリカにおいてである。それ以前には下位分野として確立していたとはいえ，研究分野としては「外国政府（foreign government）」「比較政府（comparative government）」などと大学や研究者によってばらばらな呼ばれ方をしていた。統一した呼び名が確立する契機となったのが，1954年の社会科学研究評議会（Social Science Research Council, SSRC）における比較政治学委員会（Comparative Politics Committee）の設立である。これ以降「比較政治学」という呼称がある程度確立し，一分野を形成していったと考えられる[10]。

比較政治学委員会が設立された1950年代から1980年代までの時期の比較政治学は，次のように特徴づけることができる。第1に，地理的な分析範囲の拡大である。SSRCにおける比較政治学委員会設立の目的が「脱植民地後の近代化と発展に関する研究の推進」であったことからもうかがえるとおり，戦後の比較政治学の地理的射程はそれまでの西欧中心から途上国をも含むものへと一気に広がった[11]。途上国研究が奨励された背景には，冷戦状況のなかで途上国諸国を資本主義圏につなぎとめておくことがアメリカの外交政策上の課題であったことが挙げられる。

第2の特徴は，グランドセオリー（巨視理論）と呼ばれるタイプの理論の構築である。グランドセオリーとは，どの国のどの時代にもあてはまるような分

---

(9) この他の比較政治学の歴史上の名著については Eckstein (1963) を参照されたい。
(10) 比較政治学がいつの時点でどのように下位分野として成立したかを分析した文献は筆者が調べた限りではみあたらなかった。ここでの議論はあくまで状況証拠からの推論である。
(11) http://www.ssrc.org/about/history/（2013年1月13日アクセス）。

析枠組みの総称である。当時の社会学においてタルコット・パーソンズらを中心にグランドセオリーの構築が流行しており、政治学もこれに影響を受けたのである[12]。例えば、デイヴィッド・イーストンによる「政治システム論」は政治学でよく知られるグランドセオリーの1つである[13]。イーストンは、「インプット（要求と支持）」と「アウトプット（決定と政策）」の中間に「政治システム」が位置するという枠組みを提示し、これがあらゆる国の政治に適用できる一般的な枠組みであると主張した[14]。このような包括的な議論が広く受け入れられた背景には、当時流行していた「近代化パラダイム」の影響がある。これは、発展途上国の政治は社会・経済の近代化が進むにつれ西欧先進国の政治と同様のものになるという考え方を指す。世界のあらゆる国の政治が最終的には均一化されるのであれば、その状態を分析する一般枠組みを構築することが比較政治学をはじめとする政治学の重要課題と考えられたのである[15]。

　第3の特徴は分析手法に関するもので、戦前の研究が文献資料をもとにした記述が中心であったことと比べると、計量分析を取り入れたものが増えてきた。これは、1920年代頃からシカゴ大学のハロルド・ラスウェルやチャールズ・メリアムを中心にアメリカ政治研究で流行をみせていた「行動論革命」に影響されてのことである。行動論の主導者たちは、政治研究の「科学化」、すなわち自然科学の分析手法、特に計量分析を用いることを重視した。例えば、シカゴ大学でラスウェルの学生であったガブリエル・アーモンド、そしてアーモンドの学生であったシドニー・ヴァーバが著した『現代市民の政治文化』は現在まで読み継がれる行動論の影響の強い研究である（本書第7章参照）。それ以前の政治学において「文化」は研究者の観察に基づいた抽象的な議論であることが多かったが、同書では複数の国での世論調査の結果から人々の政治的態度を数値化するという手法で文化を捉えている。とはいえ、比較政治学におけ

---

[12]　社会学におけるグランドセオリーの系譜については佐藤（2011）を参照のこと。
[13]　Easton 1965=2002.
[14]　イーストンは、政治システムを「諸価値が社会に対して権威的に配分される相互作用」と定義している（Easton 1965, p. 21= 2002, p. 30）。
[15]　近代化パラダイムとグランドセオリーをあわせもつ研究として、Apter（1965=1982）がある。

る計量分析は，この時期にはまだ一部の研究者に限られていた。特に数値化されたデータの入手が困難な途上国の研究においては，文化人類学的なフィールドワークに基づいた観察，当事者からの聞き取り記録，歴史資料などに頼る手法が主流であったといえるだろう。

（2）合理的選択論，統計学，「ペレストロイカ」

　1980年代から1990年代の終わりにかけて，比較政治学ではアメリカを中心に合理的選択論が急速に広がった。合理的選択論とは，政治の分析にミクロ経済学の手法を応用しようとする分析アプローチである。その特徴には次の2点がある。第1は，演繹的な理論構築である。これは，研究者が設定した諸前提から導かれる論理的帰結として因果関係を特定するもので，行動論における観察から一般理論化をめざす帰納的アプローチとは対照的な理論構築の方法である。また，演繹的に理論を構築する際には，因果関係の構造を言葉ではなく記号（数式）に置き換えて論理的整合性を追求する数理モデルが重視されるようになった。

　合理的選択論の第2の特徴は，「方法論的個人主義」である。これは，個々の行為主体（個人，集団，国家などの「アクター」）の選択の集積として政治現象を捉えようとする立場で，アクターは与えられた制約のなかで自らの得る便益（効用）を最大化すべく行動するという仮定を採用する。これと対照的な考え方が，個々のアクターでは影響を及ぼせない集合体をあらかじめ想定し，その集合体の分析から政治現象の説明をおこなおうとする「方法論的集合主義」である[16]。演繹的推論および方法論的個人主義の立場をとる合理的選択論アプローチは，アメリカにおける政治学（特にアメリカ政治の研究）で1950年代から広がり始め，次第に比較政治学においても多数派を占めるようになっていった[17]。

　また1980年代以降，合理的選択論アプローチのなかでも制度の働きに注目する合理的選択制度論が流行するようになった。このアプローチは上記の合理的

---
(16)　例えばマルクス主義のアプローチや社会システム論がこれにあたる。
(17)　合理的選択論アプローチに関しては，Elster（1989=1997）を参照のこと。

選択論アプローチを土台とし，アクターの行動を制約するものとしての制度の働きに着目する。これは，行動主義の研究が制度を重視しない分析をおこなったことへの反動でもあった[18]。

合理的選択論アプローチとあわせてこの時期に台頭したのが，統計学を用いた分析である。これは，行動論の影響を受けて1950年代から徐々に進んでいた動きではあるが，1980年代に入ってからのパーソナルコンピューターの普及，分析を簡便にする統計ソフトウェアの開発，政治学向けの優れた教科書の出版，先進国以外でも様々な統計データが利用可能になってきたことなどの諸要因が重なり，統計分析を伴う研究が比較政治学において飛躍的に増大した。また，統計学の思考方法を伝統的な文献調査を主とする比較政治学研究（定性的研究）に応用することを提唱したギャリー・キングらによる『社会科学のリサーチ・デザイン』が1990年代半ばに出版され，大学院レベルの教科書として広く使用されるようになると，統計学の理解が不可欠であるという認識が比較政治学者の間で共有されるようになった[19]。

このような，合理的選択論と統計学的分析手法の「覇権」に対する抗議運動が2000年頃に発生する。ソビエト連邦末期に起こった政治的自由化要求運動の名前を冠した「ペレストロイカ運動」である[20]。この運動の発露が，合理的選択論と統計分析を敵視する研究者グループが「ミスター・ペレストロイカ」の匿名で全米政治学会の学会誌 American Political Science Review の編集長あてに送った抗議の電子メールである。この電子メールは数百人の政治学者に対しても同時に送られ，学会誌等でも議論されることになった。抗議の主旨は，政治学が数式と数値の分析だけの「ハード・サイエンス」になりさがってしまった，というものである。

しかし，2000年代半ばにはすでに，ペレストロイカ運動は「失敗」であった

---

(18) 合理的選択制度論に関しては，Weingast (2002), Shepsle (2006) を参照のこと。
(19) King et al. 1994=2004. また，同書に対する反論として，Brady and Collier (2004=2008) がある。
(20) この部分の記述については Monroe (2005) を参考にした。ペレストロイカ運動の全体像については同書を参照のこと。

という評価がみられるようになる。その最大の理由は、この運動が説得的な代替案を提示できなかったことにあるだろう。ミスター・ペレストロイカの抗議文には、合理的選択論と統計分析の問題点の指摘に続いて、これらに代わって政治学が重視すべき方向性が複数述べられている。例えば政治哲学、歴史研究、政策提言の重視などがあるが、これらは合理的選択論・統計分析がその重要性を否定しているわけではないため、説得力をもちにくかったといえる。

（3）ペレストロイカ以後

　ペレストロイカ運動が「失敗」したあと、比較政治学はどのような状況にあるのだろうか。先述のとおり、運動の要求のほとんどが研究者の多くから支持されなかったとはいえ、方法論上の多様性が重要であるとの認識を広めたことはペレストロイカ運動の大きな貢献であるといえる。2000年代以降も合理的選択論、統計分析が主流であることにはあまり変化がないが、例えば、ペレストロイカ論争がおこった直後の2003年には全米政治学会の下部組織として「定性・複数手法研究会（Qualitative and Multi-method Section）」が発足し、歴史分析や事例研究を精緻におこなうための情報共有の場となっている。

　方法論上の多様性に加えて特筆すべき最近の特徴は、個々のテーマごとの理論蓄積が進んでいることである。これは、1960年代および1970年代に盛んであったグランドセオリー志向からの転換といえる。1980年代に入り、グランドセオリーの数々の問題点（分析概念の曖昧さ、あまりの複雑さ、実証分析の困難さ、変化の説明の欠如など）が明らかになってきたことがその背景にある。グランドセオリーに代わって多くの研究者がめざすようになったのが、中範囲理論（middle-range theory）の構築である。ここでは、政治現象のうちの一部分を1

---

(21)　Bennett 2002.
(22)　1990年代以降の比較政治学の動向については、Laitin（2002），河野（2004a, 2004b）を参照のこと。
(23)　発足当初は Qualitative Method Section と呼ばれていたが、2007年より現在の名称に変更された。
(24)　この指摘は Munck（2010）による。

つのテーマとして切り取り，そのテーマに特化した仮説の検証を重ねてゆくアプローチをとる。具体的なテーマとして取り上げられるものは様々で，例えば国家建設，内戦，選挙制度，政党システムなど多岐にわたる。本書は各章において１つのテーマの研究蓄積状況を解説してゆく構成をとるが，その理由は，現在の比較政治学が個々のテーマに特化した理論構築作業のゆるい集合体となっているためである。

（４）日本における比較政治学

ここまで，比較政治学は第２次世界大戦後に主にアメリカにおいて発展してきた学問分野であることを確認してきた。このアメリカ発の学問は，日本ではどのように受容され，現在に至っているのであろうか。1950年代から1980年代頃の受容のされ方には，２つのパターンがみられる。１つは，英語等で書かれた研究の翻訳やその解題である。もう１つのパターンは，比較政治学の理論枠組みを主に日本政治の分析に応用するもので，例えば1987年に創刊された学術誌『レヴァイアサン』がそのような研究の発表の場として現在に至るまで機能している。[25]

1990年代以降には，日本政治の研究者だけでなく諸外国の研究者の間でも，比較政治学の理論枠組みを利用して分析する研究が増加するようになった。そのきっかけの１つが，1998年に設立された比較政治学会である。この学会を通じ，異なる地域の研究者どうし，また地域研究者と理論枠組みに関心のある研究者との交流がこれまで以上に活発化し，理論や分析手法に対する意識の高まりをみせている。[26]

これまでの日本における比較政治学の発展経路から予測すると，今後は，日本政治研究者だけでなく諸外国の政治を研究する研究者の間でも，比較政治学の理論・方法論の蓄積に依拠するタイプの研究はますます増加するのではない

---

(25) 合理的選択制度論を日本政治の分析に応用した研究には，Ramseyer and Rosenbluth（1993=1995），Kohno（1997），増山（2003），建林（2004），斉藤（2010）などがある。
(26) 例えば，日本比較政治学会年報各年版を参照のこと。

かと思われる。

4　本書の特徴と構成

　現在，日本をはじめ世界で流通している比較政治学の教科書は2種類に大別できる。1つは，地域や国ごとにその政治の特徴をおさえようとするもの，そしてもう1つは，比較政治学でこれまで研究蓄積のあるテーマごとに理論や枠組みを説明するものである。本書は後者のタイプに属し，1章で1つのテーマを解説する。特に，本書は次のような特徴をもつ。

　第1に，各テーマにおいて，何が「問題」なのかを重視する。ここでの問題とは，理論上のパラドクスとして，あるいは現実政治で大きなインパクトのある現象として多くの研究者が取り組んできたものを指す。例えば，なぜ（合理的に行動する個人を想定すると理論的には形成されないはずの）市民団体が形成されるのか，なぜ民主化するのか，なぜ内戦がおこるのか，政党競合の形態に影響する要因は何か，選挙制度の違いはどのような帰結をもたらすのか，といった問題で，これらには世界各地を分析対象とする数十年にわたる研究蓄積がある。また，各章における「問題」，すなわち説明したい現象を検討する際には，その問題に関連する重要概念の定義や使用方法についての解説も重視する。というのも，比較政治学の「業界用語」は一般の用法とはしばしば異なるからである。例えば，「民主化」という語がある。比較政治学においては「非民主主義体制から民主主義体制への移行」という意味であるが，ジャーナリストや一般の人の使い方では，「政治的自由度の拡大」という意味で使用されることが多い。このような理解の違いから，例えば中国の現状に対し，比較政治学者は民主化の不在を，ジャーナリストは民主化の進展を語るという状況がみられる。基本的な用語の使い方を学ぶことは，噛み合わない議論を避けるために非常に重要であろう。

　第2に，「理論」を重視する。ここでの理論とは，説明したい現象に対する実証的検証を伴う答え，を意味する（実証される以前の暫定的な答えを本書では

「仮説」と捉えている）。また，「答え」とは，ある現象をひきおこす要因や，ある現象が与える影響についての因果関係を特定したもの，という意味でここでは使用している。理論を，複雑な現実を型にはめ込み歪曲するものとして批判的に捉える見方もあるかもしれない。しかし，そのような側面があることを考慮しても，理論を重視するメリットは十分に大きいというのが筆者の立場である。理論の利点としては，例えば，一見混沌としてみえる個々の事実をある程度秩序だてて理解できたり，因果関係を敷衍する形で将来に対する予測やそれに基づいた政策提言ができる点などがある。

本書で理論を解説するにあたり，「他の条件を一定と仮定して」——ラテン語のセテリス・パリブス（ceteris paribus）——という社会科学でよく使用される考え方を下敷きにしている。これは，ある現象に対する因果関係を指摘する際に，その現象に対して影響を与える他の要因は同じであると仮定して除外したうえで，検討対象の要因を分析する，というものである。例えば民主化という現象には様々な要因が影響を与えているが，民主化と経済発展との関係を検討する際には，それ以外の要因（例えば国際介入，文化など）の影響はどの国においても同程度と仮定したうえで，どの程度経済発展が影響するのか（あるいはしないのか）について分析する。これは，他の要因の重要性を否定しているのではなく，一時的に概念上無視することで，膨大になりかねない説明要因を個々に分けて分析する考え方である。このような分析の積み重ねによって政治現象の理解を進めようというのが，最近の比較政治学の基本的アプローチである[27]。

第3に，これまでに日本語で出版されている比較政治学の教科書に比べると，本書で扱うテーマの範囲は比較的広い。日本語での比較政治学の教科書出版は1980年代から本格化し，これまで地域ではなくテーマを中心にまとめたものが複数存在するが[28]，本書はそれらよりもさらに多くのテーマを扱い，読者に

---

(27) Schmitter 2006, p. 2.
(28) 例えば，西川編 (1986)，小野 (2001)，河野・岩崎編 (2002)，眞柄・井戸 (2004)，岩崎 (2005)，リード (2006)，建林・曽我・待鳥 (2008) などがある。

比較政治学の全体像を伝えるよう努めた。

　本書の構成は，3つの大テーマとそれぞれに属する個別テーマからなる。第Ⅰ部では「国家と社会」という大テーマのもと，国家建設，市民社会，ナショナリズム，内戦というテーマを検討する。ここには，国家と社会の両方に関連する，分析射程の大きいものを含めた。第Ⅱ部の大テーマは「政治体制」である。政治体制も国家・社会の両方にまたがる問題ではあるが，1970年代後半からの「民主化の第3の波」という現実政治の変化をうけ，政治体制分析は比較政治学においてある程度まとまりのある大テーマとなっている。第Ⅱ部では，政治体制としての民主主義，民主化，民主主義体制と政治文化，権威主義体制の持続，の4つの個別テーマを解説する。第Ⅲ部の大テーマは，「民主主義の多様性」である。ここでは権威主義体制ではなく民主主義体制のみに対象を絞り⁽²⁹⁾，また，どちらかというと社会ではなく国家の側に焦点をあてている。具体的に取り上げるのは，選挙制度，政党と政党システム，執行府・議会関係，福祉国家，である。もちろん，比較政治学者が研究してきた重要テーマはここで取り上げているものに限られるわけではない。本書で扱っていないテーマ（例えば，議会，司法政治，連邦制など）の概要については，他の教科書やハンドブックを参照していただきたい⁽³⁰⁾。また，本書は比較政治学の重要テーマにおける理論の俯瞰を主な目的としているため，分析手法および研究論文の作成方法についてはほとんど解説を加えていない。この点に関しては，日本語で読める書物が最近多く出版されているので，それらを参考にしてほしい⁽³¹⁾。

---

(29)　権威主義体制に対して同程度の数の章を割いていないのは，比較政治学における研究蓄積が現在までのところ圧倒的に民主主義体制，特に西欧先進国の政治に関するものが多いからである。権威主義体制の多様性については第8章（権威主義体制の持続）において検討している。
(30)　例えば，Boix and Stokes (2007), Caramani (2008), Clark et al. (2013), Samuels (2013)。
(31)　例えば，分析手法に関しては清水・河野編 (2008)，浅野・矢内 (2013)，久米 (2013) など，研究論文の作成方法については川崎 (2010)，伊藤 (2011) などを参照されたい。また，最近出版された英語文献では，研究手法に関して Goertz and Mahoney (2012)，研究論文の作成方法について Gerring (2011) が有用である。

5 　なぜ比較政治学を学ぶのか

　本章では，比較政治学という学問分野の輪郭を描くと同時に，教科書としての本書の特徴について解説した。やや単純化した言い方になるが，比較政治学は，(1) 実在するデータを分析し，(2) 国際関係ではなく国内の政治を分析対象とし，(3) ある国の固有性理解ではなく，ある程度地域・時代を超えて存在する政治現象に対する因果関係の説明（一般理論化）をめざす学問分野である。本書の構成は，最近の比較政治学がグランドセオリーの構築ではなく個々のテーマごとに知見を蓄積する形で発展している状況を反映し，各章で 1 つのテーマを解説する形をとる。

　なぜ比較政治学を学ぶのだろうか。人によって答えは様々であろうが，筆者にとっては，世界の政治がどのように成り立っているのかを，うわべの現象としてではなく本質のレベルで理解するため，というのが答えである。政治現象の背景にある本質を捉えるために理論が存在するのであり，また，そのために理論的探求が重要であると筆者は考えている。現代が，政治に限らずあらゆる事柄に関する情報の量が膨大になり，またそれがあっという間に伝わる時代になっているからこそ，本質をつかむことの重要性は一層高まっているのではないだろうか。

第 I 部

国家と社会

第1章

国家建設

―本章の検討課題―
・国家および国家建設とはどのような概念で，どう測定できるのか。
・どのような要因がヨーロッパにおける国家建設を促したのか。
・なぜ多くの発展途上国で国家はいまだに「弱い」のか。

1　古くて新しい問題

　国家建設[(1)]は，古くて新しい問題である。それが「古い」のは，西欧においては19世紀の半ば頃にすでにある程度国家建設が完成しており，過去の現象といえるからである。本章で紹介するように，ヨーロッパにおける国家建設研究の対象時期は現代ではなく19世紀以前が中心である。だが，ヨーロッパでの国家建設の歴史を知ることは，ヨーロッパ政治そのものを理解するために重要なだけでなく，現在存在する国のほとんどが基本的にはヨーロッパで形成された近代国家の形態を採用していることから，その源流を知るといううえでも意義深い。このため，本章で検討する理論的課題の1つめは，どのような要因がヨーロッパにおける国家建設を促したのか，となる。

---

(1)　ここでは，英語の state building, state formation, state making をあわせて国家建設という用語で示している。一部では，state building と state formation を区別し，前者を国外勢力（特に国際機関）の介入によるもの，後者を国内要因による国家機構の整備と捉える見方もあるが，本章で紹介するティリーの研究をはじめとしてこれらの用語を言い換え可能な同義語として使用する文献が多いため，ここでは特に区別せず使用している。

第Ⅰ部　国家と社会

　国家建設が「新しい」問題である理由は，近年の国際問題として途上国における国家の弱さが注目されているからである。国家の脆弱性は，2つの観点から国際機関や主要国政府が重視するようになっている。第1は，経済開発を促すためである。国家建設が経済発展につながるという見方は，冷戦終結後に注目され始め，特に1997年におこったアジア通貨危機が国家機構や規制の不備に起因していたとの分析から，一層重視されるようになった。第2は，国際安全保障問題との関連である。2001年にアメリカでおこった9.11テロをうけ，テロ活動を未然に防ぐための対策として途上国での国家建設支援が強調されるようになった。なぜなら，弱い国家がテロの温床になると考えられるからである。このような背景をふまえた本章の第2の理論的検討課題が，なぜ多くの途上国では国家は弱いままなのか，という問題である。以下では，「国家」「国家建設」「強い国家，弱い国家」などの概念定義および測定方法を明らかにしたうえで，国家建設に対してだされている主要な理論を紹介してゆく。

2　国家および国家建設とは何か

(1) 国家とは何か

　国家建設について検討するにあたり，そもそも国家という言葉はどのような意味で使われているのかを理解する必要がある。一般的な辞書において，国家は「一定の領土とその住民を治める排他的な統治権をもつ政治社会」と定義されている[2]。比較政治学における国家建設研究で使用する国家の概念は，このような一般的なものではなく，近代以降の国家（近代国家）という意味である。では，近代国家とは何だろうか。

　一般辞書における近代国家の定義は，「領土・国民・主権を備えた中央集権的な国家」である[3]。領土とは，地理的に明確化された国家に帰属する土地を指し，国民とは国家領土内に居住する人々を指す[4]。主権に関してはより詳しい説

---

(2)　新村 2008, p. 1026.
(3)　新村 2008, p. 770.

第 **1** 章　国家建設

明が必要であろう。主権の基本的意味は「至高の権力」であるが，それが及ぶ対象（範囲）により大きく2つに分けることができる。1つは国内向けの対内主権，もう1つは国外向けの対外主権である。対内主権とは，領土内において他の勢力を制した国家機構が最高の権力をもったものとして存在することを意味する。一方の対外主権とは，ある国家が，独立した主権を有する主体として他の国家から認知されている状況を指す。両方の意味で国家が主権を有する主体と認識されるようになった契機が，ヨーロッパでおこった30年戦争終結にあたって1648年に結ばれたウエストファリア条約であるといわれている。

　比較政治学で国家を分析する際には，対内主権に焦点をあてることが多い[5]。そしてこの文脈で頻繁に使用される国家の定義が，19世紀後半から20世紀初頭にかけて活躍したドイツの社会科学者，マックス・ウェーバーによるものである。彼の古典的著作である『職業としての政治』において，国家は，「一定の領域内において，正統性をもって暴力行使手段を独占する執行機関および法体系をもつ共同体」と定義されている[6]。ここで特に解説が必要な用語が，「正統性（legitimacy）」であろう。ある主体が正統性をもつとは，その主体が設定したルールや決定に対し，周囲の人々がそれを適切なものとみなし，（強制ではなく）自ら進んで服従する態度をもっている状況を指す[7]。

　ウェーバーによる国家の定義は，厳密な意味では現実に存在しない，理念型としての国家像である。すなわち，「あるべき姿」を示したものであり，実際に我々が目にする「近代国家と呼ばれているもの」がウェーバーの定義どおりの存在であるとはいい難い。例えば，アメリカやイギリスにおけるテロ組織の活動や，最近のメキシコでの「麻薬戦争」と呼ばれる麻薬販売組織とメキシコ

---

(4)　「国民」は，国家領土内に居住する集団に対し帰属意識をもつ人々，という意味で使用されることもあるが，この問題に関しては第3章（ナショナリズム）を参照のこと。

(5)　対外主権に着目する研究としては，本章第4節で紹介するHerbst（2000）がある。

(6)　Gerth and Mills 1946, p. 78. ここでの訳は，同書所収の *Politics as a Vocation* から筆者がおこなった。脇圭平訳による『職業としての政治』（岩波書店，1984, p. 9）では，正統性を「正当性」と訳しているが，最近の用法では正当性をjustifiabilityの訳として使用することが多いため，ここではより適切と思われる「正統性」としている。

(7)　正統性の概念については，Tyler（1990）を参照のこと。

21

政府との武力紛争は、国家が暴力行使手段を独占してはいないことを示している。しかしながら、このような現実の国家のあり方がウェーバーの定義を「間違ったもの」にしているわけではない。

ウェーバーによる国家の概念ほど頻繁にではないが、マルクス主義政治哲学の文脈における「国家」の概念が比較政治学で利用されることがある。カール・マルクスとフリードリッヒ・エンゲルスの古典的著作である『共産主義者宣言』において、彼らは近代国家を「ブルジョワ階級全体の共通の事務を処理する委員会にすぎない」と位置づけた。その後1970年代に、マルクス主義理論研究者の間でこのような国家に対する見方の妥当性が論争となり、一部の研究者から、国家は「自律性（autonomy）」を有する場合もあるという主張がなされるに至った。国家が自律的であるとは、国家アクター（政治家や官僚）の選好を、社会アクター（特にブルジョワ）の選好とは関係なく実際の政策に反映できることを意味する。比較政治学では、マルクスとエンゲルスの国家観を枠組みとするよりは、政策過程における「国家の自律性」が検討課題となることが多い。これに関し、国家はどのような要因および経路で自律性を獲得してゆくのか、また、国家はどのような条件のもとで自律性を発揮するのかについての研究が存在する。

（2）国家建設の概念および測定方法

では、国家を建設するとは何を意味するのだろうか。国家建設とは、一般的

---

(8) おそらくこのような概念構成上の混乱を避けるため、最近の研究における国家の定義は、より現実を反映したものになっている。例えばダグラス・ノースは国家を「暴力に関し比較優位をもち、人民から徴税できる範囲を領土とする組織」という形で定義している（North 1981, p. 21）。
(9) Marx and Engels 1998, p. 37=2012, p. 16.
(10) ネオ・マルクス主義思想家のニコス・プーランザスが提起した相対的な国家の自律性の議論とそれをめぐるラルフ・ミリバンドとの論争については、田口（1979）を参照のこと。
(11) Nordlinger 1981, p. 28.
(12) 例えば、国家の自律性およびその政策過程における重要性を指摘した重要な著作としてEvans et al. (1985)、またアメリカにおいて国家の自律性が獲得されていった過程を分析する著作としてCarpenter (2001) がある。

には,「弱い国家」から「強い国家」への移行,あるいは,国家という主体が以下で検討する「国家の能力」と呼ばれるものを獲得してゆく過程である[13]。このため国家建設研究における中心的問題は,どのような要因によりその過程が促進されるのか,あるいは阻害されるのか,にある。そのような検討をする際の基礎として,国家の能力についての概念定義,および,実証的に分析する際の測定方法に関して知っておく必要がある。以下では,既存研究で使用されている主な概念化と測定方法を解説する。

①官僚および官僚機構

ウェーバーは先述した国家の定義を敷衍し,合法性に基づいた正統性を有する点が近代国家の特徴であり,それを体現するのが合理性の観点から政策を立案・執行できる官僚,およびそれを擁する官僚機構であるとしている[14]。これをうけ,多くの研究が政策立案・執行能力の高い官僚機構の存在をもって能力の高い国家としてきた。日本を事例としたものでは,通商産業省(現在の経済産業省)の官僚が1950年代および1960年代におこなった産業政策に焦点をあてたチャルマーズ・ジョンソンの研究が有名である[15]。

官僚の能力を国際的に比較が可能な形で測定している指標は複数ある。頻繁に使用されるのが,民間シンクタンクが作成する投資リスク評価である「国際カントリーリスクガイド」の構成要素の1つとなっている「官僚の質」指標である。同ガイドは専門家によるアンケート調査をもとにしており,様々な政治・経済指標に関して1980年代後半以降の約140ヵ国を対象に毎年発表されている[16]。もう1つの頻繁に使用される指標が,世界銀行が開発した「世界ガバナンス指標」を構成する指標の1つである「政府の有効性」指標である[17]。これは

---

(13) 「弱い国家」に関連し,1990年代以降に「脆弱国家(fragile state)」「失敗国家(failed state)」という名称が流行した。これらの概念は国家の脆弱性の程度が極端に高いものを指しているといえる。これらの概念とその問題点については,Call (2008) を参照のこと。
(14) Gerth and Mills 1946, pp. 77-128.
(15) Johnson 1982=1982.
(16) http://www.prsgroup.com/ (2013年1月15日アクセス).

1996年以降の約200カ国を対象に，公共サービスの質，官僚の質，官僚の政治からの独立度などを評価基準とし，複数の元データを総合して作成されている。

②軍事力

ウェーバーによる国家の定義にある「暴力の独占」に依拠し，国外からの脅威に対抗すると同時に国内の反政府勢力を弾圧する能力をもって国家の能力と捉える見方も存在する。その際，国家の具体的機関として焦点をあてられるのが，国軍と警察である。内戦や革命の研究では，軍・警察が反政府勢力を弾圧する能力を有する場合に能力のある国家とみなすものが多い[18]。また，多国間比較分析をする際には，人口に占める軍人の数や，GDPに占める軍事費の割合を利用して，このような意味での国家の強さを測定することが一般的である[19]。

③法制度の整備

法制度の整備を国家の能力と同一視する見方は，ウェーバーが国家を「法体系」と位置づけたことに端を発するが，測定にあたっては，主に2つの重点の置き方がある。第1は，「法の支配（rule of law）」というラベルを用いて，人々の間での法の遵守，契約の履行，司法判断が実効的であることなどを重視する視点である。これは，『職業としての政治』においてウェーバーが理念型とした国家のあり方と合致する。第2は，後述するダグラス・ノースが国家を分析する際に所有権の保障に着目したことから，所有権に関する法制度が保障されている場合に能力が高いとみなすものである[20]。前者の測定としては，先述した国際カントリーリスクガイドの指標の1つである「収奪リスク」指標，後者の測定にあたっては，世銀の世界ガバナンス指標における「法の支配」指標が利

---

(17) http://www.govindicators.org/（2013年1月15日アクセス）.
(18) 例えば，Fearon and Laitin（2003）がある。
(19) これらのデータはhttp://www.correlatesofwar.org/より入手可能である（2013年1月15日アクセス）。
(20) North 1981.

第1章　国家建設

用できる。

④徴税の能力

　領土内に住む人々から税をとりたてる能力を国家の能力と等値する研究も多く存在する。(21) これは，直接的には，後述するチャールズ・ティリーの研究で国家を「略奪者（racketeer）」と捉えたことに基づいている。また，途上国における国家と社会の関係についての一般的な分析枠組みを構築したジョエル・ミグダルの研究では，国家の重要な能力の1つとして徴税能力を挙げている。(22) 多国間比較分析での国家の徴税能力の測定にあたっては，GDPに占める税収割合を使用することが多い。

　ここまでみてきたように，国家の能力の捉え方・測定方法は複数存在する。国家建設研究では，これらのうちのいずれか，あるいは複数の側面に着目しているが，どれに着目するかは研究者により異なっていることが多い。このため，個々の研究を読み解く際には何をもって「国家」「国家建設」としているのかに注意する必要がある。このような留意点をふまえつつ，以下では，第3節で西欧諸国が国家としての能力を獲得していった要因を，第4節では多くの途上国諸国では国家の能力がいまだに低いままとなっている要因をそれぞれ検討する。

3　西欧における国家建設

（1）戦　争

　歴史上，近代国家が登場した最初の地域がヨーロッパであったことから，国家建設研究の先鞭をつけたのもヨーロッパ諸国を対象にした分析である。なかでも強い影響力をもつのが，チャールズ・ティリーの「戦争が国家をつくる」という議論である。(23)

---

(21)　例えば，Besley and Persson（2011），Thies（2005）がある。
(22)　Migdal 1988.
(23)　Tilly 1985, 1990.

第Ⅰ部　国家と社会

　ティリーは，19世紀の半ばを近代国家が成立した時期としている。ここに至るまでの主な統治形態としては，まず，15世紀頃までは封建制の時代であり，封建領主による統治がおこなわれていた。次が16世紀から17世紀までの時期で，この時期は封建制に加え，神聖ローマ帝国やオスマン帝国などの多くの民族を束ねる帝国，またハンザ同盟にみられるような交易を中心とする都市国家の同盟など，様々な国家の形態が存在していた。その次に到来するのが，18世紀から19世紀半ばの近代国家形成の時代である。この時期になると，集権化された国家機構を通じて徴兵および国軍の組織化がなされ，同時に徴税・財政支出を（封建領主ではなく）国家が直接管理する，現在の国家とほぼ同じ形態をとる統治機構が発達してくる。[24]

　なぜ，ヨーロッパにおいては19世紀半ばに近代国家という統治形態に収斂していったのだろうか。ティリーの答えは，「戦争」である[25]。封建制の時代，また帝国の時代の戦争では，戦争遂行のための組織は比較的単純で，費用も莫大ではなかった。具体的には，封建領主間の戦争は農奴を兵士とし，帝国の時代の戦争は傭兵によるものであった。また戦争遂行のための費用は，教会や封建領主を媒介にした徴税と商人からの借り入れで賄われていた。しかし，16世紀頃以降のヨーロッパでは戦争がより頻繁になり，また戦争のための軍事技術が高度化するにつれてより多くの兵力と戦費とが必要とされた。ティリーの言葉を借りれば，社会からの収奪が必要となったのである。ここで国王がみいだした解決策が，領土内からの直接かつ強制的な徴税と義務兵役の制度である。そして，徴税と兵役を効率的に進めるために必要な様々な施策（個人による武器保有の禁止，道路建設，国勢調査，法体系の整備と違反者に対する罰則の強化など）が進められることになった。これはすなわち，国家建設そのものである。一方で，

---

(24)　ティリーは19世紀半ば以降に始まる第4の段階として，軍と警察の役割分化，軍のシビリアンコントロール，国家の諸機能の専門細分化の時代を指摘するが（Tilly 1990），本節では第4段階について省略している。
(25)　同じ問題設定に対し，進化論を応用して近代国家の形態が最も効率的であったからという議論を提示している研究に，Spruyt（1994）がある。ティリーの議論を応用してアメリカを分析したものに Porter（1994），日本について分析したものに野口（1995）がある。

第 1 章　国家建設

こうした様々な負担を臣民に受け入れさせるために，国家は様々な保護を市民に提供するようになる。例えば，軍人やその家族への恩給，教育の無償提供，投票や議会での代表といった政治的権利などである。統治者と市民の間のこうした収奪と保護の交換の上に成立したのが近代国家であり，その成立の原動力となった

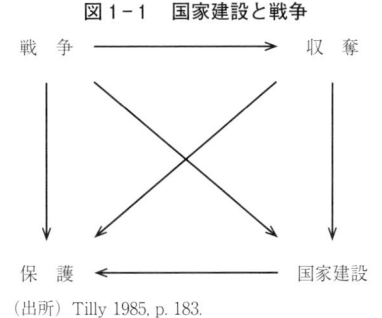

図1-1　国家建設と戦争

戦　争　―――――→　収　奪

保　護　←―――――　国家建設

(出所)　Tilly 1985, p. 183.

のが，戦争である。このような関係をティリーは**図1-1**のように示している。

では，そもそもなぜ国家は戦争をするのだろうか。ティリーは，「強制（coercion）がうまく機能するから」と分析する。[26] 国内的にみると，外国との戦争とは軍事力を伴う国民に対する強制行為である。戦争をすることで，国民を服従させられるだけでなく，様々な形での収奪が可能となる。これは，ティリーが国家の本質を，収奪のための強制執行機関と捉えていることの現れである。[27]

（2）社会・経済構造の変化

　ティリーの収奪的国家観とは異なり，新古典派経済学の立場からヨーロッパの国家建設を分析するのが，ダグラス・ノースとロバート・トーマスである。[28] ここでの国家は，統治者と臣民（主に商人）との間での取引および情報取得にかかるコストを低減させる制度的解決策と捉えられている。彼らによれば，10世紀頃までのヨーロッパでは自給自足経済のため貨幣交換による交易市場が発達せず，封建領主は主に農奴からの物納や労働提供をもって租税としていた。13世紀になると次第に貨幣経済が発達し，また農村の人口増加のために農民の労働力の価値が相対的に低下したため，領主は物品・労働力による貢租ではなく，金銭による納税を求めるようになった。さらに，14世紀半ばにヨーロッパ

---

(26)　Tilly 1990, p. 70.
(27)　このような国家の見方を明確に打ち出したものとして，Tilly（1985）を参照のこと。
(28)　North and Thomas 1973=1980.

全土の約3割の人口が罹患し死亡したといわれるペストの大流行により人口が激減すると，労働力の価値が高まって農奴制が成立しなくなった。これが貨幣経済化を一層進め，資本家の影響力を強くした。このような状況をうけ，統治者（王）と資本家が互いの経済的利益のために「契約」を結んだ結果形成されたのが，近代国家である。資本家にとっては，封建領主ではなく国王とこのような関係を結ぶほうが規模のメリット（economies of scale）があるため有利であった，と彼らは主張する。ここで比喩的に使用されている契約の意味は，国王が治安や安定した経済活動を保障し，その見返りとして国王に納税をするというものである。このような契約のもとで，国家単位での所有権の保障，法体系の整備，貨幣の鋳造，度量衡の整備など，両者にとって好ましいとりきめが整備され，国家建設につながった。

　ノースはさらに『制度・制度変化・経済成果』において，ヨーロッパが植民地としていた南北アメリカにおける国家形成および経済成長の違いにも分析の視野を広げている[29]。北アメリカでは，チェック・アンド・バランスのメカニズムと所有権の保障が確立した国家が形成され，それがさらに経済発展につながった。一方の南アメリカでは，集権的で汚職のはびこる官僚制度を特徴とする国家が形成され，経済停滞の一因となった。この違いを説明するにあたりノースが重視する分析視角が「経路依存性」である。経路依存性とは，一般的には，過去におこったできごとによってあるものごとが影響を受けることを意味するが，ここでは特に，非効率的なものごとがいったん広まると（改善されずに）維持されることを指す。その有名な例に，キーボードのキーの並びがある。現在世界的に普及している並び方（QWER配列）は，19世紀後半，手動タイプライターが発明された頃にあるメーカーが文字バーのからみがないように配列したものであり，最も効率的に文字が打てる並びではない。しかしこのモデルが広く普及したため，現在に至るまでこの非効率的な配列は修正されることなく存続している[30]。

---

(29)　North（1990=1994），特に第11章および第12章を参照のこと。

第**1**章 国家建設

　ノースによれば，南北アメリカが異なる国家建設の経路をたどったのは，建国の時期に移植された国家の制度が経路依存性をもつために独立後も存続し，特に南アメリカの場合にはそれが非効率なものであったにもかかわらず北アメリカの効率的な制度の形態に収斂しなかったからである。北アメリカが植民地化された時期，宗主国であるイギリスでは議会と国王の争いが頂点に達しており，チェック・アンド・バランスのメカニズムと所有権の保障を明確にする諸制度が移植された。一方，南アメリカ諸国が植民地化されたのは，宗主国スペイン（カスティーリャ王国）において議会の権限が形骸化していた時期であり，所有権を保障する制度が確立されていなかった。南アメリカ諸国はそのような制度的遺産を受け継ぎ，いったん移植された国家の諸制度は経路依存性のためにその後も存続した，とノースは主張する。

4　非西欧における国家建設

（1）戦争の異なる効果

　西欧を対象とした国家建設研究の中心的検討課題が「なぜ国家建設が進んだのか」であるのに対し，非西欧（発展途上国）を対象とする際には，実際に多くの途上国では国家が脆弱なことから，「なぜ国家が弱いのか」が主な論点となる[31]。この問題に歴史的観点から取り組む研究の多くは，先述したティリーの議論から出発している。

　アフリカにおける強い国家の不在をティリーの議論を援用して分析するのが，ジェフリー・ハーブストである[32]。彼はアフリカとヨーロッパの国家建設の経験の違いを比べ，次のようなアフリカの特徴を指摘する。まず，独立後のア

---

(30)　David 1985. 経路依存性の詳細については，Pierson（2004=2010）を参照のこと。タイプライターのキーの並びに対するこのような解釈への反論としては，Liebowitz and Margolis（1990）を参照のこと。
(31)　途上国を対象とした一部の研究では，国家の強さを問題にするものもある。例えばラテンアメリカを対象としたSchneider（1991），Geddes（1994）などを参照のこと。
(32)　Herbst 2000.

フリカ諸国においては，国家間の戦争がほとんどなかった。その理由としては，国境線が旧宗主国によって決められていたために「神聖」なものと独立後のリーダーたちにみなされた点が第1に挙げられる。第2の理由は，アフリカ諸国の多くが独立した1950年代から1960年代にかけては，すでにウエストファリア体制（主権国家からなる国際政治システム）が確立していたからである。国連加盟などによりいったん主権国家と国際的に認められると，外国勢力による攻撃は正当化されにくいため，国家間では戦争になりにくい，とハーブストは指摘する。[33]

ラテンアメリカの国家建設においては，戦争は少なからずあったものの，ヨーロッパでの戦争とは異なる特徴をもっていた。このことが強い国家の建設につながらなかった要因であると主張するのが，ミゲル・センテノの研究である。[34] 彼は，ラテンアメリカでおこった国家間戦争は，「総力戦」ではなく「限定戦争（limited war）」であった点を強調する。総力戦では，戦闘が長期的に国土全体に及び，一般市民が兵員となる。また戦争のためのイデオロギーやスローガンが国民全員に共有され，戦費調達のため国民に課税される。これに対して限定戦争は，短期的かつ地理的に限定された戦争で，一般市民ではなく職業軍人によってのみ戦われ，また徴税よりも対外借り入れによって戦費が賄われる。[35] このような戦争の特徴が，ラテンアメリカにおいて国家建設が進まなかった理由であるとセンテノは分析する。また彼は，限定戦争はラテンアメリカ諸国における対外債務，経済停滞，国家統合のシンボルの不在にもつながっていると指摘する。[36]

武力紛争という要因は，東南アジア諸国の国家建設（またはその不在）の説明

---

(33) ハーブストは，アフリカにおいて弱い国家が継続する要因として，低い人口密度に起因する国家機構構築コストの高さもあわせて指摘している。
(34) Centeno 2002.
(35) ラテンアメリカにおける国家間戦争の例としては，米墨戦争（1846-1848），仏墨戦争（1862-1867），チリ・ボリビア・ペルーが争った太平洋戦争（1879-1883），ボリビアとパラグアイの間のチャコ戦争（1932-1935），コロンビア対ペルーの戦争（1932-1933），アルゼンチン対イギリスのフォークランド紛争（1982）などがある。括弧内は紛争期間を示すが，これらから，ラテンアメリカの戦争はいずれも比較的短期間で終結していることがわかる。

にも使用されている。ダン・スレーターは，国家建設が進んだシンガポール，マレーシアと，進まなかったタイ，フィリピン，南ベトナムとを分けた要因として，（対外的な戦争の脅威ではなく）国内の武装勢力からの脅威がおこるタイミングの違いを指摘する。国内武装勢力による政府転覆の脅威を経て権威主義体制が成立した場合では，政権エリートは互いの地位を武装勢力から守る「保護協定（protection pact）」を結んで治安維持や公共福祉などに関する国家機構を形成して武装勢力に対抗した。その事例がシンガポールやマレーシアである。これに対し，このような脅威が存在せずに権威主義体制が成立した場合には，エリート間で協調的な行動をとって反政府勢力に対抗すべく国家機構を整備しようとする誘因が生まれなかった。同時に，政府のリソース（資源）を国家機構の整備にあてずにすむため，権威主義体制のリーダーは自らの経済的利益の追求が可能となった。その典型例が個人支配的な権威主義体制を敷いたフィリピンのマルコス大統領であったとスレーターは議論する。

（2）不労所得としての援助と天然資源

　ヨーロッパ型の戦争の不在に加え，非西欧での弱い国家を説明するもう1つの重要な要因が，「不労所得（unearned income）」である。不労所得とは，文字どおり，働かずして得られる収入を意味し，このようなタイプの収入の多い政府では国家建設が進まない，というのが議論の核心である。政府にとっての主な不労所得には，先進諸国政府からの国際開発援助（ODA），そして，天然資源による国家収入の2つがある。

　ODAと国家建設との関係を，アフリカ諸国のデータをもとに統計学的に分

---

(36) センテノの議論をふまえ，Thies（2005）は，物理的な紛争に至らないまでも，潜在的に戦争となる恐れのある敵対国が長期的に存在した場合には国家建設が進んだ，と分析する。
(37) Slater 2010. スレーターの研究においても，ノース（North 1990）と同様に経路依存性の概念が応用されている。
(38) 不労所得に依存する国家を総称して「レンティア国家」と呼ぶこともある。レンティア国家の語源である「レント」は，家賃などの働かずに得られる収入を意味する。レンティア国家の定義についてはBeblawi and Luciani（1987）を参照のこと。

第Ⅰ部　国家と社会

析しているのが，デボラ・ブローティガムとスティーブン・ナックである[39]。彼らは，アフリカ諸国のデータを統計的に分析し，ODA が GDP に占める割合の高い国ほど，政府歳入のうちの税収が低く，また国際カントリーリスクガイドにおける「官僚の質」指標も低くなることを示した。また，ラグラム・ラジャンとアルヴィンド・スブラマニアンは，多国間データを使用した統計分析において，ODA が GDP に占める割合の高い国では国家の能力に依存する産業のほうがそうでない産業よりも成長が低いこと，要するに ODA は国家の能力を弱める効果をもつことを明らかにしている[40]。

　なぜ，開発を促進する「はず」の ODA が悪影響をもたらすのだろうか。これに関しては，複数のメカニズムが指摘されている[41]。第1に，アフリカでの援助実施は被援助国の省庁を通じてではなく援助国が独自に設立した経路を使ってのことが多く，この場合国家機構にプロジェクト実施の技術的ノウハウが伝授されずに終わってしまう。第2に，このような独自機関はより高い給与が設定されることが多いため，有能な政府官僚が転職してしまい，国家機構からの頭脳流出がおこる。第3に，援助国・機関の職員給与や彼らが使用する機材の購入は非課税になることが多く，被援助国の税収が減少する。第4に，被援助国のエリートの間でのモラル・ハザード（怠惰）がある。援助をあてにするために，エリートは現状維持をよしとし，徴税や均衡財政の努力を怠るようになる。ひいては，制度改革のインセンティブ（誘因）が削がれてしまう。

　ODA と同様の効果を国家建設においてもたらすと指摘されているのが，豊富な天然資源の存在である[42]。例えばリビアの研究をしたディルク・ファンデワルは，石油産業はその性質上わずかな資本を投下するだけで国庫に莫大な収入がもたらされ，また採掘に必要な設備や専門家は海外から調達するため，統治エリートは効率的な徴税機構や有能な官僚を伴う公務員制度を構築するインセ

---

(39) Bräutigam and Knack 2004.
(40) Rajan and Subramanian 2007.
(41) 以下の指摘は，Bräutigam and Knack (2004)，および Moore (2004) による。
(42) 天然資源の政治的帰結としては，他にも内戦の発生リスクの上昇（本書第4章参照），権威主義体制の長期化（本書第8章参照）などが指摘されている。

ンティブをもたなくなる,と分析する。また東南アジアとラテンアメリカ諸国における森林・鉱物資源の政治的影響を分析したウィリアム・アッシャーは,天然資源に関わる国営企業の運営・財務に対して議会による適切な監視が困難となるため,不透明な管理と無駄遣いが横行しやすいと指摘する。さらに,多国間データを用いた統計分析においても,GDPに占める天然資源輸出の割合が大きい国ほど汚職の程度が高くなる,という結果が報告されている。

5 国家をめぐる研究の今後

　本章では,近代国家の形成を促す要因と,それを阻害する要因について検討した。ヨーロッパにおける近代国家形成を説明する有力な説が,対外戦争および社会・経済構造の変化である。官僚制,徴税機構,国家による教育の提供など,現代まで継続する国家の基本的な諸機構や機能が形成される推進力となったのが,16世紀頃以降の戦争であるとの分析がある。また,貨幣経済と産業の発達という社会・経済的な変化が国家機構の整備につながったという説明もある。一方で,発展途上国において国家建設がなかなか進まない要因としては,対外戦争の不在,国際開発援助や天然資源の存在が指摘されている。

　最後に,本章では紙幅の制約上検討できなかった点をいくつか指摘したい。第1に,国家の能力の違いがもたらす政治的帰結に関しても,比較政治学では知見の蓄積が進んでおり,例えば,経済成長,投資,経済危機への対応,所得分配,内戦などへの国家の影響を分析する研究がある。第2は,経済的グローバリゼーションの進展による国家のあり方の変化に関する研究である。この問題における主な争点は,経済のグローバル化により多国籍企業などの経済主体の影響力が増大することで国家機構の規模や能力が低下するのかどうか,そし

---

(43) 　Vandewalle 1998.
(44) 　Ascher 1999=2006.
(45) 　Leite and Weidmann 1999.
(46) 　国家の能力の違いに起因する帰結に関する研究動向論文として,Savoia and Sen (2012) を参照のこと。

て，するとしたらどのような側面で低下するのか，という点である。[47]国家の形成を説明する要因とあわせ，これらの問題についても今後一層の分析が求められる。

---

(47) この問題に関する研究動向論文として Berger (2000), 最近の業績として，日本・アメリカ・スウェーデンを比較する Steinmo (2010) を参照のこと。

第2章

市民社会

―本章の検討課題―
・市民社会および市民団体とは何か。
・どのような条件のもとで市民団体は形成されやすいのか。
・市民団体の活動はどのような政治的帰結をもたらすのか。

1　市民社会の台頭

　冷戦終結後の世界的な変化の1つが，市民社会（定義は後述）の台頭，すなわち，自発的な市民団体の「アソシエーション革命」ともいわれるほどの増加である。例えば最近の統計では，アメリカでは約150万の，インドでは約330万の非政府団体（NGO）が活動しているといわれる。また日本の場合でも，ここ10年の間に非営利団体（NPO）の数が急速に増えており，2013年の統計では全国で約4万5千の法人化された団体が活動している。一方で，純粋な理論的観点からすると，自発的な結社が存在すること自体が「謎」だと考えられてきた。これは，後述する「集合行為問題」に関わる問題である。
　市民団体は数の上で増加しているだけでなく，政治過程における活動主体と

---

(1) Salomon 1994.
(2) アメリカの統計は，http://www.humanrights.gov/2012/01/12/fact-sheet-non-governmental-organizations-ngos-in-the-united-states/，インドの統計は http://southasia.oneworld.net/news/india-more-ngos-than-schools-and-health-centres#.Ux2EG14qZUM，日本の統計は https://www.npo-homepage.go.jp/about/npodata.html#1 より（いずれも2014年2月1日アクセス）。

しても国際的に重要度を増している。国際開発の分野においては，国際連合（国連）や世界銀行（世銀）などによって社会・経済開発プロジェクトへのNGOの参加が推奨される「参加型プロジェクト」が時代の潮流となっている。また国際的な人権NGOの活動が政治犯の釈放につながるなど，国境を超えた課題の解決にも寄与している。

このように最近特に重要度を増している市民社会の研究は，政治学だけでなく社会学でも重要なテーマとして多様な側面が検討課題となっている。そのなかで本章が焦点をあてるのは，市民団体が形成されやすくなる要因は何か，そして，市民団体の活動によりどのような政治的帰結があるのかという問いである。それにあたり，次節ではまず，市民社会の概念と，このテーマでの基礎的理論である集合行為問題を解説する。続く第3節では，市民団体が形成されやすくなる要因についての主要な理論と研究事例を紹介する。第4節においては，市民社会の影響を民主化とガバナンス（政策立案・実施）という2つの帰結に注目して検討する。

2 市民社会という「問題」

（1）市民社会とは何か

市民社会（civil society）という用語は，政治思想研究の分野では数世紀にわたって様々に議論されてきたが，比較政治学でこの用語が多用されるようになるのは1980年代以降である。その背景には，現実政治においてこの言葉が頻繁に使用されるようになったという変化がある。特に重要なのは，1970年代以降に盛んになった民主化運動での使用である。1970年代半ばのポーランドの反体制運動である「連帯」に参加した知識人や活動家は，市民社会という言葉を用いて連帯の運動を正当化・理論化していった。その後，市民社会という言葉はラテンアメリカやアジアでの反体制運動でも使用された。また1970年代には，西ドイツ（当時）の緑の党やフランスの左翼など，西欧諸国の社会運動においても市民社会という言葉がスローガンとして用いられるようになった。[3]

第2章 市民社会

　比較政治学において使用される市民社会という概念は，2つに分類できる。第1は，活動の「領域（sphere）」として市民社会を捉えるもので，そのような概念化として有名なものに，ホアン・リンスとアルフレッド・ステパンの定義がある。彼らは「国家から相対的に自律し，自発的に組織された集団・運動・諸個人が，意見の表明，結社の形成，集団利益の推進をおこなう領域」が市民社会であるとする。ここで対比されているのは，国家，経済社会，政治社会，そして私的な領域の4つである。国家とは国家機構を運営するための一連の政治・行政システムを指し，経済社会とは，市場において利益を追求する経済主体が活動する領域を指す。政治社会は議会政治家や政党が活動する領域であり，私的な領域とは家族や友人関係を意味している。これらの領域以外のものが市民社会というわけである。領域として市民社会を捉える視点は，ヘーゲルに端を発しマルクス，グラムシへとつながるヨーロッパ政治思想史における市民社会論の流れを汲む。

　第2の概念化は，ある程度組織化された団体または結社を市民社会として捉えるもので，本章では主にこちらに焦点をあてる。この捉え方は第1の概念化から派生しているが，第1のものでは，個人や組織化されていない散発的なデモンストレーションなどを含めるのに対し，こちらの用法では団体化されていることを基本要件とする。国連や世銀などの国際機関をはじめとする，実務家の間では市民社会をこちらの意味で使用することが多い。例えば世銀は次のように定義する。

　　市民社会とは，広い範囲の非政府組織（NGO）及び非営利組織（NPO）を指し，これらの組織は公的な社会生活において存在し，倫理，文化，政治，科学，宗教または慈善の観点から組織メンバーや一般の人々の価値や

---
(3) Cohen and Arato 1992, pp. 29–82.
(4) Linz and Stepan 1996, p. 7 = 2005, p. 27.
(5) Cohen and Arato 1992, Chapters 2 and 3.
(6) 本章では，団体（organization）と結社（association）という用語を，組織化された主体を意味する言い換え可能な語として使用している。

37

第Ⅰ部　国家と社会

利益を表明する。(7)

　要するに，市民によって組織され，公共または団体メンバーの利益のために活動する非営利・非政府団体の総称が市民社会といえる。以下本章では，市民団体と市民社会を言い換え可能な語として扱う。この定義に則ると，企業などの営利を主に追求する団体は市民社会に含まれない。その一方で，例えばアメリカ南部を中心に活動する白人至上主義団体であるクー・クラックス・クラン（KKK）のような団体は，非営利・非政府であり，上で定義した「政治…の観点から」「組織メンバー…の価値や利益を表明する」という要件を満たしているので，市民社会と呼べることになる。しかしながら，暴力に訴える団体や法を遵守しない団体については「非市民的（uncivil）」なものとして，市民社会という概念には含まれないとする議論も存在する。どのような非営利・非政府団体を市民社会に含めるか（「非市民的」なものまでを含めるかどうか）に関しては，研究者間でいまだに論争が続いている状態である。(8)

　市民団体は，その活動目的と組織形態から「アドボカシー団体」と「草の根団体」に分けられる。アドボカシー団体とは，ある社会的争点に対し賛成または反対の立場をとり，その立場を推進するために政策決定および一般市民に影響を与えようとする団体を意味する。争点の例には，人権，マイノリティに対する差別，環境保護，などがある。組織的には，アドボカシー団体はその分野における専門的知識をもったスタッフを中心に運営されるプロフェッショナル団体であることが多い。また，アドボカシー団体の活動をより細分化すると，政治的アドボカシーと社会的アドボカシーに分かれる。(9)前者は，政策エリートに対する直接的働きかけに関連する活動を指し，具体的には，議員や官僚への陳情，有権者に地元議員へ働きかけるよう促す活動などがある。後者は世論へ

---

(7)　以下のホームページより筆者翻訳。http://web.worldbank.org/WBSITE/EXTERNAL/TOPICS/CSO/0,,contentMDK:20101499~menuPK:244752~pagePK:220503~piPK:220476~theSitePK:228717,00.html（2014年2月1日アクセス）．
(8)　「非市民的な」団体をも市民社会に含めるかどうかについては，Glasius（2010）を参照のこと。
(9)　Boris and Mosher-Williams 1998.

の訴えかけや，一般市民に政治参加を促すための活動が主である。メディアを利用したキャンペーンや市民を対象としたセミナーなどによる啓発活動が例として挙げられる。

草の根団体は，社会全体の問題よりも，その団体が活動する地域における諸問題の解決を目的とし，また組織構成の中心は専門スタッフではなく地域住民である。例えば，日本における市町村レベルの任意団体である町内会や自治会がその例である[10]。また，NPOとして設立され，地元住民の様々な日常のニーズを満たす活動をするタイプの団体もこれにあたる。

市民社会研究で頻繁に使用される概念に，「社会運動」がある。社会運動の研究者の間でその定義はいまだに論争があるが[11]，一般的には，自発的に結集した市民による社会改革のための諸活動を指す。その活動例には，街頭でのデモンストレーション，公開集会，ストライキなどがあるが，（市民）団体の形成もそのうちの1つである[12]。本章では，社会運動の構成要素の1つとして市民団体を位置づけている。

(2) 集合行為問題

比較政治学において，市民団体，より厳密には2人以上の集団の間の相互関係を分析する際に必ずといっていいほど考慮しなければいけないのが，「集合行為問題」である。これは，1960年代に経済学者であるマンサー・オルソンが『集合行為論』において提起し，それ以降，経済学だけでなく政治学や社会学においても非常に重要な概念として定着している[13]。

集合行為問題は，「公共財」が提供されるかどうかを問う状況で生じる。公共財とは，次の2条件を満たすタイプの財（集団のほとんどの構成員にとって望

---

(10) 日本の自治会を草の根団体と位置づけて分析しているものに，Pekkanen（2006=2008）がある。
(11) 主要な社会運動研究で提示された定義を比較し，確立したものがないことを示すOpp（2009, pp. 34-42）を参照のこと。
(12) 社会運動がどのような活動・表現手段をとるのかを「集合行為のレパートリー」という概念を用いて検討するものに，Tilly and Tarrow（2006）がある。
(13) Olson 1965=1983.

しいもの）である。第1の条件は，財が提供された場合に，その財を獲得するために貢献しなかった人がその財からメリットを得ることを排除できない性質で，「非排除性」と呼ばれる。第2の条件は「非競合性」である。これは，ある人のその財の消費は他の人の消費には影響しない，という性質を指す。例えば，「きれいな空気」の場合を考えてみよう。きれいな空気を得るには公害規制が重要であるが，そのためには環境保護団体の活動が不可欠といえる。環境保護団体の懸命なロビー活動努力により厳しい環境規制が敷かれ，空気汚染が改善されたとしよう。この場合，環境保護運動に何も貢献しなかった人に対してきれいな空気を吸わないよう排除することはほぼ不可能であり（非排除性），またこれらの人々がきれいな空気を消費したからといって他の人々が吸う空気の量が制限されることはない（非競合性）。このような特徴をもつため，きれいな空気は公共財の典型例といわれている。その他に政治学で頻繁に公共財として例に挙げられるものには，普通選挙権，国防（平和），道路・公衆衛生などの公共インフラストラクチャーといったものがある。

　集合行為問題とは，ある公共財の提供が求められる状況において，人々が「合理的」に行動してフリーライダー（ただ乗りする人）になるため，公共財獲得のための組織化（協力）がおこなわれないこと，またはその結果として公共財がもたらされないことを意味する[14]。ここでの合理的な行動とは，最低のコストで最大の利益を得ることを目的とした行動を意味する。もしも社会の構成員全員がこのような意味での合理性を有している場合，誰もが他の人の努力で獲得された公共財を消費しようと考えるため，市民団体は組織されず，結果として誰もが公共財を獲得できない。先述したきれいな空気という公共財の例では，他の人が環境運動を推進して厳しい環境規制ができれば好都合と全員が考えたら，誰も環境運動に身を投ずることはなく，環境規制政策は成立せず，空気汚染が継続する。

　集合行為問題の理論的観点からすれば，人々が公共財提供のための市民団体

---

(14)　集合行為問題はフリーライダーが生まれることが中心的問題となるため，「フリーライダー問題」と呼ばれることもある。

を創設し,その維持のために様々な努力を払うことは非合理的なためおこりにくいと予測されるが,現実には,市民団体はいたるところに存在する。例えば2013年に刊行された報告書によれば,イスラエルとベルギーにおける非営利セクターの雇用は労働者全体の約11％,アメリカでは約8％,日本では約7％を占めるほどの経済セクターとなっている。[15]

　なぜこれほど多くの市民団体が形成され,また長年維持されるのだろうか。[16]この問題は社会学においても主要な検討課題の1つであり,沢山の研究蓄積がある。次節では,社会学よりも比較政治学での研究に力点をおきながら,この疑問に対する答えとしてだされている主要な理論を紹介する。[17]

3　市民団体形成の理論

(1) 社会秩序の劇的変化

　オルソンがミクロ経済学の視点から市民団体を捉えようとしたのに対し,マクロ社会学の観点から分析しようとする立場が,社会環境とその変化に着目する研究である。ここでの基本的な考え方は,社会秩序が保たれている状態では人々は団体に所属する欲求をもたないが,戦争,革命,恐慌などで社会構造が劇的に変化した際には日々の秩序が崩壊し,それに起因する不安感,焦燥感,剝奪感などを解消するために団体に参加する,というものである。このような社会全体の秩序に注目する議論は,第2次世界大戦後の社会科学におけるグランドセオリー（巨視理論）の一角をなしていた。[18]

---

[15]　Salamon et al. 2013. 最近の日本における市民団体の全体像把握については辻中・森（2010）を参照のこと。

[16]　団体の形成（立ちあげ）と形成後の団体活動の維持・拡大とは別々に分けて分析することが可能であるが,ここでは紹介を簡便にするため区別をしていない。

[17]　第3節では比較政治学の分野で業績のあるものを中心に解説しており,社会学において多くの研究蓄積のあるフレーミング理論と集合的アイデンティティ論については割愛した。これらの簡便な紹介についてはOpp (2009),重富（2007）を参照されたい。また,オルソン自身が集合行為問題の解決策として指摘するのは,選択的誘因（selective incentives）の提供,小規模な集団,強制などである。オルソンの理論の詳細については森脇（2000）を参照のこと。

最近の研究では，急激な社会的変化がもたらすのは，脅威や剥奪感ではなく，団体活動をおこなうスキルを涵養する教育効果であると捉えるものが多い。例えばシーダ・スコチポルらは，アメリカで現在活動している大規模市民団体は，独立革命後の時期と南北戦争後の時期において設立されたものが（その後の1900年から1940年の間よりも）多いと指摘する。彼女らはこの現象の要因として，戦争中の兵士としての動員や，一般の人々の間での奉仕活動を通じて団体運営のスキルを学んだという点を指摘する[19]。同様に，日本における第2次世界大戦下の動員の影響を分析した鹿毛利枝子の研究では，兵員としての動員の程度が高かった県のほうが戦後の市民団体加入者が多いことを示し，また戦後にYMCAなどの団体活動に参加した人々が戦争動員により涵養された「市民的スキル」を戦後も活用しようとしたためであると分析している[20]。

（2）資源動員論

グランドセオリーの一環としてだされた社会秩序の変化を重視する議論への反論として1970年代にだされたのが，資源動員論である。前者では，社会秩序の動揺がなければ市民団体は形成されにくいことが示唆されるが，資源動員論を提示する研究者たちは，人々は恒常的にある程度の不安，焦燥感，不満感をもっており，これを増幅させる社会構造レベルでの変化がなくとも，組織のための「資源」があることで団体が組織されやすい，と主張する。このような見方を生んだ社会的背景には，1960年代から1970年代のアメリカにおける政治や社会改革をめざす市民運動の盛り上がりと，そこから発展してできた多くの市民団体の存在があった。

何を組織化のための資源とみなすかは，研究により，また時代により異なる。この理論の主導的提唱者であるジョン・マッカーシーとマイヤー・ザルド

---

[18] 例えば，Kornhauser (1959=1961)，Smelser (1962)，Gurr (1970)。社会学を中心としたグランドセオリーの解説については佐藤（2011）を参照のこと。
[19] Skocpol et al. 2000. 南北戦争（1861-1865）後の時期に設立され現在まで続く大規模な団体には，アメリカ赤十字（1881），PTA（1897）などがある。
[20] Kage 2011.

は資源の例として，人材（リーダーおよび活動家），資金，専門的知識，人的ネットワークなどを挙げる。このような視角から1950年代および1960年代アメリカの農業労働者の団体（組合化）を分析したクレイグ・ジェンキンスとチャールズ・ペローは，1950年代には「失敗」していた組合化が1960年代に「成功」したのは，1960年代には教会や財団などからの資金援助があったことが大きな要因であるとしている。また近年では，インターネットやソーシャルメディアに代表される情報通信技術も組織化のための資源の1つとして注目を浴びている。例えば2011年におこったエジプトの政変を分析した研究では，フェイスブックやツイッターなどを動員のための新しいタイプの資源として資源動員論の射程に組み込むべきであるとの指摘がされている。

(3) 政治的機会構造

団体の目的を達成する可能性に影響を与える政治的，制度的，社会経済的コンテクストを「政治的機会構造」と捉え，その変化が団体形成や人々のデモへの参加に影響する，というのが政治的機会構造論の基本的な見方である。政治的機会構造の具体例としては，政策決定者が選挙によって選ばれているかどうか，市民団体が政府有力者とコネクションをもっているかどうか，政策決定過程において制度的に市民の声を反映させる場が設けられているかどうか，政府が運動を規制しているかどうか，など様々なものがあり，研究者が恣意的に設

---

(21) McCarthy and Zald 1977, 2001. 何をもって「資源」とするかについて恣意的な取り扱いがなされている点は，資源動員論に対して頻繁になされる批判の1つである（McCarthy and Zald 2001, pp. 544-545）。
(22) Jenkins and Perrow 1977.
(23) Eltantawy and Wiest 2011.
(24) 政治的機会構造（structure of political opportunity）の名称は Eisinger (1973) による。McAdam (1982) は同様のアプローチを政治過程 (political process) アプローチと名づけているが，ここでは政治学においてより多用されている政治的機会構造という用語で統一した。また政治的機会構造の定義はかなり曖昧であるが，例えば Tarrow (1994, p. 18) は「必ずしも正式，永続的，国家的ではないが，政治環境において常にみられる要素で，それが人々に手段行動に訴えることを促す，または思いとどまらせる」ものと定義する。このアプローチをとる研究例には，Tarrow (1994), Kitschelt (1986) がある。

定しているという批判も存在する。[25]

　政治的機会構造に着目した有名な研究に，ダグ・マックアダムによるアメリカの社会運動の分析がある。[26]彼は，1960年代において黒人に対する市民的権利を求める団体が多く設立され，また加入者も増加するようになった主要な原因として，公立学校での人種別学級を違憲とした1954年の最高裁判決（ブラウン対教育委員会判決），黒人労働力の相対的価値上昇などに起因するリンチが減ったことなどを政治的機会構造の変化として挙げる。

　日本の市民社会に関するロバート・ペッカネンの研究は，この枠組みを応用した事例といえる。[27]彼は，日本における市民社会の「二重性」，すなわち，アドボカシー団体が規模・数ともに少ない一方で自治会に代表される草の根団体が非常に多いことを指摘したうえで，日本におけるアドボカシー団体の少なさの要因を1898年（明治31年）に制定された民法第34条における公益法人設立に関する厳しい規制に求める。明治時代の民法による規制という政治的機会構造は，1998年に特定非営利活動促進法（NPO法）の成立により変化した。すなわち，法人格を得るための規制が弱まったのである。これをうけて市民団体の設立は一気に加速し，1998年のNPO法成立直後には20数件だったNPOの認証数は2013年現在では累計で4万件に急増している。[28]

　ここまで，市民団体の形成を説明する理論を紹介してきた。これらは分析にあたって基本的な指針を与えてくれる点では有用であるが，その一方で，カール＝ディーター・オップが指摘するように，多くの点で曖昧さを抱えたままである。[29]具体的には，鍵となっている概念が対象とする範囲，何を説明要因とし

---

(25)　そのような批判については，Opp（2009, p. 168）を参照のこと。
(26)　McAdam 1982.
(27)　Pekkanen 2006=2008. ペッカネンはこの要因を「規制制度枠組み」の要因と呼び，議会に対する官僚支配という政治的機会構造要因と区別しているが，ここでは政治的機会構造要因の1つと解釈している。
(28)　NPO数の増大要因としては，NPO法成立に加え，NPO法人に対する税制上の優遇措置を定めた2001年の税制改革もあわせて重要であるとペッカネンは指摘しているが，税制改革も政治的機会構造の変化と捉えることができる。
(29)　Opp 2009, pp. 352-353.

てどのような現象を説明したいのか,および因果関係のメカニズムにおける曖昧さが挙げられる。これらの理論を応用する際には,このような点に留意する必要があるだろう。

4 市民社会の政治的効果

　理念のうえでは,市民団体(結社)は様々な望ましい効果をもたらすという指摘は19世紀頃からすでに存在する[30]。一般的にいわれるよい効果とは,例えば,結社への関与により人々は公徳心を備え,政治的情報をふやし,政治に参加するようになり,協力関係をもとによりよい統治をおこなう,などである。しかし,現実はどうだろうか。以下では,結社のもたらす影響として,民主化[31]とガバナンス[32]の2側面に焦点をあてた実証分析を検討する[33]。

(1) 民主化

　1970年代半ば以降におこった民主化に関する研究の多くが,市民社会の台頭が民主化を促したと指摘する。その代表的な研究が,ギジェルモ・オドンネルとフィリップ・シュミッターによる『民主化の比較政治学』である[34]。彼らは,南欧とラテンアメリカにおける民主化の事例を比較し,これらの地域では民主化過程で「市民社会の再生」が共通してみられた,と結論づけている。また,南欧とラテンアメリカ以外の民主化,例えば,韓国,フィリピン,南アフリカ

---

(30) 民主主義における結社の役割について考察した古典的な著作が,19世紀前半にアメリカを旅したフランス貴族であるアレクシ・ド・トクヴィルによる『アメリカのデモクラシー』である。トクヴィルの日本語での紹介として宇野(2007)を参照されたい。
(31) 民主化の定義については第6章を参照のこと。
(32) ガバナンス概念をめぐってはいまだに確立した定義があるとはいい難いが,ここでは政府の政策決定および実施過程の両方を指す言葉として用いる。この概念をめぐる最近の論争としてはFukuyama (2013)とそれに続く *Governance* 誌における応酬を参照されたい。
(33) これら以外の側面への影響を解説したものとしては,Theiss-Morse and Hibbing (2005)を参照のこと。
(34) O'Donnell and Schmitter 1986=1986.

においても民主化過程で果たした社会運動の重要性はよく知られている。

　しかしながら，例えばサミュエル・ハンチントンは市民社会による民主化を求める運動が民主化の必要条件ではないことを指摘する。彼は『第三の波』において1970年代，1980年代の民主化過程を4つの経路に分類しているが，市民社会が中心的な推進力となるのはそのうちの1つの経路でしかない。[35] 彼の分類では，第1の経路がスペインやブラジルにみられたエリートが推進した民主化，第2がアルゼンチン，東ドイツ，ルーマニアなどでみられた，市民社会勢力が主導した民主化，第3がチェコ，ニカラグア，ポーランド，ボリビアなどでみられた，体制エリートと市民社会勢力が共同で押し進めた民主化，そして第4の経路がグレナダやパナマでおこったタイプの，外国勢力の介入による強制的な民主化である。

　さらに，市民社会は民主主義の崩壊に寄与する場合があることを指摘する研究も存在する。例えばワイマール共和国の崩壊を分析したシェリ・バーマンは，市民社会が活発であったことをナチス台頭の原因の1つと指摘する。[36] ワイマール期には中間層の団体加入が増大したが，同時に，中間層は既成政党への不満を募らせていた。この不満を取り込む形でナチス党が彼らのネットワークや組織化のスキルを利用して党勢力を急速に伸張させ，1933年のワイマール共和国崩壊につながった，というのがバーマンの分析である。またイタリア，スペイン，ルーマニアにおけるファシズム台頭を分析したディラン・ライリーは，これらの国において結社の活動が盛んであった地域がファシズム台頭の土壌を提供したと主張する。[37] 要するに，市民社会は民主化の必要条件でも十分条件でもなく，また，場合によっては反民主主義勢力ともなる存在といえる。

（2）ガバナンス

　市民社会の存在がよりよいガバナンスをもたらすという一般通念を実証的に

---

(35) Huntington 1991=1995.
(36) Berman 1997.
(37) Riley 2010.

分析し，このテーマにおけるその後の一連の研究の先駆けとなったのがロバート・パットナムによる『哲学する民主主義』である(38)。彼はイタリアでおこった1980年代の地方分権改革後における州政府の行政パフォーマンスの違いを説明する要因の1つとして，自発的結社（市民団体）への加入の程度を強調する。すなわち，市民団体が多く存在する地域（イタリアの場合には主に北イタリアの各州）のほうが市民に対する公共サービス提供などのパフォーマンスが優れている，というのが彼の分析結果である。また，彼が2000年に出版した『孤独なボウリング』においては，最近のアメリカ社会において市民団体の活動が著しく低下していることを豊富な統計で示し，研究者だけでなく一般のアメリカ人の間でも大きな話題となった(39)。

　人々が市民団体に参加することは，実際にガバナンスの向上につながるのだろうか。また，つながるとしたらどのようなメカニズムでそれがおこるのだろうか。まず，市民団体に加入する人が多いコミュニティにおいてガバナンスが向上するかどうかについては，複数の研究が関連を否定している。アメリカ50州の州政府レベルのガバナンスパフォーマンスと各州における団体加入者数の関連を検討したスティーブン・ナックは，両者の間には統計学的に意味のある関係はみられないと結論づけている。また，約40ヵ国における世論調査をもとに結社への参加の程度とガバナンス指標との関係を分析したクリスチャン・ビョーンスコフの研究においても，両者の間には統計学的に意味のある関係はみられなかった。

　次に，パットナムが想定する団体参加の効果，すなわち結社とガバナンスを結ぶメカニズムそのものが実証分析において支持されているとはいい難い。ここでは2つのメカニズムが想定されている。第1は，個人が市民団体に参加して他の人々と交流するなかで，他者に対する信頼の態度をもつようになり，信頼の態度がコミュニティにおける協力関係を醸成して良いガバナンスにつなが

---

(38) Putnam 1993=2001. 同書は政治学における「ソーシャル・キャピタル」論の火付け役となったが，この点については本書第7章（民主主義体制と政治文化）で解説する。
(39) Putnam 2000=2006.

表2-1　団体の種類とガバナンスへの影響

具体例＼団体の特徴	包括型	埋め込み型	ガバナンスへの影響
寺院の管理委員会	該当	該当	向上
教会の管理委員会	該当	該当なし	影響なし
村全体が同じ宗族（血縁関係者）	該当	該当	向上
村の一部が同じ宗族	該当なし	該当	影響なし

（出所）Tsai（2007）より筆者作成。

る，というものである。実証分析においては，団体への参加が信頼の態度につながるとする研究がある一方で，両者には統計学的に意味のある関係はないとするもの，多様な参加者のいる団体においてのみ信頼の態度が形成されるとするものなどがある。第2のメカニズムは，市民団体への参加が「市民的スキル」を育み，政治に対する理解を高めるために政府に対するよりよい監視がおこなわれる結果としてガバナンスが向上する，というものである。これに関しても，このような効果の存在を指摘する分析がある一方で，もともと政治に興味のある人が市民団体に参加するのだという逆の因果関係を指摘する研究もある。要するに，主に先進国の民主主義体制を対象とした実証研究においては，これまでのところ，結社とガバナンスとの関係は確立した答えがだされておらず，また，両者をつなぐメカニズム自体も明らかではないのが現状である。

非民主主義体制での結社とガバナンスの関係につき，中国の農村を対象に分析をおこなっているのがリリー・ツァイの研究である。彼女は中国の村レベルでの道路，水道，学校などの公共サービス提供の程度の違いを，村人が形成す

---

(40) Brehm and Rahn 1997, Claibourn and Martin 2000.
(41) Knack and Keefer 1997, Claibourn and Martin 2000, Uslaner 2002.
(42) Stolle 1998.
(43) Verba et al. 1995.
(44) Stolle 2003.
(45) Tsai 2007.

第2章　市民社会

る結社のタイプの違いから説明している。表2-1に示したように、ここでの結社のタイプは、団体が地方政府の管轄域内のすべての人に開かれているかどうか（包括型），村役人が団体のメンバーになっているかどうか（埋め込み型），の2つの側面の組み合わせから形成される4タイプである。彼女は約300の村をこれらのタイプに分け、それぞれのタイプの村でのサーベイ（アンケート）調査やインタビューをもとに村役人のパフォーマンスを分析している。

ツァイの得た結論は、団体の形態が包括型かつ埋め込み型の場合には団体の存在がガバナンスに良い影響を与えるが、両方が揃わないタイプの団体では良い効果がみられない、というものである。なぜなら、政府の構造に「埋め込まれた」タイプの集団は地方役人に公共サービスを高めようとする誘因を与える。一方で、村人全体が団体のメンバーとなっている包括的な集団では、構成員の間でフリーライダーになろうとする誘因が低く、人々の間の協力（集合行為）がうまくいく。団体の存在がガバナンスに良い影響を与えるのは、このどちらかの要因があればよいのではなく、両方が存在して初めて効果がある、ということを彼女の研究は示している。

ツァイの研究はまた、非民主主義体制における団体の役割についてだけでなく、民主主義体制における団体の役割を理解するにあたっても示唆を与えている。彼女の結論を敷衍すると、市民団体とガバナンスの関係を考えるうえでは政治制度の存在を考慮に入れる必要がある。すなわち、団体の存在がよりよいガバナンスにつながるかどうかは、制度的コンテクストにより異なり、具体的には、政府に対するアカウンタビリティ（制裁と監視）を担保する公式な制度が存在していない中国のような制度的コンテクストにおいては、ある一定の条件を満たした団体（包括型かつ埋め込み型の団体）が効果をもつと解釈できる。一方で、民主主義体制を対象とした既存研究が示した団体とガバナンスの間には関係がみられないという知見は、分析対象国においてすでにアカウンタビリティの制度が存在しているために団体の効果が発揮されなかった、と考えることも可能である。このような観点を提示する研究は最近増加の傾向にあり[46]、今後より一層団体と制度の関係についての分析が求められている。

5 市民社会研究の今後

市民社会の存在や役割が拡大する最近の傾向をうけ，市民団体に関する研究の重要度も増している。本章では，これまで蓄積されてきた研究のうち，市民団体形成の要因と，市民団体が活動することによる政治的帰結について検討した。市民団体形成に関しては，社会秩序の変化（とそれに起因する心理的問題），組織化のための資源，政治的機会構造に注目した分析を紹介した。市民団体のもたらす政治的帰結については，いまだに明確になっていない事柄も多い。例えば民主化に関しては，それを促す要因となる事例がある一方で，民主主義崩壊に寄与する場合もある。またガバナンスへの影響に関しては，団体のタイプや，団体がおかれた制度的コンテクストによって効果のあり方が異なることが最近の研究で次第に明らかになってきている。

先述のとおり，このテーマは社会学などにおいても様々な角度から分析が進んでいるが，今後，比較政治学の分野からはどのような貢献が期待されるだろうか。求められるタイプの研究の1つが，市民団体と政策立案・実施過程との関係についての研究である。これにあたっては，例えば本章で紹介したツァイの研究が示唆するように，団体のタイプや活動の背景にある制度的コンテクストの違いがどのように影響するかを場合分けして分析することが重要であろう。例えば，アドボカシー型の市民団体と草の根型市民団体での分類，団体として取り組む課題の性質での分類，選挙や政党政治など政治制度上での分類などをおこない，それぞれにおいてどのような条件のもとでどのような効果をもつのかについての研究蓄積が求められているといえる。[47]このような分析は，市民社会を語る際に安易な礼賛や批判に終始しないためにも重要であるだろう。

---

(46) 例えば，Ahlerup et al. (2009) がある。
(47) このような観点にたつ先行研究の例としては，国際的なアドボカシー団体を比較分析したKeck and Sikkink (1998)，インドネシアの草の根団体による公共政策実施モニタリングの効果を実験手法によって分析したOlken (2007) がある。

第3章

ナショナリズム

―本章の検討課題―
・ナショナリズムとは，どのような概念か。
・ナショナリズムは，どのような要因により生まれるのか。
・ナショナリズムは，どのような影響をガバナンスにもたらすのか。

1 ナショナリズムの多面性

　ナショナリズム（ある集団に対する帰属意識，定義詳細は後述）は，現代における様々な問題とつながっている。個人のレベルでは，「自分は何者なのか」というアイデンティティに関わる問題である。現代に生きる我々は誰もが程度の差はあれ，X国の国民である，という帰属意識をもつといっても過言ではないだろう。そのような意識は，いったいどこから生まれているのだろうか。ナショナリズム研究は，このような問いに答える指針を与えてくれる。

　ナショナリズムはまた，国家間の紛争や内戦に関連する問題でもある。ここ数十年の間，日本と中国や韓国との間で頻繁に摩擦が生じているが，その原因の一部は政治家や市民の間でのナショナリズムに端を発しているといえる。また，冷戦終結後に相次いでおこった内戦（コソヴォ，チェチェン，ルワンダなど）においては（ある民族に対する帰属意識という意味での）ナショナリズムが対立の火種の1つといわれている。

　このように，ナショナリズムは様々なところに顔をだす，重要かつ多面的な

問題である。そのため、政治学、社会学、文化人類学、歴史学、文学など、様々な分野で研究対象とされてきた。また政治学の下位分野のなかでは、政治思想研究と、実証分析を伴う比較政治学からの分析という異なるアプローチでの研究が存在する。本章で焦点をあてるのは、政治学におけるナショナリズム研究のうち、後者の比較政治学的なアプローチをとるものである。さらに、後述するように比較政治学のなかでもナショナリズムの分析対象は複数あり、本章が主に検討するのは、国民国家のなかの一部の集団（民族）ではなく、国民全体の集団に対する帰属意識（アイデンティティ）のレベルでのナショナリズムである。このような意味でのナショナリズムは、どのような要因により生まれるのか、そしてナショナリズムが集団構成員の間に共有されているということはどのような影響をガバナンス（政策実施）にもたらすのか。本章ではナショナリズムという概念の定義および用法を整理したうえで、これら2つの問いを検討してゆく。

2　ナショナリズムの分析枠組み

　ナショナリズムという言葉は、日常生活においてだけでなく研究者の間でも非常に多義的に使用される。本節では、政治学における様々なナショナリズムの定義と用法を概観したうえで、本章が焦点をあてる側面を示す。
　まず、ナショナリズムの語幹であるネイションとは何だろうか。ラテン語の「生まれてきたもの（natio）」を語源とするこの語は、日本語では「国民」または「民族」と一般に訳されることが多いが、翻訳語はむしろ混乱を招くと思われるので、ここではあえて英語のカタカナ表記のままで話を進めたい。ネイションの定義として頻繁に引用されるのが、ベネディクト・アンダーソンによる「範囲が限られ、かつ最高の意思決定権を持つものとして想像される共同体」である。[1] ここでのネイションとは、肌の色や使用言語が同じ人々の共同体

---

[1] Anderson 1983, p. 6 = 2007, p. 24.

第**3**章　ナショナリズム

ではなく，ある共同体への帰属意識をともにもつ人々の集団を意味する。また，アンダーソンの定義が示すとおり，ネイションとして想像される共同体の地理的範囲は，国家の領土境界と同一とは限らない。例えば日本人が別の日本人に向かって「おくにはどちらですか」と聞く際の「くに」が日本という国家の境界ではなく，聞かれた者の郷土を意味するのと同じ使用方法である。さらに，ネイションをより観察可能な形で定義するものに，デイヴィッド・レイティンの定義がある。彼は「文化的アイデンティティに関して共通の信念（belief）をもち，その代表が分離，統合，あるいは再帰属を通じて国家として成立することを主張する集団」と定義する。(2) ここでは国家にこだわらないアンダーソンの定義と異なり，ネイションという概念の構成要素には対内的・対外的主権をもつ国家を（意図の上だけだとしても）形成することが含まれている。

このような意味をもつネイションに「イズム（主義）」がつくとどうなるだろうか。イズムという接尾辞は一般的にはイデオロギー（政治や社会のあるべき姿に対する理念）の思想体系を意味する。しかしナショナリズムに関しては，思想体系としての蓄積が進んでいるとはいい難い。アンダーソンがいうように，ナショナリズムは「ホッブズも，トクヴィルも，マルクスも，ウェーバーも，いかなる大思想家も生み出さなかった」からである。(3)

では，ナショナリズムはどう捉えるのが適切であろうか。既存の概念定義のうち最も有名なものが，アーネスト・ゲルナーの「政治的単位とネイションとしての単位が一致すべきであるという原則」という定義である。(4) これは，基本的にはアンダーソンやレイティンのネイションの定義を原理原則の側面から言い換えたものといえる。ここで使用される「政治的単位」を国家と限定した場

---

(2) Laitin 2007, pp. 40-41.
(3) Anderson 1983, p. 5=2007, p. 23. オックスフォード英語辞典によれば，ナショナリズムという英語の言葉自体はイギリスにおいて19世紀半ば頃から使われ始めた。その当時は，「自分の国に対する献身（devotion）」という現在の用法に近い意味だけでなく，「産業の国有化」という意味でも使われていた。
(4) Gellner 1983, p. 1=2000, p. 1. 先に紹介したアンダーソンやレイティンの主要著作においては，ナショナリズムという用語そのものに対する明確な定義はみあたらない。

合にはレイティンの定義の言い換えに近く,国家のレベル以外のもの（例えば州や県）も含む場合にはアンダーソンによる定義により近いといえるだろう。新聞や一般誌などでナショナリズムという語が使用される際には,往々にして自分の国に対する愛着や忠誠の心情である「愛国心（patriotism）」を意味していると見受けられるが,本章が対象としているのは愛国心ではないことに留意されたい。

このようにみてくると,ネイションと呼ばれるべき政治的単位,言い換えると,ナショナリズムという原則が及ぶ地理的範囲は,主権国家の領域の場合も,主権国家の一部の地域の場合もあることがわかる。例えば「日本のナショナリズム」という表現は前者の例で,日本という主権国家を領域としている。国家の一部の地域を指す例が,カナダのケベック地域独立をめざす運動を指す「ケベック・ナショナリズム」,スコットランドのイギリスからの独立をめざす運動を意味する「スコットランド・ナショナリズム」といった使用例である。

ここで,ネイションやナショナリズムの関連概念としてのエスニシティに言及しておきたい。社会人類学者であるトーマス・エリクセンによれば,これはギリシャ語で異教徒を意味する ethnos に由来する。[5] 英語の「エスニック」という形容詞は14世紀頃から使用されているが,名詞である「エスニシティ」として英語圏において使用されるようになるのは,1950年代以降のことである。エリクセンは,「自他ともに文化的に固有だと認識されている諸集団の関係性」とエスニシティを定義する。[6] ここで「関係性」という語が含まれる理由は,エスニシティはただ単に（人種,民族上の）集団の特性に関わることではなく,他の集団との接触があって初めて発生する問題だからである。

エスニシティとネイションはともに「想像の共同体」である点では共通するが,共同体を構成する集団の地理的範囲という面で異なる。すなわち,ネイションと呼ばれる共同体の範囲は,主権国家の領土全体に及ぶ場合とその一部だけである場合との,どちらもあり得る。エスニシティの場合では,主権国家

---

(5) Eriksen 2002, p. 4 = 2006, p. 24–25.
(6) 同上。

第3章　ナショナリズム

表3-1　研究対象としてのナショナリズムの分類

		発現形態		
		帰属意識	運動・武力紛争	政策
共同体の範囲	国家領土全体	(1)国家を単位とした共同体への帰属意識	(2)反帝国主義運動／外国人・移民排斥運動／対外戦争	(3)国民形成（nation-building）政策
	国家領土の一部	(4)民族を単位とした帰属意識	(5)民族独立運動／内戦	(6)多文化主義政策

（出所）筆者作成。

構成員の一部分からなる共同体を指し，一国全体がエスニシティとなることは（あるエスニック・グループが主権国家として独立を果たした時点を除き）ほとんどない。

　ここまでの議論をふまえ，比較政治学において分析される「ナショナリズム」をその発現形態と対象となる共同体の地理的範囲を軸に分類したのが，**表3-1**である。横軸は，主な発現形態を3つに分類している。第1が，アンダーソンのいうように「想像されるもの」としての帰属意識，言い換えると，アイデンティティのレベルである。第2が，社会運動という形態である。これは，人々がナショナリズムという大義のもとに組織化されたりデモンストレーションに参加することを指している。また，運動が暴力を伴った場合には武力紛争となり，これも第2の発現形態に含めることができる。第3が，ナショナリズムの形成をめざした，政府による政策という形態である。

　縦軸では，これら3つの発現形態が生ずる共同体の地理的範囲を国家全体のレベルと，国家領域の一部のレベルに分けている。(7)この分類は，3種類の発現形態の基礎となる共同体が現時点において居住する領域でみてのものである。例えば，A国における「ナショナリズム」として研究の対象となる問題は，

---

(7) 地理的範囲に関しては，「複数の国家領土にまたがるもの」という第3の類型も存在する。これは，「トランスナショナリズム」や「遠隔地ナショナリズム」という用語で分析されているが，ここでは煩雑になるのを避けるため割愛した。これらの概念については Eriksen（2002, pp. 153-156 = 2006, pp. 288-292）を参照されたい。

次のようなものを含む。国家領土全体に関わるものとしては，(1) A 国人であるという帰属意識，(2) A 国に流入する海外移民や，外国からの侵略などへの抵抗や外国人・移民を排斥する運動および対外戦争，そして，(3) 国語教育など，政策を通じての国民形成，である。国家領土の一部の共同体を範囲としたものには，(4) A 国のなかの B 地域の住人であるという帰属意識，(5) B 地域を主権国家とするための独立運動や内戦，がある。先述したケベック・ナショナリズムやスコットランド・ナショナリズムはそれぞれ (4) と (5) にまたがる現象である。(6) 国家領土の一部分の共同体を対象とした政策とは，A 国政府が B 地域の言語や文化を保護するためのものである。これは，A 国政府の側からみると「多文化主義政策」となり，B 地域の住民の側からみると B 地域におけるネイション形成のための政策となる。また，先述したエスニシティという概念は，表 3-1 の下半分の部分に関わる問題として捉えることができる。

　本章のここ以下で主に焦点をあてるのは，表 3-1 で色づけされた (1) の部分，すなわち国家を単位とした共同体への帰属意識の形成要因と，そのガバナンスへの帰結についてである。[8] 帰属意識に焦点をあてる理由は，これが，他の発現形態（運動・武力紛争および政策）にとって基層となる問題だからである。領域の面では，国家を単位とした帰属意識を中心に検討しているが，それにあたっては国家領土の一部を対象とした帰属意識との対比をしているので，実際には両方の類型に関わっている。すなわち，帰属意識の形成では，(4) から (1) への変化を，またガバナンス帰結に関しては，(4) と比較して (1) の効果を分析する研究を紹介する。

3　マクロレベルの説明

　ナショナリズムの起源を説明しようとする研究は，2 つのアプローチに分け

---

[8] その他の発現形態については（本章の分類に沿った説明がなされているわけではないが）塩川 (2008) を参照されたい。

第**3**章 ナショナリズム

られる。1つめは，一国全体を単位として分析する「マクロ」レベルのアプローチである。このタイプの研究が一般的に注目する要因が近代化である。具体的には，資本主義の発達，工業化，都市化，そして国家機構の整備などを指す。ここでは，近代化とナショナリズムの関係を検討した3つの金字塔的研究を紹介したい。[9]

第1の古典的研究が，ベネディクト・アンダーソンによる『想像の共同体』である。[10] 彼は，ヨーロッパ諸国におけるナショナリズムの起源は「出版資本主義」の発達にあると主張する。15世紀半ばにグーテンベルクが活版印刷機を発明し，それまでは版画や手書きで書き写していた書物が印刷技術により効率的に複写できるようになったことで，出版物の流通が飛躍的に広まった。1500年頃には全世界で2千冊だった本の数が，その100年後には2億冊にのぼったと推定されている。これに伴って生じた変化が，書物において使用される言語の種類である。印刷機が生まれた頃の出版言語は主にラテン語であった。というのも当時の主な読者層はラテン語を解する聖職者などの知識人だったからである。しかし16世紀以降，次第に土着語（俗語）での出版が進むようになった。アンダーソンは土着語での出版を推進した重要な要因として，宗教改革と，ヨーロッパ諸国の王宮で土着語を行政用語として採用したことの2点を挙げる。宗教改革は1517年にマーティン・ルターがウィッテンベルクの礼拝堂に95ヵ条の意見書を打ち付けたことを契機としているが，意見書の原本自体はラテン語で書かれていた。これが土着の言葉であるドイツ語に訳されて印刷され，2週間とかからずにドイツ全体に広まった。また，13世紀から16世紀にかけて漸進的にフランスやイングランドの王室が官吏の使用する言語をラテン語から土着の言葉（それぞれフランス語と初期英語）に切り替えていったことが，土着語での出版物増大に貢献した。

なぜ土着語による出版がナショナリズムにつながるのだろうか。国民意識を

---

[9] ここで取り上げたもの以外のマクロアプローチをとる古典的著作として，Hobsbawm（1990=2001）がある。
[10] Anderson 1983=2007.

涵養するメカニズムとして，アンダーソンは次の点を指摘する。まず，出版に使用される「書き言葉」とは，聖職者の使用するラテン語よりは低い社会的地位にあるが，「話し言葉」よりは上位のコミュニケーションの手段である。その書き言葉が政治的境界（国家の地理範囲）と一致することで，書き言葉を理解する知識階級の間に「共同体」としての想像が生まれる。さらに，いったん印刷された土着語は話し言葉に比較すると変化が激しくないため文法の統一が容易になり，共有言語をもとにした共同体としての想像という行為が長期的に安定したものになる。アンダーソンはこのような経緯でヨーロッパ諸国におけるナショナリズムが形成されたと主張する。

　第2の古典的著作が，アーネスト・ゲルナーによる『民族とナショナリズム』である[11]。アンダーソンが15世紀の技術革新に着目したのに対し，ゲルナーは18世紀の産業革命を重視し，封建社会から産業社会への移行に伴う社会・経済的要請がナショナリズムを生んだと主張する。以下，ゲルナーの議論をみてゆこう。

　封建制社会，すなわち農耕社会においては，エリートと農民の生活圏は分断されている。エリート層の内部では，政治，宗教，経済集団などが分立しており，互いに交じりあうことはない。すなわち，行政官，聖職者，都市の商人たちはそれぞれの集団内で階層制を発達させ，それぞれの言語・文化様式のなかで暮らしている。一方の農民においては，荘園内で生活圏が完結しており，異なる荘園における農民との交流はほとんどない。農民はそれぞれの村で一生を終えるので，その土地でのみ使われる言語，および，労働技能や文化を習得すれば事足りる。また，エリートと農民との関係では，前者が独自の言語や文化様式をもつことで農民との差別化だけでなく自らの神聖化が可能となるため，エリートは農民と分断された文化圏を維持したいと考え，またそれが実行されてきた。

　これに対し，18世紀後半からヨーロッパで始まった産業革命の到来を機に，

---

(11)　Gellner 1983=2000.

社会の構造，および人々に求められる能力が大きく変化する。すなわち，産業社会では生産活動における技術の重要性が増し，また必要な技術は次々と変化する。このため，それまでおこなわれていた村落単位での農作業に関する知識の伝授や職人の間で師匠から弟子への技術の受け継ぎという形態では，立ちゆかなくなる。代わって必要になるのが，労働者として常に新しい技術を習得する基礎能力としての「読み・書き・そろばん」であり，また異なる出身地の者どうしが理解できる共通語である。このような，時代の要請にあった教育をおこなえる唯一の機関として立ち現れてくるのが国家である。国家は言語の標準化をおこない，また標準化されたカリキュラムによる教育を提供する。例えば，プロイセンのフリードリッヒ2世が18世紀半ばにおこなった教育政策では，年齢別のクラス編制，始業・終業ベル，教育科目に対する国家指導などが規定された。要するに，ナショナリズムは近代国家が成立しているところで初めて形成されることになる。

　近代化途上におけるナショナリズム形成を説明する第3の重要な著作が，アンソニー・スミスの『ネイションとエスニシティ』である[12]。スミスは，ゲルナーの議論とゲルナー以前の有力説であった「原初主義（primordialism）」を折衷した議論を展開する。18世紀および19世紀ドイツのロマン主義哲学者たちに代表される原初主義の議論では，ナショナリズムは（近代ではなく）古代から自然発生的に存在するものとされた。人は誰もが母語をもつのと同じように，ナショナリズムの思考を生まれながらにもっていると考えられたのである。ゲルナーはこのような議論に異を唱え，先述したようにナショナリズムとは近代化過程の産物として後天的に形成されるものだと主張した。このような論争をうけ，スミスは近代化（資本主義化，官僚制の発達，教育の標準化）そのものがナショナリズムを形成するのではなく，近代化過程において「エトニ」が知識人によって構成されて一般に普及することで初めて形成される，と主張する。ここで使用されているエトニとは，共同体の紐帯をつくる「神話・記憶・価値・

---

(12) Smith 1987=1999.

象徴」を指している。この用語自体は現代フランス語でエスニシティを意味する言葉であるが，スミスによれば，これを英語の著作で使用するのは，フランス語のエトニが古代ギリシャ語の「エトノス」に最も近い意味で使用されているからである。この用語を持ち出すことによりスミスが強調したかったのは，血縁ではなく文化や歴史の共有を強調した共同体のあり方であり，またそのような紐帯は近代以前に広範囲かつ長期にわたり存在していたものである，という点である。スミスの議論におけるエトニの強調は原初主義と親和性をもつ一方で，その再構成と伝播が近代化過程で知識人によって担われたとする点は，ゲルナーの近代化論の流れを汲んでいる。

　スミスの著作は古今東西におけるエトニとその利用例が縦横無尽に語られているため直截的でない部分が多いが，彼の議論を理解するためのわかりやすい例として，スイスにおけるウィリアム・テルの物語を挙げることができる。14世紀初頭のオーストリア統治下のスイスを舞台にしたこの物語は，オーストリアの悪代官が，敬礼をしなかった弓の名手テルに，息子の頭上にのせたりんごを射るよう命ずるという逸話である。スイスはこの一件を契機にオーストリアからの独立を果たしたといわれている。しかし，これは史実に基づいてはおらず，この物語がスイスで有名になるのは18世紀以降に「ルミエールとシラーの劇，ヴィンセントとシャールの絵画，さらにのちにはロッシーニのオペラで人気を得て」以降のことである。[13]現在のスイスにおいてもウィリアム・テルは国の象徴たる人物であるが，そのような共通意識がスイス人の間にできあがったのは，近代以前にできたエトニを近代に入り知識人・文化人が構成し普及させたから，というのがスミスの主張である。

4　ミクロレベルの説明

　前節で紹介したマクロレベルの研究がネイション（国または共同体）を分析単

---

(13)　Smith 1987, p. 195 = 1999, p. 228.

第3章　ナショナリズム

位としているのに対し，次に紹介するレイティンの研究は，個人を分析単位としているという意味で，ミクロレベルの研究である[14]。また前節でみた研究では，説明される対象であるナショナリズムも，またその形成を説明する要因も数値化されることがほとんどなかったが，レイティンの研究では両方を数値化した分析をおこなっている。

　レイティンが分析対象としているのは，個人レベルのナショナル・アイデンティティという意味でのナショナリズムである。彼は，ある程度測定可能なナショナリズムの発現形態として，言語の選択を問題にする。というのも，ある言語を話すということは，その言語を話す集団に対する帰属意識をもつということ，すなわちナショナリズムの現れであると捉えることができるからである。彼が特に着目したのが，1991年のソビエト連邦解体に伴なって独立国家となったウクライナ，エストニア，カザフスタン，ラトビアの4ヵ国におけるロシア系住民（ロシア語を話す集団）が新興諸国の公用語を選択するかどうか，という問題である。レイティンはサーベイ（世論）調査結果をもとに作成した「同化指数」，すなわちロシア語を話す人がどの程度これら新興国の言語や文化に適応することを受け入れているかを表す指標を作成し，この指数でみた違いがどのような原因により生ずるのかを検討している[15]。

　以下では，エストニアとラトビアの事例に絞ってレイティンの分析を検討してゆく[16]。両国はともにバルト海沿岸に位置し，ロシア系住民が約30％であること，ソ連時代のロシア系住民とエストニア・ラトビア系住民との関係のあり方もほぼ同じであるなど，様々な共通点をもつ。一方で，表3-2にあるように，両国における「同化受け入れ指数」は異なっており，ラトビアのロシア系住民のほうがエストニアに居住するロシア系よりも同化に対する受け入れ度が高いことがわかる。この差異を説明する要因としてレイティンが注目するの

---

(14)　Laitin 1998.
(15)　ここで紹介する研究をより一般向けの本としてまとめたのが Laitin (2007) である。
(16)　カザフスタンとウクライナに関しては，これらの国の同化受け入れ度指数の説明にはレイティンが強調する経済，ステータス要因以外の要因（ソ連時代のロシア人のステータス，宗教，言語的差異など）が関わっており，解説が複雑になるため割愛した。

61

表3-2　エストニアとラトビアにおける言語選択とその要因

	エストニア	ラトビア
同化受け入れ指数	0.63	0.72
説明要因（現地公用語を習得した場合の変化）		
経済的メリット	高い	低い
生活圏内の社会的地位	大きく低下	やや低下
生活圏外の社会的地位	ほとんど上昇しない	やや上昇

（出所）Laitin 1998, pp. 252–253より筆者作成。

が，表3-2の第3行以下にある，経済的メリット，生活圏内（in-group）および生活圏外（out-group）での社会的地位である。表では，サーベイ調査の結果明らかになった両国でのこれらの要因の変化の程度を示している。

表3-2より，エストニアとラトビアにおけるロシア系住民の同化に対する態度を説明する要因として重要なのは，経済的要因よりも社会的な地位に関連する要因であることがわかる。現地公用語（エストニア語またはラトビア語）を習得することの経済的メリットは，エストニアにおいてのほうが高いが，社会的地位に関しては，ロシア語を捨てることで生活圏内での尊敬や友人を失う程度がより高く，また現地公用語を話したからといってそれを母語とする人々から受け入れられる程度はラトビアにおいてよりも低い。要するに，エストニアとラトビアのロシア系住民の言語選択は，経済的メリットよりも生活圏の内外でのステータスが重要な要因であり，その違いがエストニアとラトビアにおけるロシア系住民が現地公用語を学ぼうとするかどうかに大きく影響を与えていると説明できる。

レイティンの研究では，上記の要因がどのように人々の言語選択に影響しているかについても検討しており，それは図3-1に示したような「ティッピング・ゲーム」の形態をとると彼は主張する。図3-1の横軸は，新興諸国の現地公用語またはロシア語を話す人口の割合で，0％の地点では全員がロシア語

---

(17)　ティッピング・ゲームを理論化したのは，Schelling (1978) である。

第3章 ナショナリズム

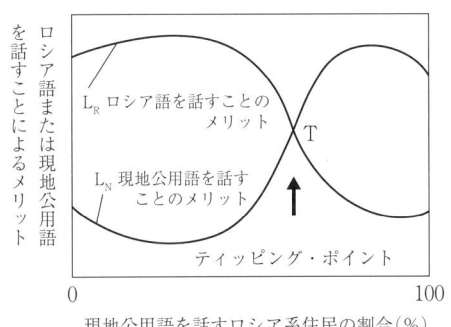

図3-1 言語選択のティッピング・ゲームモデル

[図：縦軸「ロシア語または現地公用語を話すことによるメリット」、横軸「現地公用語を話すロシア系住民の割合(%)」。L_Rロシア語を話すことのメリットとL_N現地公用語を話すことのメリットの2曲線が交差するT点をティッピング・ポイントとして示す]

（出所）Laitin 1998, p. 55を一部修正して筆者作成。

を，100％の地点では全員が現地公用語を話すことを意味する。縦軸は現地公用語またはロシア語を話すことで個人が得られる便益の程度を示す。ティッピング・ゲームの一般的特徴は，個人にとってのある選択の便益はXが1単位増えるとYは常に0.5単位減る，というような形で直線的に推移するのではなく，ある地点を超えると急速に高くなったり低くなったりするという点である。その分岐点をティッピング・ポイントと呼び，図ではT点がそれにあたる。

図3-1が具体的に意味しているのは，次のような状況である。独立直後のA国では，A語が現地公用語であるとしよう。A国にはB族という少数民族がおり，そのうちの1人がXさんである。XさんはB族の言葉であるB語を母語とする。Xさんには小学校に入学する子供がいる。Xさんには，自分の子供をB語で教育をおこなう学校に入れるか，それともA語で教育を受けられる学校に入れるか，という2つの選択肢がある。このとき，Xさん（およびその子供）がある言語を選択することで得られる便益は，B族の構成員がどの程度の割合でA語あるいはB語を選択しているかに大きく影響を受ける。図3-1の場合では，A語を話すB族の割合が約60％に達するまでは，Xさんとその子供にとってA語を話すメリットは低いままで推移する。しかしその割合が60％を超えたところでメリットは急速に上昇する。言い換えると，B族構成

員の過半数がA語で話すようになると，B族の子供にとってB語を学ぶメリットは飛躍的に低下するのである。

では，どのような状況がティッピング・ポイントを生むのだろうか。というのも，もし人々が周りの人の選択に注意を払いながら言語を選択しているのであれば，他の人がA語を選択しなければ自分にとっても便益がないため理論上は永遠にA語への転換がおこらないことが予測されるからである。この点につきレイティンは，国家による政策的介入（義務教育や軍隊における公用語の使用）をティッピング・ポイントへの移行を促す要因として挙げている[18]。要するに，個人レベルでのナショナリズム（自国への帰属意識）の涵養は国語を選択し習得することを基礎としているとみなすと，言語選択はそれに伴う社会的地位の変化に大きく依存し，さらに，社会的地位の変化を促す要因としては国家による政策介入が重要であるといえる。

5　ナショナリズムのガバナンス帰結

ある地域に住む人々が「想像の共同体」である場合と，バラバラな意識をもって生活する場合とでは，どのような違いが生まれるのだろうか。本節では，ガバナンスの観点からこの問題を検討していくことにする。

ナショナリズムのガバナンス帰結に関し，ケニアとタンザニアの農村を比較する分析をおこなっているのがエドワード・ミゲルである[19]。両国は，地理，気

---

(18) Laitin 1998, pp. 55-56. また，図3-1では両端（0％と100％付近）の線が部分的に急上昇または急下降しているが，これは，ほとんどの人がある言語を話す場合には別の言語を話せる人には稀少価値がでてくるため，平均でみると急上昇または急下降するようになるからである。日本の例では，戦後すぐの時期に英語を話せる人の給料が非常に高かったり，現在アイヌ語を話せる人がすでにアイヌ語を話せなくなったアイヌの人々から尊敬を集めたり，といった状況がこれにあたる。またレイティンは，このティッピング・ゲームにおける均衡点は国語を話す割合が0％の地点と100％の地点の2つになると指摘している。比較政治学の分析の多くは直線的な因果関係のあり方を考えることが多いなかで，レイティンの研究はティッピング・ゲームの論理を応用している研究としても重要である。

(19) Miguel 2004. ここでは，「自然実験」というタイプの研究デザインとなっている。自然実験については，久米（2013, pp. 133-134）を参照のこと。

第3章　ナショナリズム

候,天然資源などの自然条件において似通っているだけでなく,英国の植民地であったこと,小規模農民中心の農村経済であることや,独立時に引き継いだ官僚機構やインフラストラクチャーもほとんど同じであることから,基本的な政治・経済条件はほぼ同じといえる。しかしながら,独立後のナショナリズム形成のための政策努力において両国は大きく異なっている点にミゲルは着目する。タンザニアでは1964年の独立以来,ニエレレ大統領により多くの国民統合政策（スワヒリ語の公用語化,中央政府による教育カリキュラムの統制とそれを利用した「国民」教育,法律・行政機関の標準化など）がおこなわれた。一方のケニアでは,建国時の指導者であるジョモ・ケニヤッタやダニエル・アラップ・モイ大統領のもとで各部族の伝統や文化を温存する政治がおこなわれ,タンザニアでみられたような国民統合努力はなされなかった。要するに,ケニアとタンザニアにおいては,他の要因はほぼ同じでありながら,国民の間でのナショナリズムの意識の程度が大きく異なると考えることができる。

ミゲルはこのような設定を利用し,ケニアとタンザニアの国境に隣接する地域で無作為に100の村をそれぞれの国で選び,公立小学校の運営状況を比較分析した。その結果,長年の国民形成努力,言い換えると,ナショナリズム意識の存在がガバナンスに良い影響を与えていると主張している。ケニアの場合には,異なる部族が混在して住む集落と同一の部族のみで構成される集落とでは,前者のほうが児童1人あたりの使用できる学校施設が（おそらく窃盗や汚職のため）40％少なかったのに対し,タンザニアでは,複数の部族が共存する集落と同質的な集落との間に学校運営に関して統計学的に意味のある差はみられなかった。この研究は,共同体の構成員の間にナショナリズムの意識が共有される場合には,それがない場合に比べるとよりよい政策実施が可能になる,ということを示唆している。また,ミゲルの得た知見と同様に,民族的多様性が高い国やコミュニティほど経済的パフォーマンス,保健衛生などの公共サービスの提供において劣っているとする研究は多く存在する。[20] これらからミゲル

---

(20) 例えば,Alesina et al.（1999）,Reinikka and Svensson（2004）,Miguel and Gugerty（2005）がある。

第Ⅰ部　国家と社会

は，政府による国民形成努力は，少数民族の文化を壊すなどのネガティブな面を考慮したうえでも有効な，ガバナンスの向上のための1つの方策であると提唱している。

　ここまでで，ナショナリズムの存在がガバナンスに対しポジティブな影響を有することは確からしいことがわかったが，ではなぜそのような効果が生まれるのだろうか。以下ではナショナリズムの存在を文化的に同質的な共同体（同一の部族）と置き換えて考え，それが生むメカニズムについて検討する。

　同質的な集団においてなぜガバナンスがうまくいくのかについてはこれまで様々なメカニズムが（ほとんど実証されることなく）示唆されてきたが，どれが実際に妥当なのかを実験手法を用いて明らかにしたのがジェイムズ・ハビャリマナらの研究である。[21]彼らはまず，既存の議論を3つの仮説にまとめている。第1のメカニズムは個人の選好に基づくもので，同一民族は同じような好みをもっていたり，あるいは，同じ部族の人に対してより利他的になるからガバナンスがうまくゆく，というものである。第2のメカニズムは効率の観点からのもので，同一部族間ではコミュニケーションがとりやすいから，と考える。第3のメカニズムは社会的制裁の可能性に焦点をあてている。同一部族では協力的にならない場合に村八分になることを予測するため，人々は協調的・利他的な行動をとり，結果としてガバナンスがうまくいくというものである。

　ハビャリマナらは，これらの仮説のうちどれが実際に妥当なのかにつき，無作為に選んだウガンダ人300人を被験者とする実験をおこなって検証した。上記3つの仮説を検証するようデザインされたゲームを被験者にしてもらった結果，同一部族の間で機能しているのは第3のメカニズムであると分析してい

---

(21) Habyarimana et al. 2007.
(22) この点を検証するために被験者がおこなったのは「独裁者ゲーム」と呼ばれるもので，ここでは所与の金額をどの程度他人に分け与えるかを「独裁者」である被験者が独自に決められる，というゲームのルールを採用する。ハビャリマナらは，被験者が匿名でお金を分ける場合と，分け与える人にアイデンティティが判明する2種類の設定の独裁者ゲームをおこない，後者の場合には同じ部族出身のウガンダ人が分け与えられる立場の人になると，約20％程度分配金額が増加すると報告している。

る。要するに、ナショナリズムの存在がガバナンスに好影響を与える理由は、さぼるなどの逸脱行動をした際に制裁されそうだと予測する環境に人々がおかれているからだ、ということがこの実験からわかる。

6　ナショナリズム研究の今後

　本章で焦点をあてたのは、国家を地理的単位とした、人々の帰属意識というレベルでのナショナリズムである。これがどのような要因で形成され、またガバナンスに対しどのような帰結をもたらすのか、という問題を検討した。ナショナリズムの形成要因としては、1ヵ国を単位とするマクロな分析、個人を単位とするミクロな分析に分け、前者では出版資本主義、近代化、近代化と知識人による民族神話の構成という要因に着目する研究を紹介した。個人を分析単位とする研究では、国語を習得することが人々のネイションへの帰属意識を形成するという前提にたち、少数民族言語ではなく国語の習得を選択する要因は社会的な受け入れられ方にあるとする研究を紹介した。ナショナリズムのガバナンス帰結に関しては、ネイションへの帰属意識が形成されているほうが政策を効果的に実施しやすいが、これは、同胞からの制裁を恐れるがゆえの協力的行動のためである、と分析されている。

　ナショナリズムの（思想研究ではなく）実証研究は、今後どのような課題を探求できるのだろうか。ここでは2点取り上げたい。1つめは、社会における同質性と多様性がもたらすポジティブな面とネガティブな面の整合的理解である。というのも、本章でみたように社会的同質性（ナショナリズム）の存在がポジティブなパフォーマンスを生むという見解が多くある一方で、例えば経営学などでは多様性をもつ集団のほうが高い生産性を生むという見方が存在する。この、一見すると矛盾した見解は、どのように折り合いをつければよいのだろ

---

(23)　同様の議論を日本人とアメリカ人に対する実験の比較からおこなっているものに山岸（1998）がある。
(24)　この点に関してはLatin and Jeon（2013）を参照されたい。

うか。これは,現在多くの国で採用されつつある多文化主義政策(少数派民族の文化保護に対する財政支援,自治権の付与,少数派の不利となるような法的規制の撤廃など)と,国民形成につながる政策(国語の普及,行政機構の一元化,教育の標準化など)との間でどうバランスをとるかという政策実務上の問題にもつながっている。

 もう1つの探求課題は,表3-1において共同体の範囲を国家領土の一部としたタイプのナショナリズム,言い換えると,エスニシティの問題である。政治学におけるエスニシティ研究にはすでにある程度の蓄積があるが,伝統的には事例記述にとどまるものが多かった。最近の研究では,多国間データを用いた統計分析や実験手法を利用したものが増えており,この傾向は今後も続くと思われる。言語,宗教,人種などに基づくエスニシティが,どのような条件のもとで投票行動,政党形成,汚職,武力紛争などの政治現象に影響するのかを分析することは,多元的社会の政治を理解するうえで重要な研究課題といえる。

---

(25) これらの問題に関する最近の重要な研究として,投票行動に関してはPosner (2005), Dunning and Harrison (2010), 政党形成に関してはChandra (2004), 汚職に関してはFearon (1999), 武力紛争に関しては本書第4章(内戦)第3節第3項を参照されたい。

第4章

内　戦

―本章の検討課題―
・内戦の数・性質は冷戦前後でどう変化したのか。
・なぜ内戦がおこるのか。

1　内戦研究台頭の背景

　比較政治学における内戦の研究は，冷戦終結後から現在までの約30年の間に飛躍的に知見が増えた分野である。内戦研究が脚光を浴びるようになった背景として，いくつかの点を指摘できる。第1に，冷戦の終結に伴って国家間紛争のリスクが軽減し，これまで国家間の紛争に関心をもっていた国際安全保障研究者が国内における紛争の分析に目を向けるようになった。内戦は現象がおこる範囲としては国内の政治問題であるが，国際関係の研究者が内戦研究に多いのはこのためである。[1] 第2に，冷戦後の時期には内戦が途上国の経済発展にあたって重要な阻害要因と考えられるようになった。例えば，開発戦略の動向に大きな影響を与える世界銀行（世銀）の年次レポートでは，2003年および2011年に内戦がテーマとして取り上げられている。[2] このような認識にたち，開発経済学を専門とする経済学者たちの間においても内戦研究が盛んになっている。[3]

---

(1)　例えば，ジェイムズ・フィアロン，ジャック・シュナイダーなど。
(2)　世界銀行（2003），World Bank（2011）を参照のこと。
(3)　例えば，ポール・コリアー，エドワード・ミゲルなど。

第 3 に，比較政治学においてこれまでナショナリズムなどの民族問題を研究していた研究者が，先述の国際政治学者や経済学者たちの参入に触発された形で内戦研究に取り組むようになった。[4]

本章の中心的検討事項は，なぜ内戦がおこるのか，という問題である。最近の内戦研究では，この他にも重要な論点は多くある。例えば，内戦の継続期間，内戦に参加する反乱軍の組織のあり方，内戦終結の際の形態の違い，内戦終了後の政治制度や国家機構の再建，などである。しかしこれらの諸側面に関しては内戦発生についての研究に比べると研究蓄積が比較的少ないため，本章ではほとんど検討を加えていない。[5] 以下では，第 2 節で内戦の定義とその数と性質が時代とともに変化してきたことを確認したうえで，第 3 節では経済・社会的要因を，第 4 節では政治的要因を中心に検討し，第 5 節でこれら 2 つの要因の間の関連を考察する。

2 内戦の定義と実態

（1）内戦とは何か

内戦の発生要因を探るためには，どのような現象を内戦と定義し，内戦とそうでないものをどう見分けるかについて明確にする必要がある。研究者の間でいまだに論争があるとはいえ，最もよく知られているのが，デイヴィッド・シンガーとメルヴィン・スモールによるものである。[6] 彼らは以下の 4 点を満たす武力紛争を内戦と定義する。すなわち，(1)（複数の国の間ではなく）一国内でおこっている，(2) その国の政府が介入している，(3) 政府と反政府勢力の両サイドが拮抗している，(4) 年間の合計死者数が千人以上に達している。[7] 彼ら

---

(4) 例えば，デイヴィッド・レイティンなど。
(5) 内戦研究の動向分析論文として，Sambanis（2002），Blattman and Miguel（2010），窪田（2013）がある。
(6) 内戦の定義に関する論争については Sambanis（2004）を参照のこと。
(7) Small and Singer 1982, p. 10. 世銀の定義では，内戦とは「特定可能な反政府組織が政府に対し軍事的に挑戦するもの」（世界銀行 2003, p. 5）としている。

がこのように内戦を定義したのは,内戦を国家間戦争や植民地における独立のための武力紛争と明確に区別するためであった。彼らはこの定義をもとに1816年以降の期間における内戦のデータベースであるCOW[8]を作成し,これは内戦研究者が頻繁に使用する情報源となっている。

シンガーとスモールの定義およびそれに基づくデータベース構築は内戦研究の発展に大きく貢献した一方で,問題もある。なかでも重要な問題点が,死者千人以下の武力紛争を内戦とはみなさないという恣意的な数値設定である。そもそも,死者千人を基準点としなければならないという明確な理由はなく,例えば1950年代にインドネシアでダウド・ブレエが率いた反乱,1992年のクロアチア紛争など,千人以下の死者数であっても一般的に内戦と考えられている紛争は存在する[9]。このような問題意識から,スウェーデンのウプサラ大学とオスロ平和研究所が共同で作成した内戦データベースであるUCDP/PRIOでは,1年間に千人以上の死者をだした紛争を内戦,25人以上999人以下の死者数の紛争を小規模武力紛争(minor armed conflict)として分類している[10]。

図4-1は,UCDP/PRIOのデータベースをもとに,1945年以降2011年までの時期における国家間紛争,内戦,小規模武力紛争がおこっていた国の数の推移を示している。この図より,いくつかの事実が確認できる。第1に,検討対象時期全体を通じ,国家間戦争に参入していた国の数は内戦・小規模武力紛争と比べて非常に少なく,また冷戦終結後特に減少している。第2に,内戦状態にある国の数は冷戦終結前後の時期が最も多く,冷戦終結後一貫して減少傾向にある。最も多くの国が内戦状態にあった1991年では12ヵ国であったが,最近のデータポイントである2011年ではその4分の1の3ヵ国となっている。第3に,小規模武力紛争の数は内戦と比べると検討対象時期全体を通じて4から5倍程度多く,またその減り方は内戦の減少ほど急激ではないことがわかる。小

---

(8) COWはCorrelates of Warの略である。データベースはhttp://www.correlatesofwar.org/(2013年12月1日アクセス)。
(9) Sambanis 2004, p. 820.
(10) http://www.pcr.uu.se/research/UCDP/ (2014年3月3日アクセス)。

第Ⅰ部　国家と社会

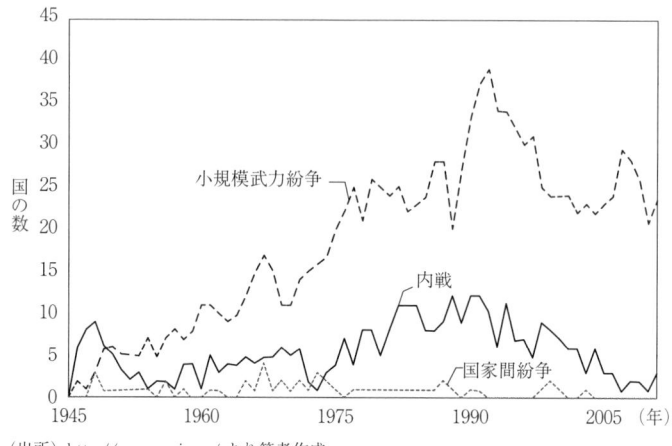

図4-1　紛争状態にある国の数の推移

（出所）http://www.prio.no/ より筆者作成。

規模武力紛争の存在した国の数が最も多かった1992年では39カ国であるが，2011年では24カ国で，半減すらしていない。これら3点をまとめると，武力紛争の世界的トレンドとしては，国家間紛争は冷戦後ほとんどおこっておらず，また，国内における武力紛争の大多数は年間死者千人以下のものとなっている。

（2）冷戦終結と内戦

　ここまで，冷戦終結を境に内戦の数が減少する傾向にあることを確認したが，冷戦終結は内戦の数だけでなく性質をも変化させたと主張するのがスタシス・カリヴァスとライラ・バルセルスである[11]。この論文で彼らはまず，政府と反政府勢力それぞれにおける軍事能力の高低を軸に4つの類型を作成した[12]。表4-1の4類型のうち，タイプⅠからⅢが内戦の下位分類である。双方高軍備

---

(11) Kalyvas and Balcells 2010. 本項でのこれ以降の記述はすべて同論文に基づいている。
(12) Kalyvas and Balcells（2010）では military technologies という用語が使用されているが，この分類のもとになっている Kalyvas（2001）では resource level of incumbents がこれにあたり，日本語では「能力」のほうが適切だと判断したためこのように訳した。

第4章 内戦

表4-1 軍事能力の高低でみた内戦の分類

		政府の軍事力	
		高	低
反乱勢力の軍事力	高	［Ⅰ］双方高軍備内戦	［反乱軍権力掌握］
	低	［Ⅱ］ゲリラ戦	［Ⅲ］双方低軍備内戦

（出所）Kalyvas and Balcells 2010, p. 418より筆者作成。

　のタイプⅠは，政府側・反政府側の勢力が拮抗しており，戦闘は国家間戦争と同様，前線における正面きっての衝突となる。政府軍が2つに分裂したスペイン内戦や，連邦内の南部州と北部州が対立したアメリカの南北戦争がその典型例である。タイプⅡのゲリラ戦[13]は，軍備において劣る反政府勢力による突然の襲撃が主な戦闘形態で，首都からはなれた周辺地域からおこりやすい。インドのカシミール地方での紛争や，インドネシアでのアチェ紛争がその例である。タイプⅢの双方低軍備内戦は，政府軍，反乱軍ともにゲリラ戦の手法をとり，国家機構が機能不全に陥っている状態でおこりやすい。ソ連崩壊後の新興独立国でおこった内戦のほとんどがタイプⅢである，とカリヴァスらは指摘する。

　図4-2は，表4-1での類型化をもとに，冷戦期と冷戦後の時期において千人以上の規模でおこった内戦の数と割合をタイプ別に示している。比較している時期の年数自体が異なるため，冷戦期と終結後の内戦数そのものを比べることには意味がないが，重要なのは各時期における内戦類型の割合の変化である。具体的には，冷戦期内戦の過半数（66.3%）はゲリラ戦であったが，冷戦後にはゲリラ戦は全体の約4分の1（26.0%）に減少している。また，冷戦後に新しい形態として浮上してきたのが，政府軍，反政府軍ともにゲリラ戦を採用する双方低軍備の内戦（タイプⅢ）である。このタイプの内戦は冷戦時代の6.0%から冷戦後には26.0%に増加している。

　カリヴァスとバルセルスは，冷戦の終結という国際システムレベルの要因がこれらの類型割合の変化をもたらしたと分析する。まず，ゲリラ戦の減少は次

---

(13) 本章で使用するゲリラという用語は，政府組織や軍司令部の指揮下で戦力を組織的に運用する戦争ではなく，小規模部隊による奇襲や後方支援部隊攪乱を主な形態とする戦いを指している。

第Ⅰ部　国家と社会

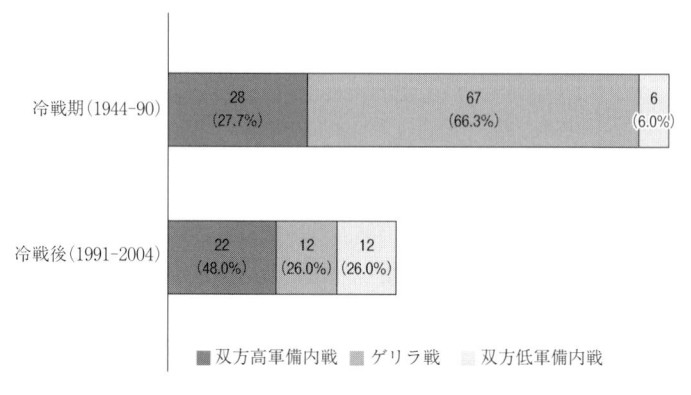

図4-2　冷戦期と冷戦後の時期における内戦の特徴の変化

冷戦期(1944-90)：28 (27.7%) / 67 (66.3%) / 6 (6.0%)

冷戦後(1991-2004)：22 (48.0%) / 12 (26.0%) / 12 (26.0%)

■ 双方高軍備内戦　■ ゲリラ戦　□ 双方低軍備内戦

(出所) Kalyvas and Balcells 2010, p. 423より筆者作成。

のように説明できる。そもそも冷戦構造下の反政府勢力は、多くが社会主義国家を革命によって樹立しようとするグループであった。これらにとって冷戦構造が存在することは、物理的支援、革命推進の大義、そして軍事組織形成の3側面で重要であった。第1に、冷戦下では、社会主義を標榜するグループに対し主にソビエト連邦から兵器、軍事訓練、資金面での援助があった。第2に、冷戦構造のもとでは社会主義諸国が世界的に影響力のある国家群として存在していたため、反政府グループは革命による社会主義化という大義を実現可能な目標として掲げることができた。例えばキューバ革命を成功に導いたチェ・ゲバラ、中国革命の指導者である毛沢東は反政府グループにとっての英雄とみなされ、活動を鼓舞するシンボルとして効果があった。第3に、中国、キューバ、ベトナムでのゲリラ戦による社会主義革命の成功経験から、ゲリラ軍の組織強化の重要性が各国の反政府指導者に認識されるようになり、また実際にこれらの成功例を見習った組織化が進んだ。これらの結果、冷戦下では多くの反政府組織がゲリラ戦をたたかえる程度の組織力をつけ、ゲリラ戦が多く発生するようになったのである。

　冷戦構造が崩壊すると、社会主義を標榜する反政府勢力は物理的にもイデオ

ロギー的にも後ろ盾を失った。これがゲリラ戦の減少をもたらしたとカリヴァスらは指摘する。また，政府軍の側では，冷戦期にアメリカから提供されていた反共目的の軍事援助が大きく減少することになった。この変化は特にサハラ以南アフリカにおいて顕著であり，反政府軍の弱体化とあいまって同地域での双方低軍備の内戦につながっていると彼らは分析している。

3 内戦の経済・社会的要因

(1) 貧　困

　1980年代頃まで，内戦発生を説明する有力な見方は「相対的剥奪」の理論であった[14]。これは，経済的，政治的，社会的な面で他集団と比べて恵まれていないという不満が人々を紛争に駆り立てる，という分析である。これに対して1990年代以降には，人々の不満という心理的要因ではなく，よりよい経済的機会（利益）を求めるために内戦がおこるという主張が多くなされるようになった。その先駆けとなったのが，ポール・コリアーとアンケ・ヘフラーの研究である[15]。彼らは基本的に，経済的利益を追求するために人々はゲリラ組織に参加し，そのために内戦が発生するという立場をとる。言い換えると，ゲリラ組織に参加することで失われる費用（機会費用）が低い状況では内戦が発生しやすい。ここから，経済的停滞，一人あたりの所得の低下，また機会費用の低さを示す教育程度の低い人が多い国では内戦発生のリスクが高いことが予測される。彼らは，多国間データの統計分析によりこの予測が妥当であることを示した。

　コリアーらの論文は，これまでの有力説であった相対的剥奪理論に対する反駁として非常に注目された。しかし同時に，分析方法上の問題点として，彼ら

---

(14) Gurr 1970.
(15) Collier and Hoeffler 1998, 2004. これらの論文は内戦研究における「強欲対不満（greed vs. grievance）論争」の発展となった。彼らがいうように強欲対不満という形で内戦研究の整理をする研究動向論文は多いが，本章では，強欲と不満の境界線は曖昧であるため二項対立で捉えるのは適切でないという立場から，このような分類方法をとらない。

の統計分析では貧困が内戦をおこすという因果関係が特定できておらず，逆の因果関係である，内戦がおこるから貧困になるという解釈も可能であることが指摘されていた。[16]

この問題はその後，外的に発生する要因（外生的ショック）を用いて貧困と内戦の間での因果関係の方向を特定した研究により解決されている。例えばエドワード・ミゲルらの研究では，旱ばつという外生的ショックに着目する。[17]サハラ以南アフリカにおいては農業が主要な産業であるため，人々の収入はその年の農産物が豊作かどうかに大きく左右され，さらに作柄は降雨量に大きな影響を受ける。この関係に着目したミゲルらは，降雨量データを利用し，サハラ以南アフリカ諸国で旱ばつがおこった際にもたらされる所得の低下が内戦のリスクを増大させることを明らかにしている。同様に，コロンビアにおける内戦をコーヒーの国際取引価格の変動という外生的ショックを利用して分析したオエインドリラ・デューベとホアン・ヴァルガスの研究においても，貧困が内戦につながるという因果関係を明らかにしている。[18]コーヒーの国際取引価格は国際市場での需給関係で決まるため，コロンビア一国の情勢が国際価格に反映することはほとんどない。デューベとヴァルガスはこの関係を利用し，国際コーヒー価格の低下がコロンビアのコーヒー産地におけるゲリラ活動の増加につながっているかどうかを分析した。その結果，1997年の国際コーヒー価格の低下を境に，ゲリラによる村の襲撃や政府軍・自警団とゲリラ軍との衝突がコーヒー産地において増加し，それ以外の作物の産地ではほとんど変化していないことが明らかになった。これらの研究結果は，経済的利益追求のために内戦が発生するという議論を支持している。

（2）天然資源

天然資源の存在が内戦につながりやすいという見方も，基本的には，人々は

---

(16) Miguel et al. 2004.
(17) 同上。
(18) Dube and Vargas 2013.

不満からではなく経済利益追求のために反政府勢力を組織する，という立場をとる。[19]石油，貴金属，麻薬などの天然資源からは労せず莫大な収入が見込めるため，潜在的な反政府グループが反乱軍を組織して政府からその使用権を奪おうとする誘因が生まれ，また実際に組織された場合には武器や兵士調達のための資金供給源として天然資源を利用できることから，このような予測が生まれる。これに関しても先駆的な業績となっているのが，先に紹介したコリアーとヘフラーの多国間データを用いた統計分析である。彼らは国内総生産（GDP）に占める一次産品輸出の比率を代理変数として，ある国がどの程度天然資源に依存しているかを測定し，天然資源への依存度が高い国では内戦の発生確率が高くなることを示した。

貧困に関する分析と同様，彼らの分析結果は大きく注目されたと同時に批判にもさらされた。別の研究者から，異なる統計手法を採用すると天然資源と内戦との間には関連がみられないという分析結果が複数提示されたのである。[20]

このような批判をうけ，最近では天然資源を種類別に分析した研究が増加している。例えば石油に関しては，石油への依存が中程度に高い国では内戦発生の確率が高いが，依存度が非常に高い場合と低い場合では確率が低いという逆U字型の関係が指摘されている。[21]これは，依存度が非常に高い場合には石油からの収入で国家の治安維持機関を増強できると同時に，国民への手厚い福利厚生サービスを賄うことができるため内戦になりにくいからだと推論されている。また，油田の所在地が沖合ではなく内陸にある場合に内戦となる確率が高まり，さらに，石油を実際に産出せずとも存在していることが知られているだけで効果がある，という分析もなされている。[22]ダイアモンドに焦点をあてた研究では，鉱床の種類により内戦発生の確率が異なるという主張がある。ダイアモンドには一次鉱床と呼ばれる母岩に近い場所で大規模な採掘設備を要するタ

---

(19) 天然資源と内戦の関係に関する研究の動向をまとめた日本語での論文として，大村（2010）を参照されたい。
(20) Fearon and Laitin 2003, Elbadawi and Sambanis 2002, Brunnschweiler and Bulte 2009.
(21) Basedau and Lay 2009.
(22) Lujala 2010.

イプと，二次鉱床（漂砂鉱床）と呼ばれる河川敷などで採掘可能なタイプがある。二次鉱床で採掘できるダイアモンドのほうが（潜在的）反乱軍による収奪が容易であるため，このタイプのダイアモンドを産出する国は内戦になりやすいという関係が多国間データを用いた統計分析で支持されている[23]。

　これらの研究は，天然資源の存在はある条件のもとでは内戦の発生確率を高めることを示している。その条件とは，国内経済における依存度，資源が存在する位置や採掘のしやすさなどである。しかしこれらの研究のほとんどは統計分析を用いて原因となる要因と帰結との間の数値上の対応関係をみているにすぎない。今後は，要因と結果の間がどのようなメカニズムでつながっているのかを分析する詳細な事例研究が俟たれる[24]。

（3）社会的多様性

　民族，宗教，言語などの社会的な多様性を抱える国は，そうでない国に比べ，内戦につながりそうな印象がもたれがちである。しかし，多国間データを用いた統計分析の多くが，民族や宗教的多様性そのものが内戦のリスクを高めるわけではないとの結論を得ている[25]。とはいえ，実際のニュースを見渡せば，スリランカのタミール人対シンハラ人，フィリピンのキリスト教徒中心の政府に対抗する南部のイスラム教徒など，民族や宗教の違いに基づいた紛争の事例が多く存在する。統計的には，1945年から2008年の間におこった内戦のうちの約75％が民族問題に起因する紛争であった[26]。であるとすれば，検討すべき問題は，どのような場合に社会的多様性が紛争につながるのか，ということになる。

　これまで，次のような仮説が示され実証的にも支持されている。第1は，少数民族の地理的分布に着目したものである。モニカ・トフトは，少数民族がそ

---

(23) Lujala et al. 2005. 彼女らの研究では，特に民族対立型の内戦になりやすいという分析結果となっている。
(24) 事例研究を伴った分析として Ross (2012) がある。
(25) Fearon and Laitin 2003, Collier and Hoeffler 2004.
(26) Fearon and Laitin 2011, p. 199.

第4章 内戦

の居住地域では多数派であり，かつ，その居住地域を祖先から受け継いだ土地である場合に内戦発生の確率が高まる，と主張する。というのも，これらの2条件は潜在的な反政府勢力に分離・独立の実現可能性が高く，かつその民族の主張には正統性があるとの認識を与えるからである。彼女は多国間データの統計分析とロシアにおける民族紛争のいくつかの事例分析とを組み合わせて，この主張を実証している。[27]

第2のタイプの仮説は，民族集団間での経済的格差に着目し，これが大きい場合には内戦発生の確率が高まるとするものである。先述のとおり，集団間の格差が人々に不満を抱かせ紛争に至るという相対的剥奪理論は，コリアーらの反駁がでてからは妥当ではないとみなされがちであった。しかしより最近の研究では，コリアーらがおこなっていたような一国単位ではなく民族集団を単位として分析すると，集団間の経済格差が大きい国では，非常に豊かな集団および非常に貧しい集団が内戦に参入する確率が高いことが明らかになっている。[28] この他には，少数民族と国家権力との関係のあり方に注目するもの[29]，社会的多様性が言語に基づくものか宗教に基づくものかによって内戦になる確率は異なるとするものなどがある。[30]

要約すると，社会的多様性の存在一般が内戦につながるとはいえないが，ある一定の条件のもとではつながりやすい，ということになる。

---

(27) Toft 2003. 彼女の事例研究では，上記の2つの条件を満たして内戦がおこったチェチェン，2条件を満たさずに少数民族と国家との共存協定が結ばれたタタルスタンなどが取り上げられている。
(28) Cederman et al. 2011. 社会集団間の格差と内戦の関係については Stewart（2008）も参照。
(29) Wimmer et al. 2009. 彼らは，(1) 権力を共有する民族エリートの数が多い場合には内紛（in-fighting）型の紛争に，(2) 政治的代表を要求しているのに疎外されている民族が多い場合には武力反乱（rebellion）型の紛争に，(3) 長期的に外国の支配下にあった地域が独立する際には少数民族は新興国の統治を受け入れないため分離独立（secession）型の紛争になりやすいことを多国間データを用いた統計分析により示している。
(30) Reynal-Querol 2002. 彼女は，言語の場合は複数にまたがって習得できるが，宗教は「半分」所属することは不可能なため，宗教的な違いのほうが内戦になりやすいことを多国間データの統計分析により示している。

第Ⅰ部　国家と社会

4　内戦の政治的要因

　内戦の発生要因として，経済状況や社会の構成ではなく，国家権力のあり方に着目する一連の研究がある。本節では，国家の統治能力，政治体制，統治者の正統性に着目する研究を概観する。

（1）国家の統治能力
　ジェイムズ・フィアロンとデイヴィッド・レイティンは，コリアーらの経済的利益重視の議論に反論する形で，国家の統治能力の欠如が内戦を招くと主張する。[31] 統治能力の低い国家では，警察や軍による治安維持機能が働かず，また交通網の整備などが行き届かない。このため反政府勢力によるゲリラ活動の組織・維持が容易になり内戦につながりやすい，と彼らは指摘する。これは論理構成の上では妥当な議論に思える。しかしながら，国家の統治能力を測定する代理変数として一人あたりGDPを用いた統計分析結果をもとにこの仮説が実証的に妥当だと主張したため，この実証方法に対し多くの批判が寄せられた。例えば，一人あたりGDPの値が示すものは国家の統治能力ではなく貧困の程度であり，内戦に至るメカニズムは貧困からくるものかもしれないし，また仮に国家の統治能力を示しているとしてもそれがどのような能力なのかが不明である，という批判がある。[32]

　これらの問題点を克服すべく，国家の統治能力を３つの側面に分類し，それらのうちのどれが内戦の発生確率に影響を与えているかを分析したのがハネ・フェルデルとインドラ・デ・ソーサである。[33] 彼女らは国家の統治能力の３側面として（1）社会構成員を国家に対し服従させられる能力，（2）国家が社会に対し様々な便益を提供できる能力，（3）行政機構に対する市民の信頼，に分

---

(31)　Fearon and Laitin 2003.
(32)　例えばFjeldel and De Soysa（2009）。
(33)　Fjeldel and De Soysa 2009.

け，それぞれの程度と内戦の発生確率を多国間データをもとに統計的に分析した。その結果，3つめの行政機構に対する信頼の程度が高いほど内戦の発生確率は下がるが，他の2つの能力と内戦発生確率との間には統計学的に意味のある関係はない，と結論づけている。[34]

このように，国家の統治能力と内戦との間に何らかの関連がありそうなことは示唆されているものの，統治能力という非常に抽象度の高い概念をどう定義し，実際に測定するかという点ではいまだに曖昧な部分が多く，この問題に決着がついたとはいい難い。[35] 今後は多国間データによる統計分析だけでなく事例研究をも用いた検証を重ねることで，両者の関係の解明を進めることが必要であろう。

（2）政治体制

政治体制と内戦発生の関係を分析するハヴァード・ヘグレらの研究グループ[36]は，安定した民主主義体制と閉鎖的な権威主義体制の中間に位置する，中程度の政治的自由がある「アノクラシー」体制において最も内戦が発生しやすい，と主張する。[37] というのも，アノクラシー体制下ではある程度の政治的自由度があるため，潜在的に反乱をおこそうとしている集団は反乱軍の組織化が可能となり，反乱に至りやすいからである。こうした主張自体はヘグレらの研究以前にも存在したが，彼らの分析は長期にわたる多国間データを用いた包括的なものであったため非常に注目された。

これに対し方法論上の問題を指摘したのがジェイムズ・ヴリーランドである。[38] 彼は，ヘグレらの統計分析では，使用している政治体制の指標である「ポ

---

(34) 3つの側面は，それぞれ，予測される税収に対する実際の税収の割合，GDPに占める政府支出の割合，通貨供給量に対する非流動資産の割合により測定されている。
(35) Hendrix 2010.
(36) 政治体制という概念はある国における政治組織や政治過程の総体を指し，その類型として一般的に使用されるのが，民主主義体制と，（非民主主義体制である）権威主義体制の2つである。民主主義体制は権威主義体制に比べ政治的な競争と市民の参加の程度が高い体制である。政治体制の概念およびその類型化については本書第5章を参照のこと。
(37) Hegre et al. 2001. 同様の議論はFearon and Laitin（2003）によってもなされている。

リティ指標」がその構成要素に政治的暴力や内戦を含むために統計的に有意な結果がでているだけで，政治的暴力や内戦に関連する構成要素を除いて分析すると中間的な体制と内戦発生には統計学的に意味のある関係がないことを示した。

しかしより近年の研究では，やはり政治体制と内戦には関連があるという結果が報告されている。ヴリーランドの批判に対処したうえで「アノクラシー仮説」を検討したジャック・ゴールドストーンらの研究がそれにあたる。彼らはポリティ指標の構成要素のうち内戦に関連する構成要素を除いたうえで，政治体制を（1）閉鎖的権威主義，（2）部分的権威主義，（3）分極化された部分的民主主義，（4）分極化されていない部分的民主主義，（5）安定した民主主義，の5つに類型化し，これらの間での内戦発生の確率を比較したところ，民主主義と独裁の中間に位置する政治体制ほど内戦発生の確率が高くなる，という結果を得た。すなわち，閉鎖的権威主義と安定した民主主義においては最も内戦がおこりにくく，次いで低いのが部分的権威主義と分極化されていない部分的民主主義となる。分極化された部分的民主主義体制においては内戦発生の確率が最も高い。

しかしながら，ゴールドストーンらの体制類型の差異に焦点をあてた統計分析では，分極化された部分的民主主義がどのようなメカニズムで内戦の勃発につながりやすいのかは不明瞭なままである。この点を明らかにしようとする分析を次に紹介する。

（3）国家権力の正統性

クリスチャン・グレディッシュとアンドレア・ルゲリは，政治体制概念を構

---

(38) Vreeland 2008.
(39) ポリティ指標の詳細については本書第5章第4節を参照のこと。
(40) Goldstone et al. 2010. 5つの類型の英語名は，それぞれ，(1) full autocracy, (2) partial autocracy, (3) factionalized partial democracy, (4) partial democracy, (5) full democracy である。(3) は，2010年代のタイやベネズエラのように互いに妥協しない陣営に分かれた政治的競合のある体制を指している。

成する複数の要素のうち，執行府首長の正統性のあり方に着目して内戦の勃発確率を分析する。彼らは，国民が正統とみなさない人物が政権を握ると，潜在的な反政府勢力は権力乗っ取りが容易であると考えるので内戦につながりやすい，と予測する。指導者が正統性をもつ場合とは，民主主義体制で選挙によって政権交代がおこる場合だけでなく，独裁者がその親族を後継者に指名した場合も該当する。正統性のない指導者とは，例えばクーデターや革命によって権力の座についた場合である。グレディッシュらの統計分析では，正統性のない形で政権掌握をした指導者のもとでは内戦がおこる確率が高まるとの結果が得られた。また，内戦発生の確率は，正統性のない指導者が15年間政権の座に居座ることができた段階で，正統性のある指導者が内戦に見舞われる確率と同程度に落ち着く。要するに，クーデターや革命で政権掌握したリーダーの正統性確立には15年程度かかる，というわけである。彼らの研究は，政治体制の構成要素のうち指導者の正統性のあり方が内戦発生を説明する要因の1つであることを示唆している。

5　内戦研究の今後

　本章では，内戦が発生する要因を経済・社会的要因と，政治的要因とに分けて検討してきた。前者に関しては，貧困，天然資源の存在，少数民族がその地理範囲においては多数派である場合などが内戦の発生確率を高める要因であると分析されている。また後者に関しては，行政機構に対する信頼が高い場合，民主主義と閉鎖的独裁の間の中間的な政治体制，執行府首長が正統性をもつとみなされている場合には内戦がおこりにくいことが指摘されている。

　では，この2つはどのように関連するのだろうか。1つの考え方は，発病の際のウイルスと免疫力の関係になぞらえるものである。インフルエンザなどのウイルス性の病気の場合，ウイルスに感染しても免疫力の高い人の場合は発病

---

(41) Gleditsch and Ruggeri 2010.

しない。同様に，民族的多様性，貧困，天然資源などの社会・経済的要因は内戦をおこすウイルスと捉えることができる。しかし，その存在が実際に内戦につながるかどうかは，その国の免疫力によって異なる。すなわち，国家の統治能力，政治体制，統治者の正統性などに依存する，と考えることができる[42]。とはいえ，両者の関係の詳細な理論化と実証分析は，内戦研究における今後の課題の1つである。

　ここ数十年で研究蓄積が飛躍的に増大した内戦研究であるが，今後どのような展開が予測されるだろうか。これを考える際におさえておくべき事実は，最近の内戦のほとんどが過去に内戦を経験した国での再発となっている点である。1960年代，1970年代では，初めての内戦と再発型内戦の割合はほぼ同じであったが，2000年代に入っておこった内戦は，90％が過去に内戦のあった国での再発である[43]。この点からいえる今後の重要な検討課題は，平和協定などが締結されてもそれが遵守されずに再度紛争がおこるという「内戦の罠」に陥っている国々が罠から抜け出すにはどうしたらよいのか，という問題である。また，内戦の罠から抜け出せた国々がどのようにしてその政治・経済運営を安定させていけるのか，という内戦後のガバナンスの問題も重要な探求課題であるといえる。

---

(42) この解釈は，世銀の年次世界開発報告書において国家の正統性と「紛争」の関係を免疫力と病気の関係に喩えている記述を筆者なりに敷衍したものである（World Bank 2011, p. 86）。
(43) World Bank 2011, p. 58.

第Ⅱ部

政治体制

第5章

政治体制としての民主主義

―本章の検討課題―
- 政治体制にはどのような類型があるのか。
- 現実の政治体制としての民主主義は、どのように概念化し、測定できるのか。
- 民主主義体制の下位類型としての多数決型とコンサンセス型民主主義とはどのようなものか。

1 民主主義という難問

　民主主義をめぐっては、古代ギリシャ以来多くの論争がある。後述するように、アリストテレスは民主主義を大衆が大衆のために統治する「悪い」体制であると考えていた。[1] 近代、特にフランス革命以後は、多くの論者が「民主主義」を望ましい政治体制とみなすようになっている。その傾向は、冷戦終結によりソビエト連邦が解体して以降特に強まっているようである。しかしその一方で、民主主義に疑問を呈する論者もいる。例えば1990年代にシンガポールのリー・クアン・ユー元首相やマレーシアのモハマド・マハティール元首相は、西欧の価値観を体現した民主主義体制は東アジアの価値観とは相容れないと主張し、論争を呼んだ。[2] 近年では、経済学者のポール・コリアーがアフリカの新興民主主義国では複数政党制を伴う選挙の導入のために政治が混乱し、デモク

---
(1) Clark et al. 2013, p. 147.
(2) 例えば、*The Pacific Review* 誌の特集号（1996年第9号第3巻）を参照のこと。

ラシーが「デモクレイジー」になっていると指摘している[3]。民主主義体制がどのような効果をもつのか，またどのように評価されるべきかをめぐる議論は，今後も続くと考えられる。

本章は，比較政治学において民主主義がどのように定義され測定されているのかについて紹介することを目的としている。というのも，比較政治学者の間である程度受け入れられている分析の作法を共有することは，民主主義を論ずる際に不毛な議論を積み重ねないための基本要件だからである。「民主主義」を異なる意味で使用しながらその是非を考えても，議論は並行線をたどるばかりだろう。また，比較政治学は実証分析を伴う学問であるため，民主主義という抽象的な概念を実際のデータをもとに測定する（操作化する）作業に多くの研究者が取り組んできた。本章では頻繁に使用される民主主義の測定方法をいくつか紹介するが，その長所・短所を知ることは，それらを利用した実証分析を適切に理解・評価するにあたって重要である。

本章ではまず，第2節において政治体制という用語を説明したうえで，第3節で民主主義体制の概念を，また第4節でその測定方法について検討する。第5節においては，民主主義体制の下位類型として多数決型民主主義とコンセンサス型民主主義を紹介する。

2 政治体制の諸類型

まず，政治体制という概念を確認しておこう。「体制」は，規範的な行動ルールや，組織のあり方の総体，という意味で使用される。これは通常，国際体制，通貨体制，幕藩体制，などというように様々な語とあわせて使用されるが，「政治」という語が加わる場合には，人々の共有する政治的規範，政治制度・機構や政治組織の総体と捉えることができる。したがってこの概念は，政府（内閣または執行府全体）よりも広い範囲を意味する[4]。

---

[3] Collier 2009=2010.

表 5-1　アリストテレスによる政治体制の 6 類型

統治者の数	統治の目的	
	すべての共同体構成員のため	統治者のため
1　人	王　制	僭主制
少　数	貴族制	寡頭制
多　数	ポリティア（市民政治）	デモクラシー

（出所）Clark et al. 2013, p. 147をもとに筆者作成。

　歴史上初めて政治体制の類型化をおこなったといわれているのが，古代ギリシャの哲学者アリストテレスである。『政治学』においてアリストテレスは，統治者の数と統治の目的という 2 つの側面から，政治体制を表 5-1 にあるように 6 つに類型化した。統治者の数は 1 人，少数，多数に分けられ，また統治の目的は，共同体構成員すべてのための統治か，あるいは，統治権限をもつ者のための統治か，の 2 つに分類されている。民主主義は人民の多数派が（全体ではなく）統治集団のためにおこなう統治の形態である。アリストテレスは，民主主義は人民の多数派が共同体全員のためにおこなう統治であるポリティア（市民政治）が崩れて逸脱した形態であると考えており，「良い」統治であるポリティアに対し「悪い」統治と評価していた。[5]

　民主主義が現在のように「望ましい」と多くの人にみなされるようになるのはフランス革命の頃から，といわれている。また同時に，基本的な政治体制の類型は，現在のような二分法（民主主義とそうでないもの）となる。アリストテレスの類型論では支配者層が 1 人，少数，多数という形で 3 つに分けられていたものが，フランス革命を機に 1 人または少数がひとくくりにされ，これと多

---

(4)　政治体制の定義については，「政治権力が，社会内で広範な服従を確保し，安定した支配を持続するとき，それを形づくる制度や政治組織の総体」というものもある（山口 1989, p. 5）。また，政治体制（political regime）と類似した概念に「政治システム（political system）」がある。これはデイヴィッド・イーストンの提唱した「政治システムモデル」という固有の意味をもつ用語として使用されることもあるが（Easton 1971），一般的なものとして使用される場合には政治体制と同義に使用されることが多い。

(5)　Clark et al. 2013, p. 147.

数とが対比されるようになったからである。このような二分法は，フランス革命における基本的な対立構造が国王と貴族対民衆であったことを反映している。こうした，政治体制を民主主義と非民主主義に分けて考える基本的な構図は現在まで継続している[6]。

　20世紀に入ると，体制類型の基本配置は「民主主義」対「全体主義」へと変化する。ロシア革命によりソビエト連邦が成立し，多くの研究者がソビエト連邦の体制を民主主義体制と対置して分析したからである。ホアン・リンスは，1960年代までの研究状況を概観し，全体主義体制の主な構成要素を次のように抽出している。すなわち，(1) 一元的支配，(2) 公式なイデオロギーの存在，(3) 積極的動員の存在，の3つである。例えば，典型例であるソビエト連邦のスターリン体制では，共産党以外の政治勢力を全く認めず，マルクス・レーニン主義を公的イデオロギーとし，また生産ノルマ超過をめざす「スタハノフ運動」にみられるような大衆の動員をおこなっていた[7]。

　非民主主義体制においては，全体主義に加えて権威主義体制という類型も1つの独立したものとして存在する，と1960年代に指摘したのがホアン・リンスである[8]。先述した全体主義の構成要素との対比でみた権威主義は，(1) 限定的多元主義，(2) 公的イデオロギーではなくメンタリティ，そして，(3) 大衆動員の不在，で特徴づけられる[9]。リンスは自らが研究していたスペインのフランコ将軍時代の政治体制が，全体主義というにはある程度自由がありながら民主主義体制の要件（後述）を満たしていないことから，非民主主義体制のなかの1類型として一般化する着想を得たのである。

　最近では，政治体制を2つに分類する際には「民主主義」対「権威主義」とすることが多い[10]。というのも，全体主義に分類できる体制は最近では非常に少

---

(6) Clark et al. 2013, pp. 148-149.
(7) Linz 1975=1995.
(8) Linz 1964, 1975=1995.
(9) これに加え，「予測可能な範囲のなかで権力を行使する」（Linz 1964, p. 255）という構成要素もリンスは指摘しているが，この点に関して十分な説明が加えられているとは思えないため，ここでは割愛した。

ないため,権威主義体制と非民主主義体制とを同一視してほぼ問題がないからである。また権威主義体制の定義については,リンスの定式化した3要素をもとにするのではなく,「民主主義体制ではないもの」という意味で権威主義体制の概念を使用することが最近では一般的である。では,民主主義体制とは何だろうか。この問題を次節で検討する。

3　民主主義体制の定義

　民主主義を定義することは非常に困難である。周知のとおり,民主主義のもともとの意味は「人民による統治」であるが,では誰を人民とするのか,またどのような統治なのかについては延々と続く論争があり,様々な民主主義の「モデル」が提示されている。

　とはいえ,比較政治学においては以下の2つの定義のうちどちらかを使用することが多い。第1は,オーストリア出身の経済学者であるヨーゼフ・シュンペーターによるものである。シュンペーターは1942年に出版された『資本主義・社会主義・民主主義』において,民主主義を「候補者らが選挙によって獲得した主導権のもとで政治的決定をおこなうことを可能にする制度的な取り決め」と定義する。人民の役割を重視する「古典的民主主義」に対し,彼の定義は,人民には二次的な役割しか想定せず選挙で選ばれたエリートが統治するという側面を重視することから,「エリート民主主義」と呼ばれることもある。しかし比較政治学者にとって彼の定義が有用であるのは,エリートの重視とい

---

(10)　ここで「2つに分類する際」としたのは,政治体制の見方は,民主主義対非民主主義と必ずしも二項対立で捉えるわけではなく,民主主義的な「程度」の問題として捉える場合もあるからである。
(11)　非民主主義体制の言い換え語として,独裁(dictatorship),専制(autocracy)が使われることもある。
(12)　これまでの主なモデルについては Held (1995=1998) を参照されたい。
(13)　Schumpeter 1942, p. 269=1995, p. 430. 中山・東畑訳では「政治的決定に到達するために,個々人が人民の投票を獲得するための競争的闘争を行うことにより決定力を得るような制度的装置」とあるが,ここでは文脈を考慮した変更を加えている。

うよりは，民主主義と非民主主義を分ける境界線を競合的な選挙の有無という点で明確にしている点である。シュンペーターが制度的取り決めとして民主主義を定義しようとした背景には，理念として民主主義を捉えることによって当時の社会主義を標榜する勢力が自らを「真の民主主義者」と呼ぶ状況を生んでいることに対し，社会主義と民主主義の違いが明確になっていない点が問題であるという認識があったのである。(14)

　頻繁に使用される定義の第2は，アメリカ人の政治学者であるロバート・ダールによるものである。ダールの問題意識もシュンペーターと同様に，民主主義を理念としてではなく現実に存在する政治体制として定義することであった。ダールはこのような定式化の手法を（最も望ましい理念を述べる「最大化の方法」と対比して）「記述的方法」と呼んでいる。(15)これをもとに，現実に存在する民主主義体制で理念型にかなりの程度近いものを「ポリアーキー」と名づけ，以下の7条件をその構成要素とした。(16)

1. 政府の政策決定についての決定権は，憲法上，選出された公職者に与えられる。
2. 公職者は，公正で自由な選挙によって任命され，また平和裏に排除される。
3. すべての成人は選挙権をもつ。
4. すべての成人は被選挙権をもつ。
5. 市民は，表現の自由の権利をもつ。
6. 市民は，情報へのアクセス権をもつ。

---

(14)　Schumpeter 1942, Chapter 20 = 1995，第20章．
(15)　Dahl 1956, p. 63=1970, p. 126.
(16)　ダールによるポリアーキーの条件は著作によって多少異なるが，ここでは最も入手が容易と思われる『現代政治分析』のものを一部省略した形で紹介している（Dahl 1963=1999）。この他に彼がポリアーキーの条件を検討している著作には，Dahl（1956=1970, 1971=1981, 1979）などがある。ポリアーキーという言葉自体は，王政と対比される言葉として1900年頃から存在していたものに対し，ダールが新しい意味を付与したものである。ダールはまた，これらの条件をもとに「参加」と「競合」という2つの軸で民主主義を捉え，両方の程度が高いものをポリアーキーとしている。この定式化についてはDahl（1971=1981）を参照のこと。

7．市民は，政党や利益集団などの政治集団を設立し，またそれらに加入する権利をもつ。

　シュンペーターの定義が競合的選挙の有無のみを重視するため「薄い（thin）」あるいは「最低限の（minimalist）」定義と一般的に呼ばれることと比べると，ダールの定義はより「濃い（thick）」といえる。というのも，選挙以外の制度や手続き，例えば政党や市民の自発的結社の自由，政治的情報への自由なアクセスなども構成要素に入っているからである。このような定義は，ダールが民主主義を「市民の要求に対し，政府が政治的に公平に，常に責任をもって応える」体制であると捉えているからに他ならない。これは，シュンペーターにとっての人民が，個々の政治問題に対し「明確で合理的な意見を持つ」とはいえない存在であったのに対し，ダールは人民（市民）を潜在的には政治的要求を提示できる主体として位置づけているという違いをも反映している。

　シュンペーターとダールの定義に共通するのは，実際のデータを用いた測定との親和性である。比較政治学において両者の定義が重用される理由もそこにあるといえる。以下では，これらの定義をもとにした操作化（測定可能な数値へのおきかえ）が実際にどのようになされているのかを検討する。

4　民主主義体制の測定

　民主主義体制であるかないか，また，ある政治体制が民主主義的である度合いを実際のデータを用いて測定する試みはこれまで様々におこなわれてきたが，ここでは，現在の比較政治学で頻繁に利用されるものを3つ紹介する。

---

(17)　Dahl 1971, p. 2=1981, p. 6.
(18)　Schumpeter 1942, p. 269=1995, p. 430.
(19)　ダール自身，『民主主義理論の基礎』において，ポリアーキーの諸条件をどのように実際に測定できるかを検討し，また各条件を0から1の尺度で測定した場合にはすべての条件において0.5以上の値をとったものをポリアーキーとみなす，としている（Dahl 1956, pp. 84-87=1970, pp. 164-170）。

第Ⅱ部　政治体制

（1）DD 指標

　ジョゼ・シェイブブ，ソニア・ガンディ，ジェイムズ・ヴリーランドが作成した民主主義指標は，Democracy and Dictatorship（民主主義と独裁）という名前のデータベースとして公開されており，その頭文字をとってDD指標と呼ばれる。[21] 彼らは，民主主義であるかどうかは，ある女性が妊娠しているかどうか，という状態と同じで，中途半端な妊娠があり得ないように中途半端な民主主義には意味がないという立場をとり，体制類型を二分法で考える。具体的には，以下の4条件すべてを満たしている政治体制を民主主義，1つでも満たしていない場合を非民主主義としている。

　　1．執行府の首長が選挙で選ばれている。
　　2．立法府の構成員が選挙で選ばれている。
　　3．選挙において複数の政党が競合している。
　　4．既存の選挙制度のもとで政権交代がなされている。

　4条件の内容からわかるとおり，DD指標は主にシュンペーターの定義に依拠した，競合的な選挙の存在に注目する指標である。ここでは，ダールが提示した市民参加を促す条件である表現の自由，情報へのアクセス，結社の自由などは考慮されていない。このデータベースは約199ヵ国に対し，1946年から2008年までの各年で民主主義か民主主義でないかを測定している。

（2）ポリティ指標

　1974年にテッド・ガーにより作成が開始されたポリティ指標は，現存する民主主義指標のなかでは対象とする国の数と期間が最も広範囲にわたる。[22] 同指標は，166カ国に対して，最も古い場合には1800年から最近までをカバーし，以

---

(20)　この他の民主主義体制の指標については，Munck and Verkuilen（2002），Coppedge（2012）を参照されたい。また，現在進行中の大規模な民主主義指標作成プロジェクトにVarieties of Democracyがある（http://kellogg.nd.edu/projects/vdem/，2014年1月10日アクセス）。
(21)　Cheibub, Gandhi, and Vreeland 2010. 著者らの頭文字からCGV指標と呼ばれることもある。このデータベースはAlvarez et al.（1996）をもとにしている。
(22)　http://www.systemicpeace.org/polity/polity4.htm（2013年1月15日アクセス）。

第5章　政治体制としての民主主義

下の6つをその構成要素とする。
1．執行府首長の選出方法が制度化されている。
2．執行府首長の選出方法が競合的である。
3．執行府首長の選出方法が世襲ではなく一般に開放されている。
4．執行府首長の権限が他の制度（立法府，司法府など）により制限されている。
5．政治参加が制度化されており，排除される集団が少ない。
6．複数の政党が競合している。

ポリティ指標は，DD指標よりもダールの定義に近い形で構成されている指標といえる。というのも，構成要素の1から3はシュンペーター的なエリートの選出に関するものであるが，4はエリートに対する制限，5と6は政治参加の包括性に関するものである。各国のポリティ指標は6つの構成要素のとる点数を総合して−10から＋10の値をとり，通常，10から6を民主主義，−6から−10を独裁，−5から＋5を両者の中間の体制である「アノクラシー」として評価する。このような測定方法をとるため，ポリティ指標をもとに民主主義を二分法（民主主義と非民主主義），三分法（民主主義，中間体制，独裁），そして−10から＋10までの21点尺度で捉えることができる。

（3）フリーダムハウス指標

民主主義指標の第3は，国際NGOであるフリーダムハウスが1973年以来毎年発表しているフリーダムハウス指標である。[23]これは195ヵ国を対象にスコアがつけられ，1が最も自由な体制，7が最も自由度の低い体制と評価される。ここでは（民主主義ではなく）自由が問題になっているが，自由の程度と民主主義的である程度は同一視できると一般にみなされている。フリーダムハウス指標は自由を政治的権利と市民的自由に分け，10の政治的権利に関する質問項目，15の市民的自由に関する質問項目の点数を集計している。政治的権利に関

---

[23] http://www.freedomhouse.org/（2013年1月15日アクセス）．分析対象年は1972年が最初である。

するチェック項目の内容は，執行府首長が自由で公正な選挙で選ばれているかどうか，マイノリティの参加が制限されていないか，政府が市民に対して応答的であるか，情報公開が進んでいるかどうか，汚職がないか，などである。市民的自由に関しては，表現の自由，結社の自由，法の支配，人権の保障，などが含まれている。また，集計数値を3つに分け，1.0から2.5を「自由」，3.0から5.0を「半自由」，5.5から7.0を「非自由」と評価している。

　シュンペーターとダールの定義に照らし合わせると，フリーダムハウス指標はダールのほうに近いといえる。政治的権利や市民的自由のチェック項目にはダールの7条件が含まれている。その一方で，この指標にはダールが概念化したもの以上の構成要素が含まれている。「政府の汚職がないか」，「市民の所有権が保障されているか」といった質問項目がその例である。ダールが提示した7条件は，政府が市民に対して応答的である程度を最大化するための諸条件であったが，これらの質問項目は実際に応答的であるかどうかを問題にしている。言い換えると，シュンペーターもダールも民主主義をある一定の「手続きの有無」のレベルで捉えていたが，フリーダムハウス指標はそれらの手続きがもたらすと期待されている「帰結」をも構成要素に含んでいるのである。

　これまでみてきた3つの指標は，政治体制を評価するという点では同じであるが，体制類型に対する定義や操作化（測定）の方法が異なるために，同一の国に対し異なる評価を与える場合もある。**表5-2**はそれぞれの指標の評価を一部の国を例に比べたものである。表における体制の呼び方は各指標に準じているが，一般的な名称では，濃い灰色が権威主義体制，薄い灰色が権威主義と民主主義の中間的な体制，白色の部分が民主主義体制となる。表から，どの指標においても同じ評価が与えられている国（例えばアメリカや日本）がある一方で，別類型の体制として評価されている国もあることがわかる。例えば2008年のマレーシアの政治体制に対する評価は，DD指標では独裁，ポリティ指標では民主主義，フリーダムハウスでは中間的な体制となっている。

---

(24)　http://www.freedomhouse.org/report/freedom-world-2013/checklist-questions（2013年1月15日アクセス）．

第5章 政治体制としての民主主義

表5-2 3つの民主主義指標の比較（2008年時点の評価）

国名	DD	ポリティ	フリーダムハウス
中　国	独　裁	独裁（－7）	非自由
シンガポール	独　裁	独裁（－2）	半自由
マレーシア	独　裁	民主主義（6）	半自由
ロシア	独　裁	混合（4）	非自由
ボツワナ	独　裁	民主主義（8）	自　由
ナイジェリア	民主主義	混合（4）	半自由
トルコ	民主主義	民主主義（7）	半自由
フィリピン	民主主義	民主主義（8）	半自由
日　本	民主主義	民主主義（10）	自　由
アメリカ	民主主義	民主主義（10）	自　由

（出所）各データベースより筆者作成。

　ここまでの議論から，民主主義指標を実証分析に使用する際には，各指標の長所・短所をふまえることの重要性がわかる。例えば，厳密な二分法をとるDD指標は，民主主義への移行や，民主主義である期間を分析する際に適している一方で，民主主義体制および独裁の類型内での程度の違いについてはわからない。ポリティ指標は，1800年からという長期間にわたって指標が存在するため，歴史を遡った分析を可能にする点で優れている。またDD指標とは異なり民主主義を程度の問題として分析することも可能であるが，例えばスウェーデンのスコアは1917年の参政権付与以来現在まで全く変化していないなど，実際の政治状況を適切に反映しているかどうかを疑問視する声もある。[26]フリーダムハウス指標の場合は，民主主義の手続きだけでなくその帰結をも評価している点に注意する必要がある。これは，実質的（substantive）な意味での民主主義の程度を比較する目的では有益かもしれないが，例えば民主主義の帰結を分析する際に説明要因として使用するのには適さない。なぜなら，指標のなかに

---

[25] DD指標の最新年が2008年であるため，他の2つの指標はより最近のものがでているが，ここでは2008年を基準年としている。

[26] そのような批判として，Cheibub et al.（2010）を参照のこと。

すでに帰結の部分が入っているため，バイアスのある推論になってしまうからである。要するに，民主主義の完璧な定義がないように，完璧な指標は存在しない。このため，どの指標を採用するかは何を分析したいのかにより，使い分ける必要がある。[27]

5 民主主義体制の下位類型

ここまで，民主主義体制をどう概念化し測定するかを問題にしてきたが，では，民主主義体制の類型内部での多様性はどのように理解できるだろうか。[28]民主主義体制の多様性を検討する方法は主に2つある。1つは，政治体制を構成する個々の政治制度や機構（例えば，選挙制度，政党，執行府・議会関係など）の国ごとの違いを別々に分析する方法である。本書の第Ⅲ部における各章ではこのアプローチで民主主義の多様性を検討している。もう1つの方法は，制度や機構の総体として民主主義体制の下位類型を提示する方法である。本節では，このタイプの研究を紹介する。

民主主義体制を「多数決型」と「コンセンサス型」という2つの理念型で捉える見方は，規範的な民主主義論では古くからの伝統である。前者は政治的権限を多数派に集中させ，後者は最大限分散させる形態である。前者の見方をする19世紀フランスの思想家アレクシ・ド・トクヴィルは，「民主主義の本質は，過半数に統治の主権が渡ることである」としている。[29]ここでは，選挙とは多数派を代表する政治エリート（政党）を選ぶ機会であり，議会においては多数派政党が政策を決定する。一方，コンセンサス型民主主義では，選挙は市民が代表を選択する機会であるが，選ばれた代表はできるだけ広く社会の諸集団を代表するべきであると考え，また議会はこれらの代表が政策決定のための交

---

(27) 使い分けを推奨するものとして，Collier and Adcock (1999)，鎌原 (2012) を参照のこと。各民主主義指標の詳細な検討について，鎌原 (2011)，Coppedge (2012) を参照のこと。
(28) 非民主主義体制（権威主義体制）の下位類型については，本書第8章（権威主義体制の持続）で検討する。
(29) Clark et al. (2013, p. 744) より引用。

表5-3　多数決型とコンセンサス型民主主義の特徴

	制　度	多数決型の典型	コンセンサス型の典型
権力共有（政府・政党）次元	選挙制度	小選挙区制	比例代表制
	政党システム	二大政党制	多党制
	内閣構成	一党単独内閣	連立内閣
	執行府・議会関係	執行府首長の優越	均　衡
	利益媒介制度	利益集団多元主義	コーポラティズム
権力分割（連邦制）次元	連邦制	単一制	連邦制
	議会構造	一院制議会	二院制議会
	憲法改正	軟性憲法	硬性憲法
	違憲審査	違憲審査制なし	違憲審査制あり
	中央銀行	政府に依存した中央銀行	政府から独立した中央銀行

（出所）レイプハルト2012＝2014を一部修正して筆者作成。

渉をおこなう場である。このような見方をする19世紀イギリスの思想家ジョン・スチュアート・ミルは，「議会は国民の一般意思だけでなく，すべての集団の意見が反映されるべき場所である」と述べている[30]。

　では，現実の政治体制としての民主主義では，多数決型とコンセンサス型をどう類型化できるのだろうか。両者を分ける指標を設定し，実際に36ヵ国を対象に多数決型（あるいはコンセンサス型）である度合いを測定したのがアレンド・レイプハルトの『民主主義 対 民主主義』である[31]。彼は，権力共有と権力分割という2つの次元（軸）を設定し，それぞれに影響を与える5つの政治制度（あわせて10項目）においてどの程度権力の共有および分割があるかを測定した。表5-3にレイプハルトが取り上げる制度と，両類型におけるそれらの制度の典型的な形態を示した。権力共有次元と権力分割次元は，それぞれに含まれる政治制度の内容から，政府・政党次元および連邦制次元と呼ばれることもある。

　表5-3にある権力共有次元に属する3つの制度，すなわち選挙制度，政党

---

(30) Clark et al.（2013, p. 745）より引用。
(31) Lijphart 2012＝2014.

システム，内閣構成は，互いに強く関連しており，主に選挙制度の選択によりその他2つのあり方も影響を受ける。小選挙区制は大政党に有利に働くため二大政党制をもたらしやすく（第9章［選挙制度］参照），さらには二大政党制のもとで形成される内閣は一党単独内閣になりやすい。一方，比例代表制では，少数政党が議席を得やすいために多党制になりやすく，また多党制のもとでの内閣形成は複数の政党が連立した内閣になりやすい。その結果，小規模の政党でも内閣に加わる機会が増えるので，これらの制度のもとではより広い範囲の有権者を代表する政党の間で権力の共有が進む。

　執行府・議会関係に関しては，公式な制度としては議院内閣制と大統領制・半大統領制という憲法構造上の違いが大きく影響するが，実質的には，執行府首長（およびその内閣）が議会に対しどの程度優越しているかが問題になる。このためレイプハルトは憲法構造をもとに優越の程度を設定するのではなく，内閣の平均的な存続期間が長いほど執行府首長が優越しているものとして優越の程度を測定している。これを制度の面から特徴づけると，議院内閣制の場合では，一党単独過半数内閣を伴う議院内閣制の場合には執行府が優越する傾向に，また連立内閣を伴う場合にはより均衡した関係になる。大統領制・半大統領制においては，憲法上大統領に与えられている権限が強い場合には，優越の程度が高くなり，逆の場合には低くなる。一般的に，執行府首長と議会が均衡関係にあると権力共有が進んでいるといえる。

　利益媒介制度とは，利益集団の組織化のされ方と，それらの政策決定過程における影響力行使の方法とに関するものである。ここでは「利益集団多元主義」と「コーポラティズム」がその対極にあるモデルとなる。前者においては，多様な利益団体が存在し，個々の団体が議会を中心とした政策決定過程において自由に影響力を行使する利益媒介の形態をとる。これは1950年代から1960年代にかけてダールがアメリカのニューヘブン市における政策決定過程を分析するなかで一般化したモデルである。[32] 一方のコーポラティズムは，アメリ

---

(32)　Dahl 1961=1988.

カの実態を抽象化した利益集団多元主義モデルに対する反論として主にヨーロッパ諸国の政治を研究する政治学者たちによりモデル化された[33]。コーポラティズム型の利益媒介システムでは，利益団体は職能ごとに独占的な頂上団体によって階層的に組織されている。また，政策決定過程においては，典型的には，労働組合と経営者団体を代表する頂上団体のリーダーと政府代表との間での交渉により，三者協定という形で政策が決定される。利益集団多元主義では最も影響力をもつ利益団体の「勝者一人勝ち」となるが，コーポラティズムでは労働者団体と経営者団体の両方が政策に影響を与えられるため，権力共有の幅が広いといえる。

　権力分割次元では，連邦制，二院制議会，硬性憲法，違憲審査制，政府から独立した中央銀行の存在がそれぞれ権力の分割を進める。連邦制は，連邦政府と地方政府の間で権限を分割する。二院制議会は通常異なる地理的範囲や社会階層の有権者を代表するようデザインされているため，第二院の存在は権限の分割につながる。立法府および執行府の決定や行動が憲法に則しているかどうかを判断する違憲審査制は，司法府による立法府および執行府に対するチェック機能である。改憲にあたって議会の過半数以上の賛成を必要とする硬性憲法をもつことは，議会の多数派による拙速な憲法改正を阻止することで権力の集中を防ぐ機能をもつ。同様に，政府から独立した中央銀行は，政権党による市場の操作を困難にすることで権力の集中を阻止している。

　図5-1は，上記10の指標を用い，36ヵ国がそれぞれの型における典型（プロトタイプ）にどの程度近いかを1945年から2010年の期間の実際のデータをもとにプロットしたものである。図の右上にいくほど多数決型の程度が高く典型に近づき，左下にいくほどコンセンサス型の程度が高いことを示している。図より，多数決型の典型に近いのはイギリスやニュージーランドであること，またコンセンサス型の典型に近いのがスイスであることがわかる[34]。さらに，2つの次元で対照的な位置をとる「ハイブリッド」型の場合もある。図中の［Ⅰ］

---

(33) コーポラティズムについては Schmitter（1979＝1984）を参照されたい。

第Ⅱ部　政治体制

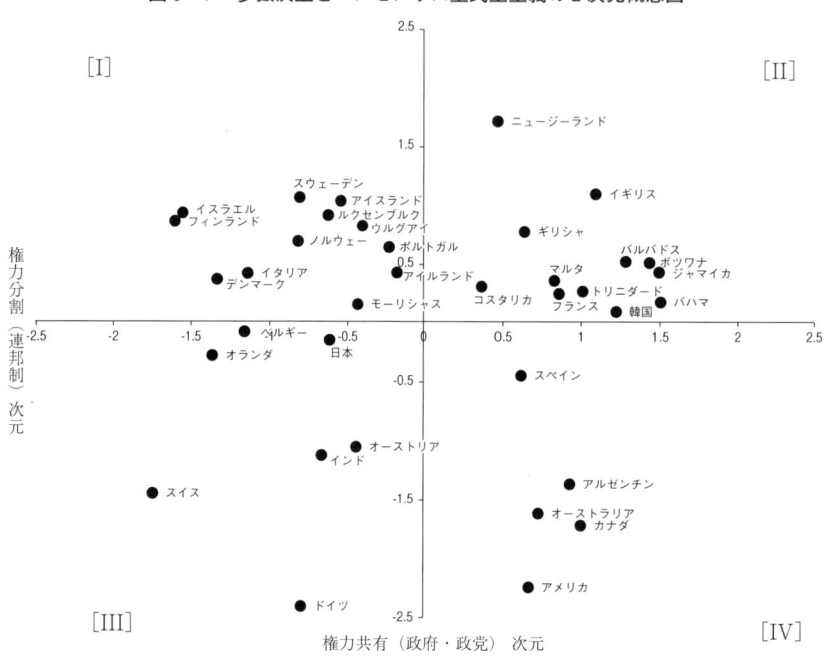

図5-1　多数決型とコンセンサス型民主主義の2次元概念図

(縦軸：権力分割（連邦制）次元、横軸：権力共有（政府・政党）次元)

象限[I]（左上）：スウェーデン、アイスランド、ルクセンブルク、イスラエル、フィンランド、ノルウェー、イタリア、デンマーク

象限[II]（右上）：ニュージーランド、イギリス、ギリシャ、バルバドス、ボツワナ、マルタ、ジャマイカ、ポルトガル、アイルランド、コスタリカ、トリニダード、フランス、韓国、バハマ

象限[III]（左下）：ベルギー、オランダ、日本、モーリシャス、スイス、インド、オーストリア、ドイツ

象限[IV]（右下）：スペイン、アルゼンチン、オーストラリア、カナダ、アメリカ

(出所) Lijphart (2012) より筆者作成。

と［IV］に位置する国がそれにあたり，例えばアメリカは権力共有次元においては多数決型の程度が高いが，権力分割の次元ではコンセンサス型の程度が高い。これは同国が選挙制度では小選挙区制を，政党政治では二大政党制をとる一方で，連邦制，二院制，独立した司法府や中央銀行をもつことを反映している。

　多数決型とコンセンサス型のどちらがより望ましいタイプの民主主義なのかについては，いまだに論争が続いている。民主主義のいくつかの原理原則に照

(34)　ニュージーランドは，1996年に選挙制度を小選挙区制から比例代表制に変更して以降コンセンサス型の傾向を強めており，この期間を含むデータ（1946年から2010年）を用いている図5-1では多数決型の程度が（特に政府・政党次元において）それほど高くないが，1946年から1996年の期間を分析対象とする『民主主義 対 民主主義』の第1版では，ニュージーランドはイギリスよりも典型的な多数決民主主義と測定されている（Lijphart 1999=2005）。

らした場合，多数決型は一党単独内閣を特徴とする点から政治決断の責任所在が明確であるという面において優れている一方で，連立内閣を典型とするコンセンサス型はより幅広い範囲の有権者の選好を代表できるという面で優れている。これらはトレードオフ（二律背反）の関係にあるため，どちらを重視するかによって優劣の判断は異なる。また，政府の実際のパフォーマンスに関しても，レイプハルトの分析では経済運営や少数派の意見をすくい上げることにおいてコンセンサス型がより優れているとしているが，政治的暴力に関してはコンセンサス型のほうがおこりやすいという研究も存在する。[35]

6　体制分析の今後

民主主義は，これからも人々の知的想像力をかきたてる魅力的な概念であり続けるであろう。しかし，実証的に民主主義体制を分析する際には，その概念定義と測定がどのようになされているのかについて十分理解しておく必要がある。本章では，比較政治学で頻繁に使用されるシュンペーターとダールによる民主主義の定義を紹介したうえで，これらをもとにした実際の民主主義指標について検討した。実証分析でよく用いられる3つの民主主義体制の指標（DD指標，ポリティ指標，フリーダムハウス指標）はそれぞれ長所・短所をもつ。実際に使用するにあたっては，「何を分析するのか」によって使用する指標を適宜選択する必要がある。

本章では，民主主義体制のもたらす帰結については検討しなかった。この点に関してはある程度の研究蓄積があるものの，分析結果には賛否両論があるからである。経済成長，教育，保健衛生（乳幼児死亡率），環境保護などと政治体制との関連を分析する研究では，民主主義のほうが権威主義よりも優れているという結果と，体制の違いによる影響はないという結果の両方がある。[36]このよ

---

(35)　レイプハルトの分析については Lijphart（2012=2014），政治的暴力に関しては，Reynal-Querol（2002），Selway and Templeman（2012）を参照。
(36)　これに関する研究動向論文として，Sirowy and Inkeles（1990）を参照のこと。

うな状況が生まれるのは，政治体制という様々な要素を総合した射程の広いレベルで検討するために，因果関係の特定が困難になっているからだと思われる。こうした問題をうけ，最近の研究では，集計度の高い民主主義指標ではなく，民主主義体制のうちの一側面を取り上るの因果関係分析が進んでいる。例えば，報道の自由の程度や，民主主義体制としての経験年数（ストック）などである。[37]民主主義体制を何らかの現象の説明要因として使用する際には，このような分解をおこなったうえでの分析のほうがおそらく生産的であるだろう。

---

(37) 報道の自由に関しては Adsera et al. (2003)，民主主義のストックに関しては Gerring et al. (2012) を参照のこと。

第6章

民主化

―本章の検討課題―
・民主化は歴史上どのように進展してきたのか。
・なぜ民主化するのか。

1　「民主化の第3の波」と民主化研究

　なぜ民主化するのだろうか。この問いに対し，これまで膨大な量の研究が蓄積されてきた。特に，1970年代半ばからの「民主化の第3の波」をうけ，民主化研究というテーマは1980年代以降の比較政治学で一躍脚光を浴びることになった。ここ20年の民主化研究の発展で特筆すべきは，その主流が帰納的分析から演繹的分析へと大きく変化している点である。帰納的分析とは，事象の観察を重ねて結論を導く推論の方法である。1950年代から1980年代までの研究は主にこのアプローチをとっていた。1990年代に入ると，ある前提のもとで論理的に導きだされる帰結として民主化を分析する，演繹的な研究が増え始める。言い換えると，ミクロ経済学の分析概念や手法を取り入れた研究である。演繹的な民主化研究は，帰納的研究の知見を土台としながら，帰納的研究では別々に発展した構造的アプローチとアクター（行動主体）中心アプローチを統合しているといえる。本章ではこの流れを追いながら，これまでの民主化研究で蓄積されてきた知見を紹介する。
　民主化の要因を大きく分けると，国際要因，文化要因，そして経済要因があ

第Ⅱ部 政治体制

る。このうち本章が焦点をあてるのは，経済的な要因である。というのも，経済的な要因から民主化を説明するのは，民主化研究の根幹的なアプローチだからである。文化要因に関しては第7章（民主主義体制と政治文化）で，国際要因については第8章（権威主義体制の持続）において検討を加える。また，民主化研究は広い意味では民主主義の定着過程をも含めるが，これに関しては本章の検討対象外である。

2　民主化の歴史的展開

基本的な意味では，民主化とは，非民主主義体制（全体主義・権威主義）から民主主義体制への政治体制レベルの変化を意味する（民主主義体制の意味については第5章［政治体制］参照）。しかしながら，実際の民主化研究において何を「民主化」と設定しているかは研究により様々である。例えば，後述するバリントン・ムーアによる民主化研究では，イギリスでおこった王室に対する議会の権限強化である清教徒革命を指して「民主化」としている。また，第5章で紹介した政治体制を評価する指標（ポリティ指標，フリーダムハウス指標など）における民主化の基準は，普通選挙権と競合的な選挙の存在を中心としたものであった。さらに，国レベルの事例研究の場合では，競合的な選挙の開始時点ではなく，独裁者が退位した時点を民主化と呼ぶことが多い。例えばインドネシアにおける民主化は，事例分析では1998年5月のスハルト大統領辞任を指すことが多いが，多国間比較をする指標においてはスハルト退陣後初の競合的な選挙がおこなわれた1999年を民主化年としている。

このように，何をもって民主化とするかは研究により異なる場合があるが，研究者が頻繁に使用する多国間比較指標（ポリティ指標）を用いて民主化した国の推移を示したものが図6-1である。図から，サミュエル・ハンチントン

---

(1)　民主主義定着の問題については，Linz and Stepan（1996=2005），Weingast（1997）などを参照のこと。
(2)　Cheibub et al. 2010.

第6章 民主化

図6-1 民主主義体制をとる国の割合（1850年-2010年）

(注) ポリティ指標が6以上の値の国を民主主義体制として各年の割合を計算。
(出所) Polity IV データベースより筆者作成。

が『第三の波』で指摘したように，歴史上何度かの民主化の「波」があったことがわかる。第1の波は，19世紀から1920年代にファシズムが台頭するまでのヨーロッパ，北米，および日本での参政権拡大の時期である。ハンチントンの場合には，アメリカ大統領選挙において白人成年男子の普通選挙権がほとんどの州で認められた1828年選挙をもって世界初の民主化としている。第1の波は，第1次世界大戦以降にヨーロッパや日本でのファシズムの台頭により引き波となるが，第2次世界大戦のあとに第2の波が訪れる。ここでは，イタリア，ドイツ，日本などが民主化したほか，それまで植民地だった国が独立して民主主義を採用した。アジアの場合ではインドネシア，フィリピンなどがその例である。第2の波が引くのは，1960年代以降である。この時期，多くの途上国において民主主義が崩壊した。ラテンアメリカではブラジル（1964年），ウルグアイ（1973年），チリ（1973年）などが軍政となった。アジアではインドネシ

―――――――――
(3) Huntington 1991=1995.

ア（1965年），フィリピン（1972年）などにおいて独立後の民主主義が崩壊した。

　1970年代半ばから始まるのが，民主化の第3の波である。1974年にポルトガルの軍が政治から退いたことを契機に，南欧ではギリシャ（1974年），スペイン（1975年）などが，ラテンアメリカではアルゼンチン（1983年），ブラジル（1985年），チリ（1990年）などが，そしてアジアではフィリピン（1986年），韓国（1987年），台湾（1996年）などが民主化した。また1990年に冷戦構造が崩壊したあとには，中・東欧諸国が一挙に民主化を果たした。

　民主化の第3の波において多くの国が新たに，あるいは再び民主化するに至り，民主化の研究も急増した。なぜ民主化するのか，という問いは第1の波，第2の波の民主化をうけて以来の研究課題であり，特に第2次世界大戦後の政治学では非西欧諸国における近代化の問題としても注目されてきた。しかし，世界のほとんどの地域でおこった民主化の第3の波が研究者にもたらしたインパクトは第1，第2の波以上に大きく，民主化研究は1980年代以降比較政治学の主要なテーマとして躍り出たのである。

3　帰納的アプローチをとる民主化研究

（1）経済成長と民主化

　政治学における初期の民主化研究は「近代化パラダイム」に属していた。近代化論とは，戦後アメリカの社会学，経済学をはじめとした社会科学一般でもたれていた，非西欧の「伝統的」社会は経済的に発展するにつれ西欧の社会と似たものになるであろう，という思考様式を指す。そのようなパラダイムに属する民主化論の古典が，マーティン＝シーモア・リプセットによる，経済的発展と民主化の関係に関する議論である。1959年に出版された論文においてリプセットは，「より豊かな国では，民主主義を維持しやすい」という仮説を提示し，民主主義の安定度と経済水準の高さには相関関係があることを約50カ国の基礎的統計データから実証した。[4]

　「リプセット仮説」と呼ばれるこの有名な議論は，実際には2つの仮説に分

けることができる。その1つが,「より豊かな国になると,民主化しやすい」,そしてもう1つが「民主主義はより豊かな国において維持されやすい」である。前者は経済発展が進むことで政治体制が民主主義へと移行するという因果関係を想定する。これに対し後者は,民主化するかしないかは経済発展のレベルとは関係がなく,豊かな社会であるということはいったん民主化した民主主義体制の存続を促すという因果関係を想定している。言い換えると,特定ができない何らかの要因で民主化がおこり,貧しい国が民主化した場合は民主主義を維持できないので再び権威主義に戻ってしまうが,豊かな国の場合には逆行しない,という主張である。ここでは,前者を移行仮説,後者を存続仮説としてその妥当性を検討した研究を紹介してゆく。[5]

リプセットの論文が出版された当初,彼の主な主張は移行仮説のほうであると捉えられていたが,先述のように仮説を2つに分け,そのうち存続仮説のみが妥当であると主張したのがアダム・プシェヴォスキとその共著者らである。彼らは1950年から1990年までの141カ国のデータを分析し,経済発展が民主化をもたらすという関係はなく,いったん民主化した国における民主主義体制の存続を促すだけである,と結論づけた。彼らの分析によれば,1人あたりのGNPでみた所得レベルと,民主化するかどうかの確率との間には統計学的に意味のある正の関係はみられない。例えば,高い所得レベルのシンガポールやマレーシアは権威主義体制が継続しているが,シンガポールよりも経済発展していないフィリピンでは1980年代に民主化している。一方で,彼らの分析によれば,1人あたりの所得が約6000ドル(1985年の購買力平価に換算)以上の民主主義体制で崩壊した国はいまだかつて存在しない。[6]

---

(4) Lipset 1959, p. 75.
(5) Przeworski et al. (2000) においては「存続(survival)仮説」と「近代化(modernization)仮説」と名付けられているが,両方とも広い意味では近代化パラダイムに含まれるため,ここでは後者を近代化仮説ではなく移行仮説と呼んでいる。
(6) Przeworski et al. 2000, p. 98. 彼らは,1975年に民主主義が崩壊した際のアルゼンチンにおける6,055ドルよりも高い経済水準で権威主義化した国は彼らのデータセットのなかには存在していない,としている。

プシェヴォスキらの主張に対しては，他の研究者たちの追試がおこなわれ，存続仮説だけでなく移行仮説も妥当であるという結果が多くだされている。ウィリアム・クラークらは，プシェヴォスキらの使用したデータと同じデータを分析し，民主化する確率と所得の・レ・ベ・ルとは関係がないが，所得の・変・化とは正の関係にあることを示した。要するに，ある国において所得が前年よりも向上する傾向にあると民主化しやすい，という関係が存在するという主張である。またカルラス・ボイシュとスーザン・ストークスの研究でも，分析データの期間を1850年から1980年という長期でみると，所得レベルそのものが上がれば民主化の確率も上昇することを示している。

1950年代にリプセットが提示した移行仮説は，半世紀を経て最新の計量分析手法を用いても妥当であることが再確認されたが，この仮説の背景にあるメカニズムに関しては曖昧な部分が多かった。リプセットの論文には，経済成長が経済格差を緩和して中間層を増大させて民主化志向の中間層が生まれるから，という理由づけがみられるものの，なぜ中間層が民主化志向になるのかという肝心な点については詳細な説明がない。歴史的には中間層が権威主義を支持する立場をとる場合もあり，リプセットのように中間層は民主主義を支持するという「前提」で議論を進めることには問題がある。言い換えると，リプセット論文では経済成長と民主化をつなげるメカニズムが「ブラックボックスのなかに入ったまま」なのである。後述する演繹的な民主化研究は，リプセットがおこなった帰納的分析で不足している点を補完する形で発展する。

（2）階級構造と民主化

帰納的なアプローチで経済発展と民主化との関係を分析するもう1つのタイ

---

(7) Clark et al. 2013, pp. 172-185.
(8) Boix and Stokes 2003. 他に移行仮説の妥当性を示したものには，Boix (2003, 2011), Epstein et al. (2006) がある。
(9) Rueschemeyer, Stephens and Stephens 1992, p. 2.
(10) 移行仮説を実証分析している最近の研究では演繹的理論を兼ね備えているものが多い（注8参照）。ここでの批判はリプセット論文に対してのものである。

プは，社会階級の構造に着目する。その古典的著作が，バリントン・ムーアの『独裁と民主政治の社会的起源』である[11]。ムーアは，複数の国の比較を通じて，前近代から近代世界への移行にあたっての「3つの経路」が形成される要因を探る。ここでの3つの経路とは，第1が民主主義にゆきつく「ブルジョワ革命」の経路（イギリス清教徒革命，フランス革命，アメリカ独立革命），第2がファシズムにゆきつく「上からの革命」経路（日本とドイツのファシズム），そして第3が共産主義にゆきつく「下からの革命」経路（中国とロシアの共産主義）である[12]。

ムーアはまず，第1，2の経路と第3の経路を分けるものとして，経済発展における農業の商業化を挙げる。第1，2の経路においては，封建制が崩れ，農業が商業化する。例えばイギリスにおいては，14世紀以降に羊毛業が発達したことで，地主上層階級は封建領主から商業資本家へと円滑な移行をとげることができた。また第2の経路に属する日本においても，明治維新以後に農業の商業化および経済の産業（工）化が急速に進んだ。一方の中国では，地主上層階級は市場向けの生産を志向せずに20世紀初頭まで封建制が温存され，革命志向の農民層が台頭して農民革命がおこった。

第1と第2の経路を分ける重要な要因が，資本家（ブルジョワ）と国家の関係である。両経路においてブルジョワが経済力をつけるとともに政治的な勢力として台頭してくる点はほぼ共通している。異なっているのは，第1の経路においては，ブルジョワは国家（王権）から独立した，また国家権力に制限を加えようとする存在であったのに対し，第2の経路におけるブルジョワは国家の庇護のもとにあった点である。再びイギリスを例に挙げると，農村部の貴族および地主（ジェントリー）層，そして都市部の産業資本家が連合し，国王による経済的な介入に対し反抗するようになり，これが頂点に達したのが清教徒革命であった。一方のドイツや日本では，地主と都市の産業資本家はともに国家

---

[11] Moore 1966=1987.
[12] この他，3つの経路には分類できない（近代化がまだ完了していない）事例としてインドに1章を設けて分析している。

の庇護のもとにあり，反国家的な態度をとることがほとんどなかった。彼の議論を要約すれば，（国家と対立する）「ブルジョワがいなければ，デモクラシーもない」となる。[13]

ムーアの研究は膨大な量の史実を網羅した大著であり，その出版後今日に至るまで多くの民主化研究や革命研究に影響を与えている。[14]しかし，リプセットの場合と同様，アクターの行動の基底にある行動理由（選好）については説明が手薄である。例えば，ブルジョワ階級がなぜ（他の選択肢ではなく）民主主義を望むようになるのかについて，納得のゆく説明が加えられていない。この点に関しては，後述する演繹的アプローチをとる民主化研究による補完を俟つことになる。

（3）民主化過程におけるアクターの選択に焦点をあてた分析

帰納的アプローチによる民主化研究の3つめは，リプセットやムーアのように社会経済構造を重視するのではなく，民主化過程におけるアクターの選択そのものに着目する。このタイプの研究を代表するのが，『民主化の比較政治学』をはじめとする一連の著作である。[15]これは，南欧とラテンアメリカ13カ国における1970年代および1980年代の民主化を分析対象とする大規模な共同研究の成果であり，ギジェルモ・オドンネルとフィリップ・シュミッターを中心におこなわれた。この共同研究では，次のような結論が提示された。第1に，体制側エリートの分裂が移行の始まりとなる。ここでの体制側エリートとは，将来の民主化を容認する穏健派と，権威主義の維持が望ましいとする強硬派である。第2に，この分裂をうけ，民主化の前に限定的な政治的権利が与えられる「政治的自由化」がおこる。例えば，野党の活動には制限がついているとはい

---

(13) Moore 1966, p. 418 = 1987, p.135（第2巻）．
(14) 例えば民主化研究でムーアと同様に社会階級に着目するものにLuebbert（1991），Rueschemeyer et al.（1992），また，革命研究でムーアに対する反論として階級構成ではなく国家の役割を強調するものにSkocpol（1979）がある。
(15) O'Donnell and Schmitter 1986=1986．この著作は共同研究の成果として出版された事例分析・比較分析あわせて5冊のうちの結論部分となる1冊である。

え選挙がおこなわれ議会政治が復活する，などである。第3に，穏健派・強硬派を含む体制側エリートと民主化を求める反体制勢力との間で，移行のルールや民主化後の勢力配置に関する「協定（パクト）」が結ばれることで，暴力を伴うことなく移行が可能になる[16]。

この大規模な共同研究プロジェクトは，「どのように」民主化がおこるのかという問いに答える一方で，エリートの分裂，政治的自由化，協定がいつ，いかなる条件のもとでおこるのかという「なぜ」に関わる問いには答えていないとの批判を受けている。例えば次のような点である。まず，誰が重要なアクターであるのかは後付け的にしかわからない。また，アクターの選好は，すでに存在していたという意味で「所与」のものとされており，なぜそのような選好をもつようになったのか（例えば，なぜハト派は民主化に寛容になったのか）が明らかにされていない。さらに，アクターがある時点で民主化を受け入れるか否かを決める際にどのような計算が働いていたのかがわからない[17]。リプセット，ムーアの研究に対する批判と同様に，これらの問題点は次節で検討する演繹的アプローチをとる民主化研究によって理論化されることになる。

4　演繹的アプローチをとる民主化研究

（1）クレディブル・コミットメントとしての民主主義

以下で検討する演繹的な研究は，これまで述べてきた帰納的アプローチに基づく民主化研究の問題点を2つの点で補完する。第1に，前節で紹介した事象の観察をもとに因果関係を推論している民主化研究では，その関係を形成するロジックについては後付け的な説明となっていたが，演繹的アプローチでは，前提を設定し，そこから派生する論理を明示的に示しているため，説明したい現象がなぜおこるのかに対し論理が一貫した答えを与えてくれる。第2に，演

---

(16)　協定を伴う民主化の事例として有名なものが，ウルグアイ，スペイン，ポーランドにおける移行である。
(17)　これらの指摘はBoix（2003, pp. 8-9）を参考にしている。

繹的な民主化の分析では，帰納的アプローチで別々におこなわれていた経済構造に着目する分析（リプセットやムーア）と，アクターの選択に着目する分析（オドンネルら）とを統合している。オドンネルらの研究は経済構造をほとんど考慮に入れずにアクターの行動を分析しているが，以下で紹介する演繹アプローチによる研究はアクターの選好を規定する要因として経済構造を組み込んでいるためである。

　以下で検討する演繹的な民主化研究に共通するのは，民主主義体制を「クレディブル・コミットメント問題」を解決するための一方策と考える点にある。英語のクレディブル・コミットメント（credible commitment）を訳すと「信頼に足る約束」となるが，日本語での意味合いと学術用語としての厳密な定義とが異なるため，あえて英語をカタカナ表記したままで使用する。また，煩雑さを避けるため，以下では「コミットメント問題」と略して呼ぶ。

　コミットメント問題とはどのようなものであろうか。一般的に，この問題が生ずるのは次の２つの状況を満たす場合である。第１は，アクターＡがＢに対して現時点である約束をするが，Ａは将来その約束を破りたいという誘因をもっている。第２は，Ａ（約束をする側）はＢ（約束遵守により利益を受ける側）よりも権力をもっている。すなわち，権力の非対称性が存在する場合である。[18] このような状態において，ＡがＢに対して何か約束をしても，Ｂはそれが将来破られると予測するため，ＡとＢの間で協力関係が成立しないことがコミットメント問題である。

　民主化の文脈でこの考え方を最初に応用したのが，ダグラス・ノースとバリー・ワインガストによるイギリス名誉革命の分析である。[19] 彼らによれば，名誉革命がおこる前に国王と商業資本家（ブルジョワ）が直面していたコミットメント問題とは，財産権の保障であった。17世紀に君臨したスチュアート朝では，度重なる戦争などで王室の財政が逼迫し，強制的な課税，独占的な物品の販売，財産の没収，借金の踏み倒しなどが繰り返しおこなわれていた。こうし

---

(18)　Clark et al. 2013, p. 187.
(19)　North and Weingast 1989.

た王権の乱用による恣意的な統治，なかでも所有権の侵害に対して議会に代表を送っていたブルジョワの不満は非常に高まっていた。

　名誉革命では，スチュアート朝のイングランド王ジェームズ2世が退位させられ，その娘メアリーとメアリーの夫でオランダ総督のウィリアム3世が即位したと同時に，立法府（議会）および司法府の王権からの独立性が強化される制度的取り決めが成立した。ノースとワインガストは，この制度的取り決めが，国王による財産権保障に対する約束（コミットメント）を信頼に足るものにしたと指摘する。具体的には，財政に関する問題では議会に拒否権を与えること，そして，国王の一方的な立法権と司法権を剥奪すること，の2つである。彼らはまた，これらの制度がいったんできあがったあとは「自己拘束的」なものとして定着していったことを強調する。その要因となったのは，第1に，名誉革命の成功により国王が退位させられることがあるという脅威が確かなものとなり，国王は新しい制度的取り決めを反故にすることは非常に難しくなったこと，第2に，議会は独立性を確保した見返りに，国王に対し十分な税の支払いを確約したことである。

　民主主義体制の本質をコミットメント問題の解決と捉えたうえで，演繹的に民主化要因を分析する際に明らかにすべき論点は2つある。第1に，民主主義に移行することでコミットメント問題を解決したいと望む主要なアクターは誰か（市民のうちのどの集団か），そして第2に，そのアクターは「何に対する」為政者のコミットメント問題を解決したいと望んでいるのか，である。次項ではこれら2つの問題に注目しながら，民主化と経済構造との関係を演繹的に分析した代表的な研究を紹介する。[20]

（2）再分配モデルとエリート競合モデル

　演繹的に民主化と経済の関係を分析している主な研究として，カルラス・ボ

---

[20]　ここでは国内の経済構造に焦点をあてたものを紹介しているが，国際経済とのつながりに着目した演繹的研究としては，Boix（2011）を参照のこと。またGeddes（2007）は第2次世界大戦以前の民主化とそれ以後（特に1980年代以後）の民主化において国際要因が大きく異なると指摘している。

表6-1　主な演繹的研究における民主化と経済格差の関係

		再分配モデル	エリート競合モデル
前提	モデルが設定する主要アクター	(1)富裕層（政権エリートを含む） (2)貧しい大衆	(1)政権エリートと地主 (2)産業収入を基盤とするエリート（政権での基盤なし）
	コミットメントの対象（民主化した際に実現すると予測されるもの）	再分配型の租税政策	国家による財産権の保障
	民主化に影響を与える主な要因	民主化した際の再分配型税政策に対するエリートの許容度（許容度が上がると民主化）	権威主義下で産業エリートが抱く財産没収のリスク（リスクが上がると民主化）
予測される民主化の条件		経済格差の縮小	(1)土地所有の格差低下 (2)所得格差の上昇

(出所)　Boix (2003), Ansell and Samuels (2014) をもとに筆者作成。

イシュによる「再分配モデル」と，ベン・アンセルとデイヴィッド・サミュエルズによる「エリート競合モデル」がある[21]。これらは，アクターは自己の経済的利益を最大化するために行動するという前提にたつ点では同じであるが，分析対象として設定すべきアクターは誰なのか，またそのアクターの選好を規定するものは何か，については異なる主張を展開している。**表6-1**に両モデルのまとめを示した。

①再分配モデル

　再分配モデルが設定する主要なアクターは，政権内のエリートを含む富裕層と，政治権力から疎外された貧しい大衆である。ここでアクターたちが争点として取り上げると想定されるのが，租税政策を通じた再分配である。権威主義のもとでは，富裕層の好む政策が実施される。富裕層は再分配を望まないとい

---

(21)　Boix 2003, Ansell and Samuels 2014. ボイシュと同様，再分配を争点としたモデルにAcemoglu and Robinson (2006) がある。民主化に関する演繹モデルの研究動向紹介としては川中 (2009) を参照のこと。

第6章 民主化

う選好をもつので，実際にも再分配政策はおこなわれない。一方，民主主義においては「大衆」が多数派の有権者となるために大衆の好む政策が実現されることが予測され，その結果として再分配型の税制が採用されることが予測される。[22]

　このような諸前提の論理的帰結として導きだされる含意（予測）が，経済格差が縮小すると民主化しやすい，という因果関係である。なぜなら，国内で富が平等に配分されている状況では，民主化して大衆が好む租税政策がとられても，再分配はそれほどおこらず，富裕層は自らの富が大きく減るとは予測しない。言い換えると，民主化しても富裕層にとっての損失（コスト）は大きくないため，民主化がおこりやすい。一方，経済格差が大きい場合は，民主化すると大規模な再分配政策がおこることが予測され，富裕層にとってのコストが大きくなり，弾圧によるコストを払っても権威主義を維持したほうが得策となる。

②エリート競合モデル

　民主化の鍵を握るのは，将来の再分配をめぐる富裕層と大衆の競合ではなく，権威主義体制下でのエリート（富裕層）どうしの争いであると主張するのがエリート競合モデルである。このモデルが設定する主要なアクターは2種類ある。第1は，権威主義体制のもとで権力の座にある政権エリートであり，地主をその一部とする。第2のアクターは，権威主義体制のもとで政治的権限からは疎外された，産業収入を基盤とする産業エリートである。資本家や都市の専門職労働者（ホワイトカラー）がこれにあたる。このモデルが民主化をめぐる争点として想定するのは，政権エリートが抱く将来民主化した際の再分配への恐怖ではなく，産業エリートが権威主義体制下で抱いている国家による強制収奪の恐怖である。なぜなら，権威主義体制では権力乱用を阻止する制度が不在であるため，国家による恣意的な財産没収がいつおこるかわからないからであ

---

[22] この議論の下敷きになっている理論モデルは Meltzer and Richard (1981) である。

る。一方で民主主義体制のもとでは，執行府の決定に対して諸機関（議会，司法府など）からのチェックが働くため，財産の没収という恐怖はなくなる。要するに，このモデルにおいて民主主義体制のもとで解決されるコミットメント問題とは，国家による強制収奪の恐怖である。

　このような諸前提のもとでは，次のような予測が導きだされる。第1に，土地所有の格差が低下すると，民主化しやすい。これは以下のメカニズムによる。まず，一部の大土地所有者にのみ土地が独占されている場合は，地主は国家権限を利用して小作人の賃上げ要求を弾圧し続けることを望み，これはすなわち権威主義を維持する強い要求となるため民主化しにくい。一方で，土地所有が平準化することは多くの小規模自作農が存在することを意味し，この場合は国家権力によって小作農を弾圧しようとする地主の要求は低下し，権威主義体制にしがみつく必要性も低下するため，民主化しやすい。

　第2に，所得の格差拡大は，民主化につながりやすい。所得の格差拡大が意味するのは，農民や単純労働者に比べ産業エリートの財力が高まっていることであるが，これはこの層の政治的交渉力が高まっていることでもある。なぜなら，彼らは財力を利用して国家に対抗する勢力を動員し圧力をかけることができるからである。産業エリート層は権威主義体制下での国家による恣意的な財産没収を最も恐れると想定されるため，この層の政治的交渉力の高まりにより，民主化につながることが予測される。

（3）モデルの含意（予測）に対する実証分析

　これまでみてきたとおり，両モデルは経済格差と民主化の関係において異なる予測をしているが，現実との整合性はどうだろうか。現時点でだされている実証分析の結果をみる限り，エリート競合モデルに軍配が上がる。アンセルとサミュエルズは，彼らのモデルと再分配モデルの実証的妥当性を次のような側面から検討している。第1に，1800年代から2000年代までの期間の多国間データをもとにした統計分析では，エリート競合モデルの予測どおり，産業エリートの台頭を示すジニ係数の上昇に伴って民主化の確率が上がり，また土地所有

の格差が低下するに伴って民主化の確率が上がるという結果を得た[23]。

　第2に，もしも再分配モデルが妥当であれば，経済格差が大きい状態で民主化すると，格差が小さい場合に比べ，新しい民主主義体制のもとでの福祉支出がより増大することが予測される。なぜなら大衆はより大規模な再分配を望むと再分配モデルは想定しているからである。この点に関するアンセルらの統計分析では，所得格差の大きい国が民主化すると，そうでない国の民主化に比べ，かえって福祉支出が減る傾向がみられた。これは，エリート競合モデルの予測と整合性をもつ。なぜなら，民主化は産業エリートの好む政策が実現されることを意味し，彼らが大衆が望むような大規模な再分配をおこなうことはないと考えられるからである。第3に，再分配モデルの前提そのものの妥当性を問う分析では，権威主義体制下に住む低所得層が高所得層に比べより高い再分配を望むかどうかについて多国間世論調査をもとに分析したところ，そのような傾向は存在しないことが判明した。

　アンセルとサミュエルズは，エリート競合モデルに基づき中国政治の将来に対しても予測を提供している。彼らの分析では，1949年の建国以降1990年代に経済改革が本格化する以前の中国は，土地所有，所得ともに格差が低かった。1989年におこった民主化要求運動である天安門事件の時点でも，所得の格差は比較的小さく，民主化運動を支持する産業エリート層が育っていなかった。これに対し，現在の中国は土地所有の格差は低いままであるが，最近の高い経済成長に伴って所得格差が非常に高くなっている。例えば2012年時点でのジニ係数は，1980年代の0.29から0.47に上昇している。政府に対しておこっている年間数十万にのぼるデモンストレーションでの主な争点は国家官僚の汚職であり，彼らのモデルに沿った見方をすれば，これは権威主義体制下の産業エリート（ホワイトカラー）の財産権侵害に対する恐怖の現れである[24]。現在中国政府は

---

(23)　アンセルとサミュエルズはボイシュのおこなった多国間データを用いた統計分析も再現しているが，ボイシュが再分配モデルの妥当性を示す結果を得ているのは，多くの欠損値があったからだと分析している。

(24)　1993年の反政府運動は9千件であったが，2005年には8万7千件，2010年には28万件と報告されている（Ansell and Samuels 2014, p. 59）。

所得格差解消のために多額の予算を費やし，また同時に富裕層を共産党内に取り込んで国家権力へのアクセスを与えるようになっているが，これは，格差が広がると民主化する可能性が高まることを見越しての国家エリートによる対抗措置と考えることができる。民主化が中国で「いつ」おこるのかを予測することは難しいが，もしおこるとするならば，資本家と都市ホワイトカラーの抱く財産の保護をめぐる脅威が現政権からの懐柔策でもたらされる脅威の緩和を大きく上回る際におこるであろうことが，エリート競合モデルから導ける予測である。

　エリート競合モデルは，これまでにだされた民主化と経済発展に関する演繹モデルのなかでは実証分析結果との整合性が最も高いといえる。しかし，重要問題に関する知見が常にそうであるように，このモデルの妥当性は今後多くの他の研究者が追試をおこなって検討する必要がある。

5　民主化研究の今後

　民主化研究はその量・質ともにここ数十年で飛躍的な進展をみせた。研究の量が増えた背景には，民主化の第3の波という政治現象があった。質の面では，演繹的アプローチが取り入れられるようになったことが大きく寄与している。1980年代までは帰納的アプローチによる分析が多く，またそれらは，社会・経済構造に焦点をあてるものと，構造よりもアクターの行動に焦点をあてるものとに分断されていた。前者の代表例がリプセットやムーアの研究，後者の代表例がオドンネルとシュミッターの研究である。1990年代以降には，ボイシュやアンセルらの研究のように，演繹的アプローチが登場する。これらでは，社会・経済構造を背景としたアクターの選好が理論的に説明可能な形で提示されたうえで，どのような構造的条件のもとで民主化がおこりやすいかが予測可能になっている。民主化後の再分配政策が民主化するかどうかの争点であるという前提にたつボイシュは経済格差の縮小が民主化につながるとし，一方，富裕層の間での権威主義体制下の財産権侵害の脅威が民主化するかどうか

の争点であるとの前提にたつアンセルとサミュエルズの研究では，所得格差が民主化につながると予測している．現時点では，実証分析との整合性は後者の理論のほうが高い．

　このように，演繹的アプローチは民主化研究の進展に大きく寄与したが，その有用性を全面的に受け入れるのは拙速にすぎるであろう．一般的にいって，演繹的に構成されたモデルは，前提が正しければそこから論理的に導きだされる結論も必ず正しいという特徴をもつが，それは，前提が妥当でなければ結論も妥当ではないことをも意味する．ここで決定的に重要になってくるのが，適切な前提を設定するという作業である．本章で検討した再分配モデルから導きだされる予測が実証分析において支持されなかった理由は，適切でない前提を設定してしまったことに主に起因している．このような事態を招かないためには，説明したい政治現象について，重要なアクターは誰なのか，またそのアクターはどのような選好をもつのか，などを慎重に検討する必要がある．この作業にあたっては，帰納的な分析アプローチ，すなわち詳細かつ広範な事例研究が有用であろう．

第7章

民主主義体制と政治文化

―本章の検討課題―
・政治文化を実証的に分析するにはどのような手法があるのか。
・民主主義体制の安定と政治文化には関係があるのだろうか，あるとしたらどのような関係があるのだろうか。

1 文化をめぐる論争

　政治体制，特に民主主義体制の安定や運営と「文化」との間に関係があるとの指摘は古くからなされてきた。例えば18世紀フランスの思想家であるモンテスキューは『法の精神』のなかで，キリスト教の教義と専制政治とは相容れないが，イスラム教には暴力的な精神があるので独裁と親和性があると述べている[1]。また19世紀イギリスの思想家であるジョン・スチュアート・ミルは，ある種の人々は族長への忠誠を捨てて近代の民主的な政府による統治を受け入れることを忌避する態度をもち，それを変えることは非常に困難だと指摘した[2]。1990年に冷戦が終わった直後には，サミュエル・ハンチントンが『文明の衝突』においてイスラム文化や儒教文化は民主主義とは相容れないと指摘し，世界中で論争を呼んだ[3]。

---

(1) Montesquieu 1777, Volume 2, Book 24, Chapters 3 and 4 = 1989, 下巻第5部第24編第3章，第4章．
(2) Mill 1859.

比較政治学においてもこのような問題意識は戦後の近代化パラダイムの一部として共有されてきた。その代表的な研究が1963年に出版されたガブリエル・アーモンドとシドニー・ヴァーバの『現代市民の政治文化』である。1970年代，1980年代には，後述するようにこの研究が多くの批判を生んだことや，政治制度研究が流行したことで政治文化研究は下火となっていた。だが1990年代に入り，サーベイ調査の対象国が世界的に広がったことやソーシャル・キャピタル論（後述）が流行したことなどに伴って，政治文化研究は再び盛んになっている。

 本章では，政治文化と政治体制，特に民主主義との関係を検討してゆく。それにあたり，まず第2節において，曖昧に使用されがちな概念である「文化」の定義を確認し，その実証的な測定方法について検討する。測定上の諸問題をふまえたうえで，第3節では，「市民文化」および「信頼」と民主主義とをめぐる問題，そして第4節では，宗教と民主主義をめぐる問題をそれぞれ検討する。

2 文化をどう分析するか

(1) 定 義

 「文化」とは何だろうか。大きく分けると，2つの意味がある。第1は，優れたものとみなされる芸術や習慣である。「文化祭」「文化遺産」という語はこのような文化の意味から派生している。また，「日本文化」という際に茶道や華道を思いうかべるのは，この意味での文化である。第2の意味では，ある集団に共通する態度，またはその背景にある価値観を指す。「サラリーマン文化」「関西人の文化」といった用法はこちらの意味で使用している。政治学での文化の研究の場合は，主に第2の意味で文化を捉えている。

 では，比較政治学において文化はどのように定義されてきたのだろうか。こ

---

(3) Huntington 1996=1998.
(4) Almond and Verba 1963=1974.

ちらも，大きく分けると2種類の定義がある。第1のタイプは人類学に影響を受けており，「象徴（シンボル）に表現される意味のパターン」という人類学者クリフォード・ギアーツによる定義である。インドネシアのバリ島に滞在して現地の人々の生活を観察したギアーツにとっての「文化」とは，闘鶏，通過儀礼，葬式などの象徴的行為であり，文化研究とはそれらがもつ意味を解釈し，詳細に記述することであった。このようなアプローチに影響を受けた比較政治学での文化研究の多くは，政治に対する態度や価値観をシンボルや儀礼に着目して分析する。

第2のタイプの定義は，政治に対する人々の主観的な態度に焦点をあてたもので，本章ではこちらのタイプの文化を検討する。頻繁に引用される定義としては，以下が挙げられる。まず，政治文化の先駆的研究であるアーモンドとヴァーバの『現代市民の政治文化』では，「ある時代に国民の間に広く見られる政治についての態度，信念，感情の志向のパターン」と定義している。また，アーモンドとヴァーバの影響を強く受けていると自認するロナルド・イングルハートは，1990年の著作において，「社会に広く共有され，世代から世代へと伝えられてきた態度，価値観，知識のシステム」と文化を定義している。

これらの定義は一見もっともらしく読めるかもしれないが，実証分析の基礎とする際には数々の困難に直面する。「態度」「信念」「志向」といった非常に曖昧な概念がちりばめられていると同時に，何をもって「パターン」や「システム」とするのか明確ではないからである。また，アーモンドとヴァーバが「パターン」という際には，ある種の態度が共同体構成員の間で継続的に共有

---

(5) Geertz 1973, p. 89 = 1987, p. 148（第1巻）.
(6) 例えば，シリア政治を分析したWedeen (1999) や，日本政治を対象としたCurtis (1983=1983) がある。
(7) Almond and Verba (1963, p. 13 =1974, p. 12). 経済学では，次のような文化の定義も存在する。すなわち，「コンテクストに依存する，しばしば最適ではない個人または集団レベルでの行動のパターン」というものである (Bednar and Page 2007, p. 2)。ここでの「最適でない(suboptimal)」とは，人間は自分の利益最大化のために合理的に行動するという前提のもとで，合理性観点からは最大化のための行動をしていない，という意味である。
(8) Inglehart 1990 p.18 (Reisinger 1995 p. 335に引用).

されていることを指すと理解できるが，一方のイングルハートが「システム」という際には，個人あるいは集団のレベルでの態度や価値観の総体と理解でき，両者は異なるものを指している。(9)このような概念定義の曖昧さは，第3節でみるように研究者によって異なる定義をもとに分析がおこなわれることにつながり，このテーマでの知見の蓄積を妨げる一因となっている。

（2）サーベイ調査

政治文化の実証分析の方法としては，インタビューや参与観察による「厚い」記述(10)，本章第4節でみるように人々の信仰する宗教で代用するもの，次項で検討する実験によるもの，そして，1960年代から現在に至るまで最も頻繁に利用されているサーベイ（アンケート）調査が主なものである。

サーベイ調査による政治文化分析の先駆的研究が，次節で詳細に検討するアーモンドとヴァーバのおこなった国際比較研究である。1963年に出版された『現代市民の政治文化』の分析基盤となったこのサーベイは，アメリカ，イギリス，イタリア，ドイツ，メキシコの5カ国を対象とし，それぞれの国で千人程度を回答者としておこなわれた。このサーベイでは個人の政治的態度を明らかにしようとする様々な質問項目が含まれており，それらに対する回答者の答え方（「強く思う」「やや思う」「思わない」「全く思わない」など）を数値化して分析する。

アーモンドとヴァーバが採用した調査手法を踏襲し，より大規模な国際比較が1980年代にミシガン大学のロナルド・イングルハートを中心とするグループにより始められた(11)。1981年に22カ国を対象として始まった「世界価値観調査」である。このサーベイプロジェクトは，その後5，6年ごとに継続して調査がおこなわれ，2013年の時点では約50カ国を対象とした「第6波」のサーベイが

---

(9) ここに挙げた点を含む政治学における「文化」の概念が抱える諸問題についてはReisinger (1995) を参照のこと。
(10) Geertz 1973, Chapter 1 = 1987第1章．
(11) http://www.worldvaluessurvey.org/ （2013年1月10日アクセス）．

表7-1 アジア諸国における「民主主義」の意味に対する回答

順位	日本	韓国	台湾
1	わからない (36.5%)	自由一般 (19.5%)	わからない (15.8%)
2	自由一般 (17.5%)	言論の自由 (12.9%)	言論の自由 (11.3%)
3	社会的平等 (17.5%)	平等・友愛 (11.5%)	市民的自由 (11.2%)
4	言論の自由 (5.5%)	人権保護 (5.1%)	法の支配のもとでの自由 (9.4%)
5	世界平和 (2.8%)	自由的経済 (4.1%)	人民主権 (6.4%)

(出所) アジアンバロメーター (注12) より筆者作成。

進行中である。また、これ以外にも国際的な政治関連のサーベイが近年増加しており、アジア諸国を対象としたアジアンバロメーター、ラテンアメリカを対象とするラティノバロメーター、アフリカを対象とするアフロバロメーター、中東を対象とするアラブバロメーターなどがある。

サーベイを利用した分析は、人類学的な参与観察手法とは異なり、人々の態度をある程度客観的に数値化できるという利点がある。しかし、その妥当性(測定したい抽象概念を適切に測定しているのかどうか)には注意が必要である。例えば、民主主義に対する満足度を測る質問として、「民主主義は問題があるかもしれないが、他の統治の形態よりも良いものであるという意見にどの程度同意しますか」という質問項目がアジアンバロメーターにある。この質問項目では、「民主主義」という言葉に対し回答者は同じ定義を共有しているという暗黙の前提があるが、そのような前提は現実的とはいえない。それを示すのが、**表7-1**である。同表では、2003年のアジアンバロメーター調査での民主主義の意味に関する質問への回答を日本、韓国、台湾を対象に集計している。表からわかるとおり、民主主義が何を意味するかは回答者により、また国により大きく異なる。特に日本と台湾においては、民主主義が何を意味するのか「わからない」とする回答が最も多い割合を占めている。このように、民主主義の意味

---

(12) https://www.asianbarometer.org/ (アジアンバロメーター)、http://www.latinobarometro.org/lat.jsp (ラティノバロメーター)、http://www.afrobarometer.org/ (アフロバロメーター)、http://www.arabbarometer.org/ (アラブバロメーター)、いずれも2013年1月10日アクセス。

内容に対する共通理解がないなかで，民主主義への態度を尋ねその要因や効果を探る際には分析結果の解釈に十分注意する必要がある。

(3) 実　験

　サーベイ調査に加え，1990年代頃から利用が増加している分析手法が，実験である。ここでは，「最後通牒ゲーム」を利用して人々の規範的態度を測定した，ヨーゼフ・ヘンリッヒらによる例を紹介しよう。最後通牒ゲームのプレーヤーは提案者と回答者で，2人は別々の場所にいて情報交換はできず，また相手が誰なのかも知らされていない。提案者は，ある金額（ヘンリッヒらの実験の場合では10ドル）を自分と回答者とで分割するにあたり，回答者の取り分を1回だけ提案でき，回答者はその提案に対し諾否をもって答える。回答者が提案を承諾すれば両者は提案どおりのお金を受け取れるが，否定した場合は両方とも何も得られない。このゲームには繰り返しがなく，1つのペアでは1度のみおこなわれる。このゲームで提案者が回答者に提示する分け前の値が，その提案者のもつ文化的態度（ここでは利他的な態度）とみなすことができる。

　ヘンリッヒらは，上記のようなゲームを複数の被験者におこなってもらう実験を世界各地でおこない，「文化の違い」があることを測定値とともに示している。平均では，エルサレムのイスラエル人は与えられた金額の36％を回答者に分け与えようとしたが，東京，ロサンゼルス，ジョクジャカルタ（インドネシア）での実験では約50％であった。またペルーのアマゾンジャングルに住む狩猟少数民族であるマチグエンガ族を対象とした実験では，26％しか分け前にまわさなかった[13]。このような実験から，共同体ごとの平均的な態度，言い換えると文化の違いを数値とともに示すことが可能である。

　実験による態度の測定には，様々な利点がある。例えば，質問をもとにしていないのでサーベイ調査でのように質問に対する解釈が回答者によって異なる

---

(13) Henrich et al. 2001. 経済学的にみると，提案者は1ドルを回答者に分け与え，9ドルを自分のものとすることが提案者，回答者両方にとって「合理的」な行動，つまり最適な選択である。実験による文化的態度の測定については Bender and Page（2007）も参照のこと。

という曖昧さを避けることができる,他の要因を一定に調整できるので因果関係の特定が可能になりやすい,などである。その一方で,分析結果を妥当とみなせる範囲は厳密には実験をおこなった対象に限定され,それ以上の範囲(例えば1カ国全体)での妥当性には欠けることが問題点として指摘されている[14]。現時点では,政治文化の研究はサーベイ調査を利用したものが圧倒的に多いが,実験手法の上記のような利点から,今後は実験による文化研究の増加が見込まれる。

3　政治的態度と民主主義

(1) 市民文化と民主主義の安定

すでに述べたように,比較政治学における政治文化の先駆的研究がアーモンドとヴァーバの『現代市民の政治文化』である[15]。彼らの問題意識は,民主主義の安定に寄与する政治文化はあるのか,そして,もしもあるとしたらどのようなものなのか,という点である。彼らは,公民教育で一般に強調されるような積極的参加を重視するタイプの文化ではなく,「混合型政治文化」としての「市民文化」が民主主義の安定につながると主張する。ここでの混合型政治文化とは,「参加 (participatory) 型」,「臣民 (subject) 型」,「未分化 (parochial) 型」という3つの政治文化の理念型が混在している状態を指す。参加型文化とは,政治過程におけるインプットとアウトプットの両方で積極的に参加する態度である。臣民型とはインプットにおいては意見をもたず参加を志向しないが,アウトプットにおいては知識をもち評価を下す態度を意味する。未分化型とは,インプットとアウトプットの両方に関し知識も意見ももたない態度を指す。アーモンドとヴァーバはアメリカ,イギリス,イタリア,ドイツ,メキシコにおけるサーベイ調査の分析結果から,アメリカとイギリスの政治文化が最も市民文化に近いと分析している。

---

(14)　実験手法の一般的な長所・短所については Druckman et al. (2006) を参照のこと。
(15)　Almond and Verba 1963=1974.

第7章 民主主義体制と政治文化

　アーモンドらの研究は重要なテーマに対し本格的な実証分析で切り込んだという点では貢献が大きいが，同時に多くの批判にもさらされた。例えば，彼らが定義する市民文化は概念として曖昧であり，測定においても恣意的である。また，その恣意性はアメリカ・イギリスに対する理想視から生じている。さらに，彼らは文化が民主主義の安定をもたらすと主張するが，逆の因果関係，すなわち，実際に体制が安定しているために人々が市民的な態度をもつようになると考えることも可能である，などである。[16]

　このような批判に加えて1970年代および1980年代には制度分析が流行したこともあって文化研究は下火になっていたが，1990年代以降に再び活況を呈するようになった。そのきっかけをつくった研究の1つが，1990年に出版されたロナルド・イングルハートの『カルチャーシフトと政治変動』である。[17]イングルハートは市民文化の構成要素として，アーモンドとヴァーバが採用した「他者への信頼」，「漸進的な社会変革への志向」などに加えて，「生活に対する満足」を挙げる。彼はこれらの総合指数としての「市民文化指数」を設定し，ヨーロッパ諸国22カ国に対しておこなわれたサーベイ調査（世界価値観調査）をもとに各国の市民文化指数を測定した。分析の結果は，経済発展のレベル（1人あたりGDP）が市民文化に影響し，それがさらに民主主義として存続する期間に影響を与える，というものであった。[18]要するに，イングルハートはアーモンドとヴァーバの議論は正しい，と主張したのである。

　しかし，イングルハートの研究も他の研究者たちからの厳しい批判にさらされた。例えば，エドワード・ミューラーとミッチェル・セリグソンは，市民文化が政治体制に影響を与えるのではなく，実際には逆の因果関係が成立していると批判した。[19]彼らは，イングルハートが使用したデータとほぼ同じものを利

---

(16)　Almond and Verba 1989.
(17)　Inglehart 1990=1993.
(18)　民主主義としての存続期間は，1900年から1986年の間にどの程度の期間民主主義であったかで測定している。イングルハートは市民文化に加え，第3次産業で雇用される労働者の割合もまた経済発展レベルに影響され，これもあわせて民主主義の存続期間を説明するとしている。ここで使用されている分析手法は共分散構造分析である。

用し，経済発展のレベルが民主主義体制の存続期間に影響を与え，これがさらに市民文化の程度に影響を及ぼすという統計モデルもまた，統計学的に意味のある結果となることを示した。ミューラーらはまた，イングルハートが使用した「民主主義の継続年数」ではなく，「民主主義的である程度」を説明の対象として統計分析をおこなったところ，[20] イングルハートの作成した市民文化指数はこれに影響を与えておらず，また，この指数の構成要素の1つである「漸進的な社会変革への志向」のみが民主主義の程度に影響を与えていると結論した。

イングルハートの研究とミューラーらの研究との対比から，いくつかのことがいえる。第1に，定義の説明の際にも述べたとおり，「市民文化」の測定は研究者ごとに異なって，また時には恣意的におこなわれる傾向がある。例えばイングルハートがその構成要素の1つとしている「生活に対する満足度」は政治態度とは関係がないといえるだろう。[21] 第2に，ミューラーらの研究から，市民文化の構成要素はそれぞれが異なる程度に民主主義の安定と関係があるのではないかということが示唆される。これは，市民文化という包括的な概念を使用するよりも，より具体的で分析射程の狭い構成要素に着目して，政治文化（の一部）とその帰結を分析したほうがよいのではないか，と敷衍できる。次項で検討する「信頼」という態度に特化した研究は，そのようなアプローチをとっている。

(2) 信頼（ソーシャル・キャピタル）と民主的ガバナンス

比較政治学において「信頼」が重要な研究テーマとなるきっかけは，1993年に出版されたロバート・パットナムの『哲学する民主主義』に負うところが大きい。[22] イタリアにおける州政府のパフォーマンスの違いを説明しようとするこ

---

(19) Muller and Seligson 1994.
(20) 彼らが使用したのは，フリーダムハウス指標である。同指標に関しては本書第5章（政治体制）を参照。
(21) イングルハートのその後の研究（Inglehart and Welzel 2005）では，市民文化の構成要素に自己表現と脱物質的な価値観を加えているが，これらの変更も恣意的といえるだろう。

の本のなかで，パットナムはソーシャル・キャピタル（信頼・規範・ネットワーク）の程度が高いほど（州）政府の政策立案・実施のパフォーマンスがよくなると主張した。なぜなら，人々の間で他者を信頼する態度が存在すると，互いにフリーライダーにはならないであろうという予測が生まれ，集合行為問題が解決されてコミュニティにおいて協力関係ができあがると考えられるからである[23]。

同書が大きく注目された理由として次の2点を挙げることができる。第1は，ガバナンスの良し悪しに影響する要因を提示したことで，世界銀行などの国際開発援助機関や各国の政策実務者の関心を集めることになった点である。ソーシャル・キャピタルという概念自体は社会学において1960年代から提示されていたが[24]，ここにきて「ガバナンス向上のためにはソーシャル・キャピタルの涵養が効果的である」という政策的含意が生まれたのである。第2は，研究設計が優れている点である。同書は1カ国におけるサブ・ナショナルな単位（ここでは州）を比較するデザインを採用している。これは，1カ国研究が陥りがちな記述のみの研究になるのではなく，また，多国間比較が陥りがちな「その他の要因」があまりにも違いすぎる対象を比較するのでもなく，ある程度共通の条件をもつ複数の分析単位を比較して因果関係を分析できる研究設計のスタイルとして先駆的であった。

脚光を浴びたパットナムの著作は，同時に多くの批判にもさらされた。そのなかの1つが，定義をめぐる曖昧さである。彼はソーシャル・キャピタルを，社会組織のもつ特徴としての「信頼・規範・ネットワークを指し，これらにより人々の間での協力関係が促され，社会の効率性を向上させるもの」と定義している[25]。この定義には，3つの異なる要素（信頼・規範・ネットワーク）が含まれているだけでなく，これらの要素がもたらすと期待される帰結（協力関係）

---

(22) Putnam 1993=2001.
(23) 集合行為問題については本書第2章（市民社会）を参照のこと。
(24) 社会学における概念定義の説明を含むソーシャル・キャピタル論の解説として，鹿毛（2002）を参照のこと。
(25) Putnam 1993, p. 167 = 2001, pp. 206-207.

までもが入っている。こうした射程の広い概念化は，パットナムの議論の妥当性を追試しようとする他の研究者達の間での混乱のもととなっている。

　このような経緯から，ソーシャル・キャピタルの構成要素を個々に分析しようという流れが生まれた。ここで検討する信頼という問題はその延長線上にある。では，信頼とはそもそもどのような意味で，どのように測定できるのだろうか。これについてはいまだに論争があるとはいえ，頻繁に引用される定義は，「利益の共有化」である。すなわち，AがBを信頼するとは，あるものごとに対するBの行動はAの利益のためにおこなっていると，Aが考えている状態である。比較政治学では，世界価値観調査などのサーベイ調査を利用し，「一般的に，ほとんどの人は信頼できると思いますか」という質問への答え方でどの程度回答者が信頼の態度をもっているかを測定することが多い。

　分析の結果，信頼がガバナンスを向上させるというパットナムの議論の妥当性には賛否両論がだされている。例えばスティーブン・ナックは，アメリカの州ごとの「政府パフォーマンス指標」を利用して，人々がもつ信頼の程度が高い州ほど州政府のパフォーマンスが良いことを示した。またエリック・アスレイナーによる多国間比較分析では，人々の間での低い信頼の程度は，高い汚職につながると結論している。一方で，因果関係は逆で，ガバナンスが信頼の程度に影響を与えるのだと結論づける研究も存在する。その中心的論者であるボー・ロスタインは，秩序維持のための政府機構（警察，軍，司法制度）がうまく機能することで信頼を生むと分析する。なぜなら，これらの機関が法を遵守

---

(26)　ソーシャル・キャピタル概念を細分化した形の考察は，他にも，本書第2章で検討している市民社会研究，および社会的ネットワーク研究（人々のもつ社会的つながりが政治的態度や参加にどう影響するか）と関連しながら発展している。後者の研究動向に関しては，Ward et al. (2011) を参照されたい。

(27)　Hardin 2002, p. 1.

(28)　世界価値観調査における英語での質問項目は以下のようなものである。"Generally speaking, would you say that most people can be trusted or that you need to be very careful in dealing with people?"（出所：http://www.worldvaluessurvey.org/，2013年1月20日アクセス）．

(29)　Knack 2002.

(30)　Uslaner 2002.

しない人々に制裁を与えることで「信頼に値しない」人々が社会から排除され，その結果一般的な信頼の態度が高まるからである。ロスタインらは世界価値観調査によるデータを分析し，このような関係が成立していると主張する。(31) また，ガバナンスと信頼の間には統計的に意味のある関係はない，とする研究もある。(32)

こうした相反する結果をうけ，最近では信頼という概念を細分化した研究が増加してきている。例えばケン・ニュートンとソンヤ・ズメーリは最近の世界価値観調査で新たに加えられた質問項目を利用し，身近な人に対する信頼，社会全体に対する信頼，政治制度に対する信頼の3つを区別し，それぞれがどのような関係にあるかを分析している。(33)彼らの研究では，身近な人に対する信頼が他のタイプの信頼の必要条件であるが，これが高いことが他のタイプの信頼には必ずしもつながってはいないことが示されている。政治制度への信頼をガバナンスがうまくいくことの近似値と読み替えると，この結果からは，ガバナンスが（身近な人への）信頼を生んでいるのではないことが示唆される。彼らが指摘するとおり，今後の信頼に関する研究では，身近な人への信頼に関する研究（例えば，それがどのようにして形成され，どのように他のタイプの信頼や政治的帰結と関連するのか）に焦点をあてることが重要であろう。

4　宗教と民主主義

(1) 宗教と政治をめぐる論争

宗教は，それが権威に対する態度に大きな影響を与えるとみなせることから，政治文化の一種として分析されることが多い。ここでの論点は，ある種の宗教は民主主義体制の安定や維持に対して良い（または悪い）影響を与えるの

---

(31) Rothetsin and Strolle 2008. 同様に，Delhey and Newton (2005) は「統治の質」指標を作成し，これが信頼の程度に影響を与えると分析する。
(32) Bjørnskov 2006.
(33) Newton and Zmerli 2011.

だろうか，という問題である。市民文化や信頼の場合とは異なり，逆の因果関係（民主化やガバナンスの向上が人々の改宗をもたらすという関係）は実際にはほとんどないと考えられる。以下では，プロテスタント，カトリック，イスラムという3つの主要な宗教（教派）に関して，それぞれどのような論争があるのかを紹介したうえで，実証的に分析をおこなった研究を検討してゆく。

3つのうちプロテスタントは民主主義と最も親和性が高いとみなされることが多い。このような意見の代表的論者が，マーティン゠シーモア・リプセットである。彼はその理由として，プロテスタントの教義が自己責任を重視すること，および国家と宗教の分離が他の主要宗教よりも進んでいることを挙げる。特に，国教とならなかった場合には「権威主義的でなく，権威から独立した自治があり，参加型である」と指摘している。[34]

これに対し，カトリックに対する評価は賛否両論ある。リプセットは，カトリックは歴史的に国家と結びつきが深く，教儀上権威主義的で，聖職者を頂点とするハイアラーキーが形成されているため，政治的平等を原則とする民主主義とは相容れないと主張する。[35] しかし一方で，ハンチントンが『第三の波』で指摘するように，民主化の推進力となった事実もある。1970年代以降の民主化では，世界のカトリック教会の頂点にたつローマ教皇庁が第2バチカン公会議において民主化の支持へと方向転換をおこない，これを契機にラテンアメリカやアジアの権威主義体制国で布教活動をしていた司祭たちが民主化を推進する指導的役割を担った。[36]

イスラム教の場合は，民主主義とは相容れないという論調が多数派のようである。その急先鋒となったのが，サミュエル・ハンチントンである。彼は『文明の衝突』において，イスラム世界の多くの国で民主主義が定着しない理由は「イスラム文化」にあると指摘する。[37] 他には，イスラム圏諸国では国家と宗教

---

(34) Lipset 1994, p. 5.
(35) Lipset 1994, p. 5
(36) Huntington 1991=1995. 具体的には，第2バチカン公会議（1962-1965年）が人権，民主主義，経済発展を教会の方針として決定したことを指している。カトリック教会と民主化の詳細はPhilpott (2007) を参照のこと。

の分離がしにくいこと,女性差別の慣習などが個人の平等を基本とする民主主義の確立を困難にしているという指摘もある。[38]

ここまでみてきた宗教と民主主義に関する研究は,印象論の域をでないものや,個別の(都合のよい)事例を列挙したにすぎないものもある。また教義のレベルだけでみれば,どのような宗教であれ,多かれ少なかれ民主的な部分と非民主的な部分をもっているとの指摘もなされている。[39]以下では,ある程度体系的な実証分析を伴った研究における分析結果を紹介する。

(2)実証分析

まず,宗教と政治体制との基本的な相関関係をみておこう。**表7-2**は2012年の世界各国のフリーダムハウスの指標と宗教の対応関係をまとめたものである。表中の「プロテスタント」,「カトリック」,「イスラム」は,それぞれの宗教が人口の多数派を占めていることを意味する。表からは,イスラム教徒が人口の過半数を占める国はほとんどが民主主義体制でない傾向がわかる。しかし,このような分析からイスラムと民主主義は相容れないという結論を下すには大きな問題がある。第1に,表7-2はある一時点のスナップショットを切り取っているだけで,時系列的な変化を反映していない。例えばここではカトリック国の多くが民主主義であるが,これらの国が民主化したのは1970年代以降のことで,1960年代にリプセットがカトリックは民主主義と相容れないと議論した頃には多くが権威主義であった。第2の問題は,他の要因が調整(コントロール)されていないことである。第6章(民主化)でみたように,民主化するかどうかは経済発展のレベルが大きく影響する。宗教と政治体制という2変量(変数)のみの相関では,実際には経済発展が問題であるのに宗教と政治の間に「みせかけの相関」が生じているかもしれないのである。

上記の問題に対処したうえで実証分析をしているのが,ウィリアム・クラー

---

(37) Huntington 1996, p. 29 = 1998, p. 31
(38) Fish 2002.
(39) Clark et al. 2013, pp. 229-235.

第Ⅱ部　政治体制

表7-2　3つの宗教と政治体制（2012年時点）

	自　由	半自由	非自由
プロテスタント	80.6%　(25)	19.3%　(6)	0%　(0)
カトリック	69.5%　(41)	20.3%　(12)	10.2%　(6)
イスラム	4.1%　(2)	42.9%　(21)	50.0%　(26)

（出所）2012年のフリーダムハウス指標と Quality of Government（QOG）データベース[40]の宗教人口データをもとに筆者作成。括弧内は国の数。

クらの研究である。[41] 彼らは，民主化する確率，および民主主義体制を維持する確率が宗教により違いがあるかどうかを1950年から2000年の期間を対象に199カ国のデータを用いて分析し，次のような結果を得た。

　イスラム教と民主化・民主主義体制の維持に関しては，経済発展の程度を調整すると，イスラム教国だからといって民主化する確率の低下や，民主主義体制の維持が難しくなるという統計学的に意味のある関係はみられない。彼らの統計モデルにおいては，1人あたりの GDP や GDP 成長率といった経済的要因を含めない場合はイスラム教国のほうが他の宗教を多数派とする国に比べ民主化する確率が低く，また民主化してもその体制を維持することが困難であった。しかしひとたび経済要因を加えると，そのような関係は統計学的には意味のないものとなる。これはすなわち，イスラム教諸国では貧しい国が多いために民主化や民主主義の維持が難しいのであって，宗教のせいとはいえないことを意味する。要するに，表7-2に示された関係は，見かけ上の相関ということになる。

　カトリック人口が多数派である国の場合では，経済要因を含めても含めなくても他の宗教と比べると民主化しやすいが，民主主義の維持という面では継続しにくい。これは，分析対象時期の1950年から2000年に，民主主義の崩壊が多くおこったラテンアメリカ諸国がカトリック国であるからだと考えられる。プ

---

(40)　フリーダムハウス指標については本書第5章（政治体制としての民主主義）参照。QOG データは以下を参照のこと。http://www.qog.pol.gu.se/（2013年1月10日アクセス）。
(41)　Clark et al. 2013, pp. 240-259.

ロテスタントが多数派を占める国の場合は、分析対象期間においてすでに民主化していた国がほとんどであるため統計学的に意味のある関係が分析できていないが、民主主義の維持に関しては権威主義に逆行した国がひとつもなく、プロテスタントが多数派を占めることは民主主義体制の存続にプラスに働くといえる。

　クラークらの研究は、イスラム教圏は民主主義と親和性がないというややステレオタイプ化された見解には実証的な妥当性がないことを示している。彼らの分析は分析対象期間が1950年から2000年と限定的であったり、イスラム教国であるかどうかを二分法という非常におおまかな形で測定していたりといった点で問題があるかもしれないが、宗教と政治体制を安易に結びつけることに対する警告として重要であろう。

　しかしその一方で、宗教と政治体制は関係がないと結論するのは早急にすぎるかもしれない。宗教の政治的影響は、理念や態度ではなく、例えば宗教的リーダーの行動や国家政策との関係など、別の経路を通じて存在しているかもしれないからである。この点に関連し、例えばロバート・ウッドベリーは、プロテスタントの宣教師が植民地で活動したことが宗教的教義の普及よりも教育程度の向上につながり、それが民主化に影響したと分析する[42]。今後、このような、宗教という要因がもちうる影響のメカニズムを明確にする研究が一層必要であろう。

5　政治文化研究の今後

　本章では、政治文化と政治体制の関係、特に民主主義体制の安定や運営との関連について、市民文化、信頼、宗教という3つの文化的側面から検討した。市民文化に関しては、それが民主主義の安定をもたらすかどうかについては1960年代から続く論争があるが、市民文化概念の定義が研究者によって異なっ

---

(42)　Woodberry 2012.

たり，また概念の射程が広くその測定が困難であることなどから，最近ではその構成要素のレベルでの実証分析に移行している。そのようなアプローチの1つである信頼という態度に関しては，それが民主主義ガバナンスを向上させるという分析結果と，その逆の関係を指摘するものの両方がだされている。信頼をタイプごとに分けた最近の研究では，身近な人に対する信頼がなければ政治制度に対する信頼ももちにくいという分析結果がでており，これは，このタイプの信頼が政治制度への信頼，ひいてはガバナンス向上に影響する方向での因果関係があることを示唆している。また，宗教に関しては，イスラム教国は民主主義体制とは相容れないというイメージが一般にもたれているかもしれないが，多くのイスラム教国がいまだに権威主義体制をとるのには経済的な貧しさが影響しており宗教とは関係がないことが，統計学上の分析では示されている。

　実証レベルで政治文化の研究知見を積み重ねていくためには，「文化」を分析概念（実証データで測定されるべき概念）とすることを止めて，単なる「分析テーマ」と捉えたうえで，より具体的な分析対象を設定し，細分化されたものを積み重ねていくことが望ましい。これが，最近の政治文化研究の潮流のようである。信頼という態度に焦点をあてた研究はそのような流れの一部分といえる。人々のもつ態度を実証的に測定するのは困難な作業であるが，サーベイ調査や実験の分析手法上の洗練により，今後さらなる研究知見の蓄積が進むと期待できる。

第8章

権威主義体制の持続

―本章の検討課題―
・権威主義体制の下位類型にはどのようなものがあるのか。
・権威主義体制が維持される要因には、どのようなものがあるのか。

1　独裁者の抱える2つの問題

　民主主義の時代といわれて久しいが、いまだに世界人口の約3分の1は権威主義体制のもとで暮らしている。旧共産主義諸国では、冷戦終結後に多くが民主化したとはいえ、一部の国（例えばロシア、アゼルバイジャン、ウズベキスタン、ベラルーシなど）は現在も権威主義のままである。アジアでは、1980年代から1990年代にかけてフィリピン、韓国、台湾、インドネシアなどが民主化する一方で、シンガポール、中国、北朝鮮、ベトナム、ミャンマーなどでは独裁が継続している。また、2010年から2012年におこった「アラブの春」で世界の耳目を集めた中東および北アフリカ地域においても、2014年現在の時点で明確に民主化の途上にあるといえるのはチュニジアのみであり、民衆の行動によって政権が倒れたエジプト、リビア、イエメンではいまだに不安定な状態が続いている。さらに、中東の産油国の多くでは盤石な王政が継続している。

　どのような要因により権威主義体制は長期化するのだろうか。これが本章の

---

(1) 本章では、権威主義体制（authoritarian regime）、権威主義（authoritarianism）、独裁（dictatorship/ autocracy）を言い換え可能な語として使用する。

検討課題である。権威主義の研究は，1970年代以降おこった「民主化の第3の波」に対する賞賛という陶酔が覚めた2000年頃から急速に発展した研究分野である。たとえば，アメリカのシンクタンクであるブルッキングス研究所研究員のトーマス・カローサーズは，2002年の論文において時がたてば権威主義体制が民主化するであろうという思い込みは捨て，権威主義体制そのものを理解すべきである，と主張している[2]。このような経緯から，新しいデータセットの構築を含め，ここ10年で権威主義体制に関する知見は飛躍的に増大している[3]。

権威主義体制の内実は多様であるが，その維持にあたって共通する課題が2つある[4]。第1が，政権内部での権力コントロール問題（以下，政権内コントロール問題）である。権威主義においては，競合的な選挙による政権交代が制度化されていないため，トップリーダーは常に政権内部のエリートからの政権転覆の脅威にさらされる。これが政権内コントロール問題である。この問題の解決に失敗した例が，1979年に韓国の朴正煕（パク・チョンヒ）大統領が腹心によって暗殺された事件や，チュニジアで1957年の独立以来独裁を敷いていたハビーブ・ブルギーバ大統領が1987年のベン・アリーによるクーデターで退陣させられた事件である。第2は，社会的コントロールの問題である。これは，権力から疎外された一般大衆が政権への挑戦をしないようにする，また反抗に対しては弾圧できるようコントロールするという課題である。これに失敗した例が，大衆の蜂起によって退陣したフィリピンのマルコス大統領やルーマニアのチャウセスク大統領である。

これら2つを独裁者の抱える基本的問題と設定すると，これらの問題を解決できている間は権威主義が維持されると言い換えることができる。では，どの

---

[2] Carothers 2002.
[3] 最近公開されたデータセットには，Archigos (http://www.rochester.edu/college/faculty/hgoemans/data.htm)，Autocratic Regimes Data (http://dictators.la.psu.edu/)，および Milan Svolik によるデータセット (http://publish.illinois.edu/msvolik/the-politics-of-authoritarian-rule/) がある（いずれも2014年1月10日アクセス）。
[4] この指摘はSvolik (2012) による。第2の政権内コントロール問題をスヴォリックは「権力共有 (power-sharing) 問題」としているが，日本語としてわかりやすくするため変更した。

ような要因がそれを可能にするのだろうか。本章では，政権内コントロール問題に関しては，権威主義体制の下位類型ごとに典型的な解決策があることを示したうえで，類型ごとの解決策の性質から権威主義体制がどの程度続くかを予測する。また，社会的コントロール問題に関しては，（1）国際的な民主化圧力，（2）「不労所得」としての天然資源，そして，（3）民主主義的な政治制度，の3つに焦点をあて，これらが社会的コントロール問題の解決に与える影響について検討する。

2　政権内コントロール問題

（1）権威主義体制の下位類型

本節では，権威主義体制の下位類型ごとに政権内コントロール問題の典型的な解決策が異なることを検討してゆくが，それにあたり，権威主義体制の下位類型にはどのようなものがあるのかを確認する。権威主義体制を分類する方法としては，ある程度競合的な選挙があるかどうかで分けるものと，リーダーの選出・罷免に対し影響力をもつ集団の特徴から分類するものがある。ここでは，後者をもとに分類をおこなう[5]。権威主義体制の頂点にたつリーダーを選ぶ集団を基準に権威主義体制を分類すると，図8-1が示すように，まず，王政，文民支配，軍政に分けられる。王政におけるリーダーは王室の家長であり，家族・親族にその地位を依存する。リーダーの交代は世襲によっておこなわれ，閣僚や政府の要職は同族のメンバーにより構成される。例えば，サウド家が支配するサウジアラビアがこの端的な例である。軍政では，通常，軍の将校がリーダーの選出・罷免をおこなう地位にある。執行府首長は彼らのなかから選ばれた軍人であり，また閣僚等の政府の重要職も軍人が占める。ラテンアメリカにおける権威主義体制の多くがこれに該当する。

文民支配型の権威主義体制では王族・軍人以外がリーダーとなるが，権力を

---

(5)　前者の分類方法をとって権威主義体制を分析しているものに，Levitsky and Way（2010），Schedler（2013）がある。

図 8-1　権威主義体制の下位類型

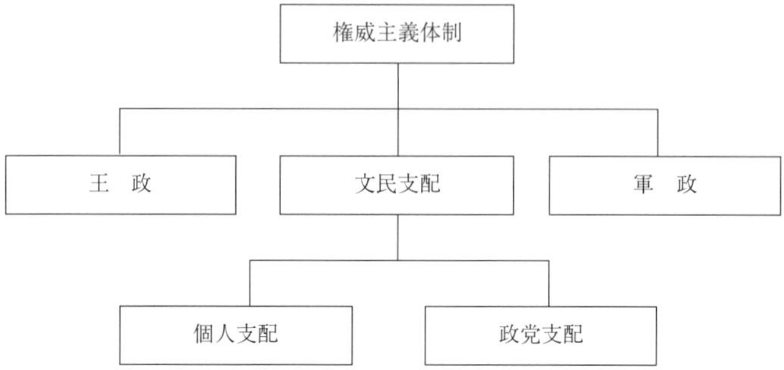

```
            権威主義体制
    ┌───────────┼───────────┐
   王　政      文民支配      軍　政
              ┌────┴────┐
           個人支配    政党支配
```

(出所) Clark et al. 2013, p. 365.

握るのが個人か政党かにより，個人支配型と政党支配型に分類できる。個人支配型の場合は，政権の頂点に位置する独裁者に権限が集中し，その選出・罷免に影響をもつ主体はそもそも存在しないか，あるいは非常に限られた範囲の集団となる。政党や軍を支持基盤としていても，これらの機関は独裁者個人のコントロールのもとにある。その例は，フィリピンのフェルディナンド・マルコス体制，北朝鮮の金正恩（キム・ジョンウン）体制，キューバのフィデル・カストロ体制などである。政党支配型では，1つの政党（または政党連合）が権力を握り，リーダーの選出・罷免は政党内で決定される。その例には，1949年以来現在まで共産党が支配する中国，1929年から2000年までの制度的革命党が政権をとっていた時代のメキシコなどがある。

　これらの下位類型でみた国の数は歴史的にどのように推移してきたのだろうか。図 8-2 は，第 2 次世界大戦後から2008年までの各年における 3 つのタイプの権威主義体制の数の上での推移を示している。政党型と個人支配型の分類はデータがないため，ここでは両者を文民型権威主義体制として 1 つのカテゴリーとした。図より，王政の数は戦後から最近までほぼ同程度で推移しているが，軍政と文民型権威主義体制は1960年代から1970年代にかけて増加した後，

---

(6) 新家産主義（patrimonialism），またはスルタン主義ともいわれる。

第8章 権威主義体制の持続

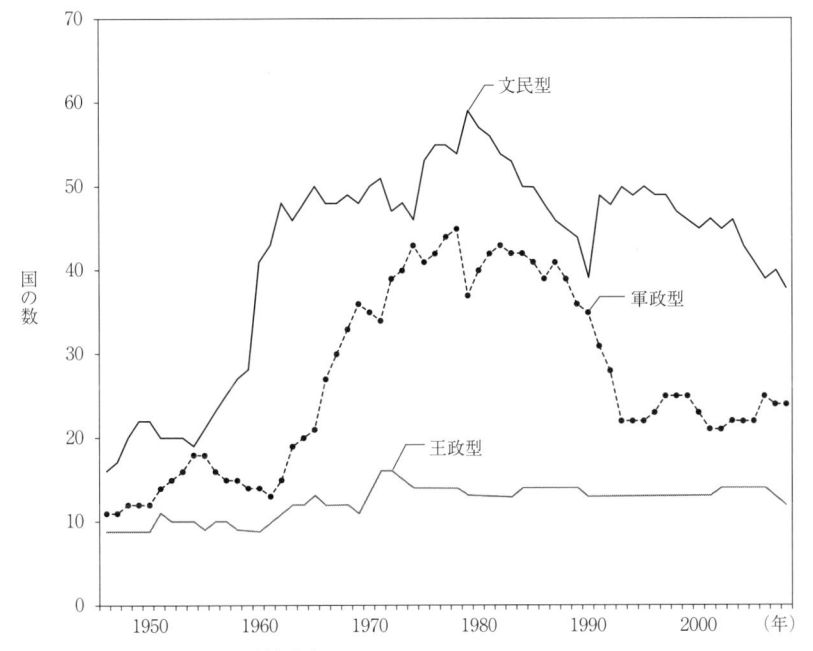

図8-2 権威主義体制をとる国の数の推移

(出所) Chiebub et al. 2010より筆者作成.

1980年代以降減少傾向にあることがわかる。またその減り方は軍政において著しい。データが一番新しい2008年の時点では、権威主義体制と分類されている体制は世界に74カ国あり、そのうちの約50％が文民政権、約32％が軍政、残りの約16％が王政である。

(2) 政権内コントロール問題の類型ごとの特徴と体制維持

　権威主義体制の4つの下位類型では、政権内コントロール問題に対する典型的な解決策が異なるため、その特徴から体制の継続期間をある程度予測することができる。それぞれの政権内コントロール問題解決策の特徴と、それらの特徴に伴って予測される持続期間とを**表8-1**にまとめた。以下この表に基づいて説明を加えてゆく。

143

表 8-1　政権内コントロール問題

類型	コントロール問題の解決策	予測される政権維持期間
政党支配型	政党による権力共有制度の構築	長期
王政	王族による権力共有制度の構築	長期
個人支配型	ライバルの粛正・個人的カリスマの誇示	やや短い（独裁者の死・民衆蜂起や外国介入による民主化まで継続）
軍政	そもそもコントロールをするインセンティブをもたない	短い（政治からの退出による終焉）

（出所）Geddes（1999），Svolik（2012），Wright and Escribà-Folch（2012）をもとに筆者作成。

①政党支配型権威主義体制

　政党支配型権威主義体制においては，支配政党の存在が政権内コントロール問題の解決に寄与する。支配政党が「クレディブルなパワーシェアリングの制度」として機能するからである。ここで「クレディブルな（信頼に足る）」という形容詞が伴うのは，パワーシェアリング（権力共有）が現時点での単なる国家資源のばらまきを意味するのではなく，将来における権力の共有を確からしいものにする制度という意味をもたせるためである。将来におけるパワーシェアリングが確からしいと政権内エリートにみなされない限り，政権内コントロール問題の解決は難しい。なぜなら，民主主義体制における司法府が果たす役割のような，エリート間の合意事項が反故にされた場合に制裁を加える第三者機関が，権威主義体制においては存在しないからである。このため政権内エリートは，独裁者が現時点だけでなく将来においても約束を守るであろうという見込みをもてない限り，クーデターをおこすインセンティブ（誘因）を抱く。この状況において，政党組織が安定的に運営されることで，政権内エリートは将来における権力の共有（閣僚ポストや次期の執行府首長ポストなど）がかなりの確からしさをもって予測できる。というのも，政党内での昇進ルールや共

---

(7)　Magaloni and Kricheli（2010）を参照のこと。
(8)　ここでの「クレディブル」はクレディブル・コミットメントの概念からきているが，これについては第6章（民主化）第4節を参照のこと。

同意思決定のシステムが将来にわたってもある程度守られると考えられるからである。このため，政権内の潜在的ライバルは独裁者の暗殺よりも政権内で忠誠を誓っているほうがよりましな選択だと考えるようになる。一方で独裁者は，その圧倒的権限によりこの制度を破壊することも可能ではあるが，それを実施すると政権内ライバルからのクーデターの脅威が高まるため，独裁者にとってもパワーシェアリングの制度を維持するほうが得策である。このように，独裁者，政権内エリート双方にとってパワーシェアリングの制度を維持するほうが得策となり，結果として政権内コントロール問題が解決される。

支配政党をパワーシェアリングの制度として捉える分析アプローチは，メキシコにおける制度的革命党（PRI）のもとでの権威主義体制を研究したベアトリス・マガロニによるところが大きい[9]。彼女によれば，1929年にPRIが政権を掌握した際に当時のカレーラス大統領が大統領の任期を1期6年に制限し，また大統領のもつ憲法上の権限を強大にならないよう設定したことなどがPRIのリーダーの間でのパワーシェアリングを可能にした。

マガロニと同様の議論を展開するミラン・スヴォリックは，毛沢東死後の中国における共産党をその事例として挙げる[10]。1982年に改正された中華人民共和国憲法には，党員は憲法を遵守することが明記され，毛沢東の個人独裁時代には形骸化していた党の意思決定機関が定期的に開かれて実質的な政策決定機関となった。また，この頃から政府要職における任期制限制度が設けられるようになった。

表8-1には示していないが，政党支配型の権威主義体制における持続期間の分析では，「一党支配型」と「ヘゲモニー政党支配型」との間での違いも指摘されている[11]。一党支配型の権威主義体制では実質的な野党勢力が存在しな

---

(9) Magaloni 2006.
(10) Svolik 2012, pp. 91-93. スヴォリックはまた，これらの制度の存在がパワーシェアリングにおけるコミットメント問題だけでなくモニタリング問題を解決することも強調している。
(11) Magaloni 2008. ここでの下位類型の呼称はMagaloni（2008）に従っている。Levitsky and Way（2010）では選挙のある権威主義体制を，さらにヘゲモニー型と競合的権威主義とに分類しているが，両者はマガロニの分類では同一のものとされている。

ため，選挙が存在していてもそれは名目上のものでしかなく，支配政党が議会において100％の議席をもつ。共産党支配下の中国やベトナムがその例である。ヘゲモニー政党支配型の権威主義体制では，選挙は民主主義体制でのように自由で競合的ではないものの，野党が参加する選挙がおこなわれる。選挙ではヘゲモニー政党が圧倒的に勝利するが，野党は1議席以上獲得できている体制を指す。メキシコでのPRI政権（1929年から2000年まで），シンガポールの人民行動党政権（1967年から現在）などがその例である。このうち，一党支配型の権威主義体制のほうがヘゲモニー政党支配型よりも長期化しやすいと予測できる。というのも，一党支配型では内部分裂がおこりにくいので，社会的なコントロールができている限り継続しやすいが，ヘゲモニー政党支配型では政権内部のエリートが野党に転出して挑戦し，それがヘゲモニー政党の大衆からの支持を次第に弱めることにつながりやすいからである。

②王政型権威主義体制

　王政では，政党支配型権威主義体制において政党の果たすパワーシェアリングの機能を王族という血縁集団が果たしている。ビクター・メナルドは，王政におけるパワーシェアリングは次のような形で安定的に運営されていると主張する。[12] まず，権力の座につける王族メンバーである「インサイダー」と，それ以外の「アウトサイダー」の間の境界は，王族の血縁関係を基準として明確であるため，インサイダーの地位は安定している。また，インサイダーの間では，王位継承のルールが確立している。例えばクウェートの王族は，サバー家の2つの分家が交代で王位につくことになっている。一部の王政では，サウジアラビアの諮問委員会（1993年から現在まで）の例のように，憲法において王位継承を決定する機関を設けている。これらの王位継承ルールの存在により，政権内エリートは将来の権力獲得を予測でき，独裁者（国王）は政権内部からの反乱を回避することができる。このため，王政型権威主義体制は王位継承が円

---

(12) Menaldo 2012.

滑に進む限り長期にわたって維持されやすいと予測できる。

③個人支配型権威主義体制

　個人支配型の権威主義体制は，政権奪取後の混乱状態においてリーダー集団のうちの1人が政権内部の潜在的な敵を粛正することに成功した結果成立する，とスヴォリックは主張する。その典型的な例が，ソビエト連邦で個人支配を敷いたヨシフ・スターリンである。1917年の革命直後には「名もない一党員」でしかなかったスターリンは，1930年代終わりまでには共産党における独裁者として君臨する。その過程において彼はまず党内の派閥リーダーを次々と失脚させ，続いて共産党と軍を自らの支配下においた。一般市民を巻き込んだ「大粛正」がおこなわれる頃には，1917年以前からの党員の97％は粛正されており，1939年以後，党の討論機関である大会と中央委員会はスターリンが1953年に死去するまでほとんど開催されなかった。スヴォリックは，中国の毛沢東，北朝鮮の金日成，イラクのサダム・フセインらも同様にライバルの粛正の末に個人支配を確立していった例であるとしている。

　個人支配型の権威主義体制では，政党などの政治制度が存在する場合もあるが，パワーシェアリングの装置としてはクレディブルになりにくい。なぜなら独裁者に強大な権限が集中しているからである。

　政治制度に代わってこのタイプの体制で政権内コントロールに寄与すると考えられるのが，独裁者の神格化や個人崇拝の儀礼である。例えば北朝鮮の金正日前総書記には，天候を変えることができ，また瞬間移動ができたという伝説がある。1992年から2006年の死去までトルクメニスタンの独裁者であったサパルムラト・ニヤゾフ大統領は，その著書『ルーフナーマ』をイスラム教の聖典クルアーンと同等に扱われるべき国民の必読書とし，街の至る所に大統領の肖像や銅像を設置した。このような情報操作は，一般大衆の間に政権への忠誠心

---

(13) Svolik 2012.
(14) Svolik 2012, p. 62.
(15) Geddes 1999, pp. 121-122.

を植え付けられるかもしれないという機能の他に、政権内の潜在的な反乱分子にクーデターをおこしても社会的な支持は得られないと予測する可能性を高めると考えられる[17]。というのも、独裁者の神格化や崇拝儀礼がたとえ多くの人に受け入れられていなくとも、政権の座を狙うエリートにとってはそれがどの程度なのかを推し量ることが難しくなるからである。このように、クーデターをおこした場合の成功確率を予測することが困難になるため、政権内エリートに独裁者への反抗をあきらめさせる効果をもつと推測できる。

個人支配型の権威主義体制では、いったん個人支配が確立されると、政権内部から生ずる脅威によって崩壊することはほとんどない、とスヴォリックは指摘する[18]。このタイプの体制が崩れるのは、外国からの介入によって独裁者が追放される場合（例えばイラクのフセイン、リビアのカダフィ）、国内の社会勢力の蜂起によって退陣させられる場合（例えばフィリピンのマルコス、ルーマニアのチャウセスク）、あるいは独裁者の自然死（例えばソ連のスターリン、中国の毛沢東）である。

④軍支配型権威主義体制

軍政では、パワーシェアリングの制度を形成するに至らない傾向があり、体制は短命に終わることが予測される[19]。バーバラ・ゲデスは、次にあげる軍組織の特徴からこのような推論をする[20]。第1に、そもそも軍は政権の座に長居するインセンティブが他のタイプの権威主義体制エリート（個人独裁、政党、王族）よりも低い。軍人の主な目的は、政府権限の掌握よりも、軍としての独立性や規律の維持や予算の確保などだからである。第2に、いったん政府権力を掌握

---

(16) ニヤゾフと金正日の逸話については、Clark et al. (2013, p. 362) を参照した。
(17) Marquez 2011 (http://abandonedfootnotes.blogspot.jp/2011/03/simple-model-of-cults-of-personality.html) を Clark et al. 2013, pp. 362-363において引用されている。ここでの指摘はマルケスの推測であり、厳密な実証分析を伴っているわけではない。
(18) Svolik 2012, p. 77.
(19) パワーシェアリングにある程度成功している軍政も存在する。ミャンマー、ブラジルでの軍政がその例である。
(20) Geddes 1999, pp. 122-123.

しても，軍にとっては「兵舎に帰る」という選択肢は他のタイプの権威主義体制エリートの権力放棄に比べると悪いものではない。というのも軍は武力をコントロールしているため，次に政権を握る集団との間で兵舎に戻った後もある程度の独立性を保てるよう交渉したうえでの退出をしやすいからである。

　ここまでの議論から，権威主義体制の下位類型別にみた体制維持の期間は，短いものから順に，軍政，個人支配，政党支配，王政と予測できる。これらの類型の維持期間の違いを左右する基本的な要因は，政権内コントロールの解決策，なかでも権力共有の制度が確立されている程度といえる。王政と政党支配の場合は，リーダーシップ交代と権力共有がそれぞれ血縁関係と政党を通じて安定して運営されている。個人支配の場合には，独裁者個人の恣意的な支配により政権内コントロール問題を解決しているので，制度化の程度は低い。軍政の場合は，軍のリーダーはそもそも長期的に政権の座につくインセンティブをもっていないことが多い。また，政党支配体制のうち，ヘゲモニー政党支配型のほうが一党支配型よりも短い傾向となることが予測できる。両方とも政党はパワーシェアリングの制度として機能しているが，後者は選挙競争にさらされていないため，番狂わせで野党が勝利することがないためである。

　これまで述べてきた類型ごとに予測される体制維持期間の違いは，単純な比較分析ではあるがその妥当性が支持されている。他の要因の影響を調整しない形で類型別の平均存続期間を比較すると，1946年から1998年の期間のデータベースでは，党支配型体制が22.7年，個人支配体制は15.1年，軍政は8.8年である。[21]また，1972年から2003年の期間を対象とする別のデータベースでみると，王政の平均継続期間は分析対象期間が短いにもかかわらず，他のどの類型よりも長い25.4年である。[22]これらから4つの下位類型の存続期間は実際のデータにおいてほぼ予測どおりといえる。また，一党支配型とヘゲモニー政党型の比較では，1972年から2003年の期間でみると前者は平均17.8年，後者は平均9.0年であり，こちらも予測に合致する。[23]

---

(21) Geddes 1999, p. 133.
(22) Hadenius and Teorell 2006, p. 14.

第Ⅱ部　政治体制

3　社会的コントロール問題

　権威主義体制で権力の頂点にたつリーダーが直面する第2の問題が，社会的コントロールである。これを解決する方法としては，一般市民の懐柔と弾圧の2種類があり，通常これらは相互排他的ではなく組み合わせて使用される。懐柔と弾圧のためのリソースや制度をより多くもつ権威主義体制ほど長く継続し，逆の場合は短命に終わることが予測される。ここで問題になるのが，具体的なリソースの基盤や制度は何か，である。以下では，(1) 国際的な民主化圧力，(2)「不労所得」としての天然資源，(3) 民主主義的な制度，の3つに焦点をあて，これらがどのように社会的コントロール問題の解決に影響を与えるか検討する。

(1) 国際的な民主化圧力（リンケージとレバレッジ）

　権威主義体制の存続と国際的な民主化圧力に関し，「リンケージ」と「レバレッジ」という概念を用いて検討しているのがスティーブン・レヴィツキとルカン・ウェイの研究である。[24] 彼らは権威主義体制を「競合的権威主義」と「閉鎖的権威主義」に分け，前者に的を絞った分析をしている。競合的権威主義体制とは，文民支配型の権威主義体制のうち，合法的な野党，定期的な選挙や議会など公式な民主主義の制度が存在する一方で，体制エリートが国家権限を利用して野党の活動を抑圧し，選挙不正を働いたりするタイプの権威主義体制を意味する。[25] 一方の閉鎖的権威主義では，ある程度競争的な選挙や合法的野党が存在しない。彼らは，競合的権威主義の場合は与党が選挙で負けるかもしれないという，将来に関するある程度の不確実性を有するため，独自の類型として

---

(23)　Hadenius and Teorell 2006, p. 14.
(24)　Levitsky and Way 2010.
(25)　Levitsky and Way, 2010, pp. 5-13. 競合的 (competitive) 権威主義とほぼ同様の概念に，選挙 (electoral) 権威主義がある (Schedler 2013)。

150

分析する必要があると主張する。また，競合的権威主義は冷戦後の時期に急増している。その主な理由は，東西のイデオロギー対立が終焉して以降，アメリカ，ヨーロッパ連合EU，国際機関などが諸外国に対して民主化を求める圧力をかけるようになったからである。冷戦期間中は，反共産主義を唱えていれば権威主義体制を敷く政権であっても西側陣営は支持していたため，閉鎖的権威主義体制をとることは国際的観点ではそれほど難しくはなかった。

　レヴィツキとウェイは，国際的な民主化の圧力を西欧民主主義諸国からのレバレッジ（挺子の作用）とリンケージ（つながり）という側面に分け，これらの程度の組み合わせから権威主義体制が維持される見込みを予測する[26]。レバレッジとは，一般的には，少ない投入物に対し非常に多くの効果を得ることを意味する。ここでは，外国からの民主化圧力に対して権威主義体制がどの程度影響を受けるかを指している。具体的には，レバレッジが低いのは，経済規模が大きく，石油を産出し，核兵器をもち，欧米ではなくロシアや中国からの援助を受けている国で，逆の場合にはレバレッジが高いとみなされる。レバレッジが高いと民主化圧力に屈しやすくなる。

　リンケージは，西欧との経済，政治，社会的なつながりを意味する。具体的には，貿易，投資，教育，旅行，情報などを通じた市民レベルでの西欧社会（アメリカおよびEU諸国）とのつながり，また西欧諸国が中心的なメンバーである国際機関の加盟国となることによる政府レベルでのつながりである。これらにおいて西欧との交流が高いほどリンケージが高いとみなされる。そのような場合，国内で民主主義を標榜する勢力が育ちやすくなり，また，権威主義のもとでの民主化勢力弾圧に対する国際的非難がおこりやすくなる。

　表8-2はレバレッジとリンケージの高低の組み合わせにより予測される，権威主義体制のあり方をまとめたものである。以下，象限ごとに簡単な解説を加えたい。第1象限に位置するレバレッジ，リンケージがともに高い権威主義

---

(26) 彼らは，これらの国際要因とあわせ，国家機構と与党の頑健性にも着目しているが，説明が煩雑になるのを避けるためこれらについては割愛した。また国際的なリンケージから権威主義の維持を分析するものに，国際選挙監視団の役割に注目するKelley（2012）がある。

表8-2 レバレッジとリンケージの組み合わせにより予測される効果と体制帰結

	高いリンケージ	低いリンケージ
高いレバレッジ	［Ｉ］ 効果：恒常的に強い民主化圧力 予測される体制：民主主義 例：東欧諸国	［Ⅱ］ 効果：選挙導入への強い圧力 予測される体制：不安定な権威主義 例：ケニア，グルジア
低いレバレッジ	［Ⅲ］ 効果：拡散的・間接的な民主化圧力 予測される体制：民主主義 例：台湾，メキシコ	［Ⅳ］ 効果：低い民主化圧力 予測される体制：安定した権威主義 例：ロシア

（出所）Levitsky and Way 2010, pp. 50-54より筆者作成。

体制は安定した民主主義に移行しやすい。この場合，西欧からの民主化圧力が効果的にかかり，また民主化推進勢力が育ちやすいだけでなく海外からの支援も得やすいからである。冷戦体制崩壊後に民主化した東欧諸国（アルバニア，クロアチア，セルビア，スロバキア，マケドニア，ルーマニア）がその例として挙げられる。これらの国は経済規模が比較的小さく，そのほとんどが産油国でも核兵器保有国でもないのでレバレッジが高く，またEUとのつながりが強いのでリンケージも高い。

　第2象限にある高いレバレッジと低いリンケージの組み合わせでは，不安定な権威主義体制，すなわち，独裁者が去ったとしてもその後に続く政権は民主的なものではなく，権威主義体制が継続する形になりやすい。この場合，西欧からの民主化圧力は複数の政党が競合する選挙の導入に主眼がおかれ，レバレッジの高さから実際にそのような選挙が実施されやすい。しかしリンケージが低いことから国内の民主化推進勢力が育たず，選挙で野党が勝利しても野党のリーダーは民主主義的な政治をおこなう圧力にさらされないため，民主化につながりにくい。例えばケニアでは，1963年の独立以来ケニア・アフリカ民族同盟による一党独裁が敷かれていたが，冷戦終結後に西欧からの圧力により複数の政党が競合する選挙が導入された。その後2002年の大統領選挙では民主党の候補が勝利したが，選挙不正や野党・ジャーナリストへの弾圧は継続し，第5章で検討したポリアーキーと呼べるような民主主義体制への移行とはならな

かった。

　第3象限の，リンケージは高いがレバレッジが低い場合は，権威主義リーダーは潜在的には民主化圧力を回避するための財政力や軍事・警察力をもっていても，国民の間で民主主義を望ましいとする価値観が高まり，また国際NGOによる民主化支援や国際メディアによる民主化運動の報道も頻繁におこなわれる。その結果，権威主義リーダーは国際世論の変化に敏感となり，民主化しやすい。1980年代後半から国際的非難回避のために政治的自由化が進み，1996年には直接選挙による大統領選を実施して民主化した台湾が，その例である。

　レバレッジ・リンケージが両方とも低い第4象限の場合では，そもそも民主化圧力が低く，また民主化圧力があったとしてもそれが効きにくいため，権威主義体制が持続しやすい。ソ連解体後から現在に至るまでのロシアがこの例にあたる。

　社会的コントロールの観点からレヴィツキとウェイの議論を捉えると，国際リンケージとレバレッジが低い場合には独裁者は社会的コントロール問題を解決しやすく，権威主義体制が維持されやすいといえる。

（2）不労所得としての天然資源

　不労所得（unearned income）とは，文字どおり，働かずして得られる収入を意味する。一般的に，このタイプの収入の多い権威主義体制は市民の懐柔と抑圧の両方をおこなうリソースが多いため，体制が維持されやすいと考えられる。ここでは，不労所得の具体例として，天然資源を取り上げる。[27]

　天然資源が豊富にあることで権威主義が持続しやすいという議論は「天然資源の呪い」論の1つとして知られている。[28] 天然資源からの政府収入は権威主義

---

(27) 天然資源の他には，国際援助，海外送金が不労所得の例として分析されている。これらについては，Morrison (2009)，Ahmed (2012) などを参照されたい。
(28) この他に「呪い (curse)」と考えられているものには，内戦，経済停滞がある。内戦に関しては本書の第4章（内戦）第3節第2項を参照。経済停滞に関してはAuty (1993) が先駆的な業績である。

体制における社会的コントロールの問題の解決のために使用できるので，権威主義を維持しやすくなると考えられる。

　天然資源のうち，特に石油産業のもたらす効果に関してマイケル・ロスは次のように議論している。彼によれば，天然資源の呪いがおこる前提となるのは，石油産業の国有化である。1950年代までは「セブンシスターズ」と呼ばれた国際石油会社7社が90％の石油採掘および貿易を支配していたが，1960年代および1970年代には多くの国で石油産業が国有化された。例えばリビアは1968年，アルジェリアは1972年，サウジアラビアは1976年に国有化をおこなっている。石油産業の国有化により，産油国の政府は莫大な利益を得ることになった。

　ロスは，次のようなメカニズムのために1970年代以降に石油産業を国有化した産油国では権威主義体制が維持されやすいと主張する。第1に，石油からの収入が国庫に入ることにより，政府は課税なくして「アメ」と「ムチ」を国民に与えることができる。アメとは，手厚い社会福祉（大学までの教育費の無料化，住宅や保健医療の無償提供，ほぼ無料に等しい価格での電気やガソリンの供給など）である。これらにより，市民が現体制に不満を抱くことを阻止できる。また，ムチとは，警察と軍に対して十分な予算を配分しての反体制運動の弾圧である。

　第2のメカニズムが，政府の情報公開が進まない点である。課税率が低いことで市民からの情報公開要求にさらされることなく国家機構を運営できるため，汚職のひどさと無能さについて市民が知る機会が減ってしまう。例えば，政府予算の透明性を国際比較した指数では，民主主義体制の場合には非産油国よりも産油国のほうが予算の情報公開度が高いが（43.3対56.5），権威主義体制では産油国の情報公開度は非産油国に比べて著しく低い（18.9対33.4）。また，

---

(29)　Ross 2012.
(30)　これ以前に国有化をおこなっていた国には，メキシコ（1938年），ソ連（1918年），アルゼンチン（1910年），ボリビア（1937年）などがある（Ross 2012, p. 37）。
(31)　ロスは「ムチ」の部分に関しては2012年の著作では言及していないが，2001年の論文において指摘している。

マスメディアに対する政府の弾圧においても，産油国の権威主義体制はおしなべて強い弾圧がおこなわれている。メディアの自由度を国際比較する指標では，民主主義では非産油国と産油国の平均がそれぞれ65.7と67.0とそれほど変わらないのに対し，権威主義の場合には，非産油国と産油国の平均は35.5と25.8であり，産油国においてメディアの自由度がきわめて低いことがわかる。[32]ロスによる多国間比較データを用いた統計分析では，他の要因（イスラム教国であることや経済発展レベル）を調整してもなお，政府収入に占める石油収入の割合が高い国ほど権威主義が継続する確率の高いことが示されている。[33]

(3) 民主主義的な政治制度

最近の権威主義体制では選挙，議会，政党といった民主主義的な制度をもつ場合が過半数を超える。[34]前節では政党の存在が体制内コントロール問題の解決に貢献すると分析した研究を紹介したが，政党をはじめ，選挙，議会は社会的コントロールにも役立っていると主張されている。

これらの制度の主な役割として，次の3つを挙げることができる。第1は，体制側の圧倒的な強さの誇示である。例えば，選挙をおこなうことで，与党の強さを野党および市民一般にみせつけることができる。権威主義体制下の選挙では，与党による選挙不正があからさまにおこなわれることが多いが，このような操作は潜在的な反体制勢力に対しては野党を形成する意欲を削ぐように作用すると分析されている。[35]

第2は，体制側が市民の情況を知るための情報取得機能である。野党が形成され選挙に参入すれば，体制に対して不満をもつ有権者がどの地域にどの程度

---

(32) Ross 2012, pp. 81-82.
(33) ロスによる2001年の有名な論文（Ross 2001）での結論に対し，権威主義体制と石油資源には関係がないとするハーバーとメナルドの論文（Haber and Menald 2011）がだされたが，ロスは2012年の著作において彼らの結論は統計手法上の操作によってだされたもので，実際には妥当ではないと論駁している。
(34) Gandhi 2008. これは，前節で説明した権威主義の下位類型すべてに共通する現象である。
(35) Magaloni 2006, Simpser 2013.

存在するのかがわかる。また議会での討論を通じ，社会においてどのような不満があるのかを知ることができ，不満に対して政策を通じた対応がとれる。[36]

第3の機能は，パトロネージ（公務員としての就職や公共事業の割当てなど）の提供による，潜在的反対勢力の懐柔である。体制エリートは与党のネットワークや選挙時のキャンペーンを通じて様々な便益を有権者に配分し，体制に対する不満を和らげる働きをもつ，と分析されている。[37]

これらの機能は主に個々の権威主義体制の事例を詳細に研究するなかでいわれているものであるが，さらに適用範囲を広げても妥当といえるだろうか。もし上記3点の機能が実際に働いているとしたら，議会・選挙・政党の存在する権威主義体制は，それらが存在しない体制よりも存続期間が長くなると予測できる。この予測が実際に妥当かどうかを1946年から2002年の期間の権威主義体制全体のデータから検証したジェニファー・ガンディは，これらの制度の存在が統計学的に意味のある程度には影響していないという分析結果を得ている。[38]このことは，権威主義体制下における制度の働きに関してまだまだ解明されるべき点が残されていることを示唆している。[39]

4　権威主義体制研究の今後

本章では，権威主義体制が維持される期間を説明する最近の理論を紹介してきた。それにあたり，体制の持続は，指導者が政権内コントロール問題と社会コントロール問題を解決することにより可能となると位置づけ，どのような場合にそれが可能かについて検討した。政権内コントロールに関しては，権威主

---

(36)　Magaloni 2006, Gandhi 2008, Blaydes 2011.
(37)　Magaloni 2006, Blaydes 2011.
(38)　Gandhi 2008. 一方で，彼女の分析結果では，民主主義の制度のある権威主義体制は，軍事支出がより低く，また経済成長においてもよりよいパフォーマンスとなっている。
(39)　例えば，制度の存在に加え，体制エリートが反体制派をどのように権力に取り込んだり，あるいは弾圧するかが反体制勢力の強さに影響するという Lust-Okar (2005)，野党の戦略や連合関係が重要だとする Howard and Roessler (2006) や Bunce and Wolchik (2010) などはこの点を検討するにあたり有用であるだろう。

義体制を個人支配型，政党支配型，王政型，軍支配型の下位類型に分け，それぞれの類型内における政権内コントロールのしやすさから，王政が最も長命であると予測され，次いで政党支配型，個人支配型，軍支配型が続くと分析した。また，単純な実証分析を用いてこの予測が妥当であることを示した。社会コントロール問題に関しては，国際的な民主化圧力に関するリンケージとレバレッジが低い場合，および天然資源などの不労所得が多い場合には体制が長期化しやすいとする研究を紹介した。民主主義的な政治制度に関しては，その存在が勢力の誇示，情報取得，パトロネージ提供などを通じて権威主義を長期化させることが事例研究などから解釈されてきたが，多国間データを用いた分析では予測は妥当ではなかった。権威主義体制下の選挙，政党，議会の役割を理解するには，より一層の研究が求められる。

　本章では十分検討できなかった課題に，権威主義体制の成立，言い換えると，民主主義体制が崩壊し権威主義体制に移行する現象の説明がある。これに関しては，サミュエル・ハンチントンによる『変革期社会の政治秩序』，ギジェルモ・オドンネルによる『近代化と官僚的権威主義体制』という古典的著作が1960年代，1970年代に出版されている。[40] 2000年代に入ってからは民主主義が崩壊する事例は非常に少なくなってきているが，民主主義体制の不安定化というレベルではたとえば2011年，2013年にタイにおいて発生しており，この問題は一部の国・地域ではいまだに現代的な検討課題である。

---

(40)　Huntington 1968=1972, O'Donnell 1973.

第Ⅲ部
民主主義の多様性

第9章

選挙制度

―本章の検討課題――
・選挙制度の違いは，どのような政治的帰結の違いを生むのか。
・選挙制度の選択は，どのような要因により影響を受けるのか。

1 選挙と民主主義

　選挙は，近代民主主義の要である。古代アテネの民主主義では市民が直接参加によって政策を決定していたが，近代以降の民主主義においては，政策の決定は主に選挙で選ばれた代表によっておこなわれる。選挙は市民にとって定期的に，かつ低コストで利用できる政治参加の手段であり，また政治家にとっては選挙で選ばれたことがその決定や行為に正統性を付与している。このような重要性から，民主主義を競合的な選挙と等値する見方さえある。[1]

　選挙に関する研究には多くの蓄積があるが，それらは大きく2つに分けることができる。すなわち，有権者に焦点をあてた投票行動（electoral behavior）研究と，選挙に関わるルールに焦点をあてた選挙制度（electoral system）研究である。本章では，後者の選挙制度について検討する。[2] 選挙制度は，後述するように様々な選挙関連のルールを含んでいるが，最も研究蓄積が進んでいるの

---

[1] そのような見方については，本書第5章（政治体制としての民主主義）におけるヨーゼフ・シュンペーターの民主主義体制の定義を参照。
[2] 投票行動研究に関する研究動向紹介としては，山田・飯田（2009）を参照されたい。

が，議席決定方式（electoral formula），すなわち小選挙区制，比例代表制などのルールであり，本章でもこれを中心に検討する。

議席決定方式に関する研究の論点は，主に2つある。第1は，議席決定方式の違いはどのような政治的帰結の違いをもたらすのか，そして第2は，議席決定方式の選択はどのような要因によるのか，という問題である。第1の論点については，代表の程度（第3節で詳述），政党の数，内閣の構成，再分配政策という政治的帰結に関する主な研究を紹介する。非常に多くの研究蓄積がある第1の論点に比べると，第2の論点は1990年代以降に本格的に分析されるようになった比較的新しい研究課題である。これに関しては主にヨーロッパの事例をもとに，どのような要因からで選挙制度の選択がなされるのかについて検討する。

以下では，まず第2節において選挙制度を説明し，さらに世界各国で採用されている議席決定方式の分布について確認する。第3節では議席決定方式の政治的帰結に関する研究を，第4節では議席決定方式の選択に関する研究を紹介してゆく。

2 世界の選挙制度

選挙制度とは，候補者および政党の間での選挙における競合を規制する一連の公的なルールである[3]。後述するように選挙制度の具体的なものは複数あるが，そのなかでも最も基本的かつ研究蓄積の厚いものが，議席決定方式である。これは，投票数を議席数に換算する際のルールを指しており，日本では小選挙区制や比例代表制がその具体例として知られている。世界各国で採用されている議席決定方式は多様であるが，アレンド・レイプハルトの分類に従えば，単純多数制および絶対多数制，比例代表制，そしてその中間形態といえる半比例制の3つに大きく分類できる[4]。図9-1にこの3分類に従った主な議席

---

[3] Cox 1997, p. 38.

第9章　選挙制度

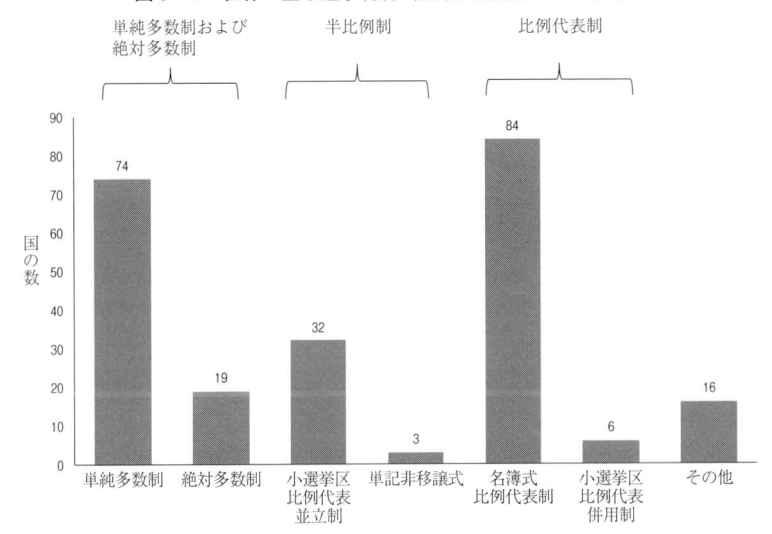

図9-1　世界の主な選挙制度（議席決定方式による分類）

単純多数制および絶対多数制 ｜ 半比例制 ｜ 比例代表制

- 単純多数制: 74
- 絶対多数制: 19
- 小選挙区比例代表並立制: 32
- 単記非移譲式: 3
- 名簿式比例代表制: 84
- 小選挙区比例代表併用制: 6
- その他: 16

（縦軸：国の数）

（注）二院制の場合は、下院議会選挙を対象としている。分類方法はLijphart 2012, p. 133（=2014, p. 113）に準じた。「その他」に含めた議席決定方式は、優先順位付投票制（5カ国）、単記移譲式（2カ国）、およびACE Projectにおいて「その他」とされたもの（9カ国）である。またACE Projectにおいて「情報不在」（9カ国）、「該当なし」（6カ国）とされたものは図に反映していない。
（出所）ACE Project (n.d.) をもとに筆者作成。

決定方式と、2014年時点における議会選挙のレベルでそれらを採用する国の数を示した。以下、それぞれどのようなルールなのかを簡単に解説する。

（1）単純多数制および絶対多数制（plurality/majority formulas）

この類型は、単純多数制と絶対多数制との2つの下位類型に分かれる。第1の単純多数制では、相対的に多数の票を獲得した候補者が当選する制度であ

---

(4) Lijphart 2012=2014. 単純多数制は相対多数制とも呼ばれる。この他の分類方法としては、例えばClark et al. (2013, Chapter 13) にあるように、多数決型（majoritarian）、混合型（mixed）、比例型（proportional）の3類型がある。
(5) 大統領選出にあたっての選挙制度については、本書第11章（執行府・議会関係）を参照されたい。

る。このルールのもとでは有権者が1票をもち，1つの選挙区から1人の候補が当選するものを小選挙区制と呼んでいる。現在ではほとんどの国の単純多数制は小選挙区制であるが，ここで小選挙区制という名称にならないのは，単純多数制は必ずしも1人区ではないからである。例えばモーリシャスにおいては，2人区および3人区の単純多数制を採用しており，有権者は2人区では2票，3人区では3票をもつ(7)。また過去には，1945年のイギリス下院選挙，1945年から1968年のアメリカとカナダの下院選挙の一部で2人区が存在していた(8)。2014年の時点で下院選挙において単純多数制を採用する国はアメリカ，カナダ，インドなど74カ国ある。

　第2の下位類型は絶対多数制である(9)。ここでは，第1回の投票でどの候補も過半数（絶対多数）を超える得票がない場合，上位2人の候補者の間で決選投票をおこなう。このような制度を採用しているフランスの下院（国民議会）選挙では，第1回の投票で当選するには過半数の得票を必要とし，ここでどの候補も過半数を獲得しなかった場合には，規定の得票率に満たなかった候補を除いて第2回選挙がおこなわれ，相対多数の得票で当選できる。現時点では19カ国の議会選挙においてこの方式が採用されている(10)。

（2）比例代表制

　第2の主な類型である比例代表制の基本的な特徴は，議席が得票率に比例して各政党に配分される点である。比例代表制においても，主に2つの下位類型がある(11)。その第1が，名簿式比例代表制である。ここでは，有権者は1票をも

---

(6) Lijphart（2012=2014）では，この類型におけるもう1つの下位類型としてオーストラリアなどで採用されている優先順位付投票制（alternative vote または preferential voting）を挙げているが，ここでは説明を割愛した。
(7) この投票方式は「ブロック投票制」と呼ばれることもあり，ACE Project データベースにおいても独立した類型となっているが，ここではレイプハルトの分類に従い単純多数制に含めた。
(8) Lijphart 2012, p. 138 = 2014, p. 118.
(9) より正確には，絶対多数・単純多数制（majority-plurality）または絶対多数・二回投票制（majority run-off）と呼ばれる。
(10) 大統領選挙においては，コロンビア，フランス，ポルトガルで絶対多数制が採用されている。

ち，複数の定員が設けられている選挙区において政党の名簿に対して投票する。得票を議席数に換算する計算方式は複数あるが，最も頻繁に使用されている方式がドント（D'Hont）式である[12]。名簿式比例代表制は大陸ヨーロッパ諸国の議会選挙において20世紀初頭から始まった制度であるが，2014年時点で名簿式比例代表制を採用する国は84ヵ国にのぼり，最も多くの国で採用されている議席決定方式である。

比例代表制の第2の下位類型は，小選挙区比例代表併用制である。この制度を最初に採用したのはドイツの下院選挙で，現在アルバニア，ニュージーランド，ベネズエラ，ボリビアなどで採用されている。ここでは有権者は2票もち，1票を小選挙区で候補者に対し投票し，もう1票を比例代表区において政党名簿に投票する。この併用制においては（後述する並立制とは異なり）比例代表区において各政党が獲得した得票の割合をもとに議席配分が決まる。そのうえで，各政党が獲得した議席は，小選挙区で勝利した候補者に対してまず与えられ，残りをその政党の政党名簿の上位に位置する候補者で埋めてゆく。この「2層式」は1層のみの名簿式比例代表制と同じ程度の得票と議席配分の比例性をもちながらも，名簿式比例代表制への批判としてよく挙げられる候補者個人と有権者との接触の欠如を，小選挙区層の存在により回避できるというメリットをもつ。その一方で，ある政党が選挙区層で得た議席数が比例区層で得た議席数よりも多い場合は，超過分が「超過議席」として配分されるため，議会の総定員数が選挙ごとに変動するという問題点も抱えている[13]。

（3）半比例制

第3の主な類型である半比例制には，小選挙区比例代表並立制と，単記非移

---

(11) この類型におけるもう1つの下位類型には，アイルランドやマルタの議会選挙で採用されている単記移譲式投票制があるが，ここでは説明を割愛した。
(12) 比例代表制における議席配分の計算方法詳細については，川人他（2011, pp. 117-118）を参照。
(13) 2013年の連邦法改正により，超過議席の発生しなかった政党には，発生した政党の議席増加分に見合う数の「調整議席」が追加配分されることになった。その結果，2013年下院選挙では議会議員定数598よりも32議席多い630議席が配分された。

譲式投票制（single non-transferable voting）とがある。前者では有権者は2票もち，1票を小選挙区において候補者に対し投票し，もう1票を比例代表区において政党名簿に対し投票する。票の議席への換算は，小選挙区比例代表併用制とは異なり，それぞれの層において別途おこなわれる。すなわち，小選挙区層においては相対多数の票を獲得した候補者が当選し，比例代表層においては政党ごとに獲得した票に比例して議席数が決まる。この選挙制度を採用している国は，1996年選挙以降の日本（衆議院），韓国，ウクライナなど32ヵ国にのぼる。[14]

単記非移譲式投票制は，日本では一般に中選挙区制と呼ばれる制度で，衆議院選挙では1993年まで使用されていた。ここでは有権者は1票をもち，3から5人程度を定員とする選挙区において候補者に対して投票する。当選するのは，単純多数制と同様に相対多数の票を得た定員の数の候補者である。これを「単記」と呼ぶのは有権者が1つしか選択肢をもたないため，また，「非移譲式」と呼ぶのは，候補者間での票の移譲がないためである。これと対比される移譲式投票制では，有権者は候補者に対し選好順に優先順位をつけて投票し，当選確実候補が当選に必要な割合よりも余分に得た票は優先順位に従って他の候補者に移譲される（この制度はアイルランド下院，マルタなどで採用されている）。単記非移譲式投票制を2014年時点の議会（下院）選挙で採用している国にはアフガニスタン，クウェート，バヌアツ，フィジーなどがある。

（4）議席決定方式以外の選挙制度

議席決定方式以外の重要な選挙制度としては，以下がある。[15]第1は，各選挙区から選ばれる当選者数を規定する「選挙区定数（district magnitude）」であ

---

(14) 日本の上院（参議院）選挙では，1983年選挙より「選挙区制」（小選挙区制と定数2から5の中選挙区制）と比例代表制をあわせた並立制が採用されている。
(15) ここでは，レイプハルト（Lijphart 2012=2014）が選挙制度として挙げているものを紹介している。ここで紹介しているもの以外でレイプハルトが挙げているものには，議会の総定員数，比例代表制における名簿協定がある。これらの詳細についてはLijphart（2012, Chapter 8 = 2014, 第8章）を参照されたい。

る。小選挙区制における選挙区定数は常に1であるが，比例代表制においてはその数は国により大きく異なる。例えばイスラエルでは全国を1つの選挙区とする比例代表制をとり，選挙区定数は120である。一方，チリの比例代表制では選挙区定数は2と非常に小さい。選挙区定数の数は，それが大きくなるほど少ない得票でも議席を獲得できやすくなるため，票の議席への換算が比例的になる効果をもつ。

　第2に，一定の得票率以上を獲得した政党にのみ議席を配分する「阻止条項」がある。これは，比例代表制において議席獲得に必要な最低限の得票割合を設定するもので，少数政党の乱立を避ける目的をもつ。その敷居値は国によって異なり，ほとんど効果がないとされているイスラエルでの1.5％から，小政党の活動にとって大きな阻害要因となるといわれるドイツやニュージーランドでの5％やトルコの10％まで様々である。

　第3に，選挙区ごとの有権者数がどの程度均等に割り当てられているかに関する「1票の格差 (malapportionment)」がある。これは，全国を1つの選挙区とする比例代表制では発生しないが，選挙区定数が小さくなるほど有権者数に比例した選挙区割りが困難になりやすい。選挙区ごとの有権者数が不均一になるほど，すなわち1票の格差の程度が高まるほど，得票率と議席率の比例性が低下する。

　これまでみてきたように選挙制度の具体的なものは多岐にわたるが，以下では議席決定方式に着目し，異なる議席決定方式を採用することがどのような政治的帰結の違いにつながるのかを検討してゆく。[16]

---

(16) 本章で取り上げる帰結は，代表の程度，政党数（政党システム），内閣構成，再分配政策の4つであるが，それ以外にも，比例代表制のほうが単純多数制よりも投票率が高く，女性議員が多く当選し，有権者の満足度が高くなる傾向がある（Norris 2004）。また，主に日本における自民党の研究を通じ，中選挙区制をとると大規模政党では1つの選挙区で複数の同政党の政治家が立候補するため，政治家個人を強調した選挙運動につながる傾向を生むことが知られている（Ramseyer and Rosenbluth 1993）。全体として留意されたいのは，これらは実証面での効果であり，選挙制度の優劣を議論するものではない点である。単純多数制と比例代表制それぞれの長所・短所に関しては，Clark et al. (2013, pp. 755-765) を参照されたい。

第Ⅲ部　民主主義の多様性

3　選挙制度の帰結

(1) 代表の程度（比例性）

　代表の程度とは，投票がどの程度議席配分に正確に反映されているかを意味する。言い換えると，ある政党の得票割合と議席獲得割合に乖離があれば，乖離した分の票は議席獲得に貢献しなかったという意味で「無駄」になり，「死票」とみなすことができる。この死票が多いことを指して代表の程度が低い，あるいは比例性が低いと形容する。

　小選挙区制のほうが比例代表制よりも代表の程度が低いことは，日本の衆議院選挙における小選挙区と比例区の得票率と議席率の乖離を比較することでわかる。先述のとおり，衆議院選挙は小選挙区比例代表並立制を採用しており，この制度のもとでは各議席決定方式の間での議席数の決定はそれぞれ独立しておこなわれる。**表 9-1** に，2012年衆議院選挙の結果を示した。表の「(1)-(2)の絶対値」の列にある数値が，政党ごとにみた得票率と議席率の乖離の程度を示している。表より，小選挙区においては比例代表区に比べて得票率と議席率の乖離がおしなべて大きいことがわかる。すなわち，比例代表制のほうが小選挙区制に比べると死票が少なく，代表の程度が高いといえる。また，表 9-1 は，小選挙区制は大規模政党に特に有利に働くことを示唆している。小選挙区層では，大政党である自民党は約43％の得票で80％の議席を得ている一方で，小規模政党である共産党は 8 ％の得票がありながら 1 議席も獲得していない。一方で比例代表層では，大政党における乖離の程度はそれほど突出していない。自民党は約28％の得票で32％の議席を獲得しており，乖離の程度は 4 ％程度にとどまっている。

　表 9-1 の例は政党ごとにみた得票率と議席率の乖離の程度であったが，これを政党システム全体で計算するにはどのようにしたらよいであろうか。政党ごとの乖離の程度をそのまま足すのは妥当ではない。なぜなら，小政党の乖離をより大きくカウントするため，実態を反映しないという問題がでるためであ

第9章 選挙制度

表9-1 2012年衆議院選挙における政党別得票数と議席数の乖離

	小選挙区			比例代表区		
	得票率(1)	議席率(2)	(1)-(2)の絶対値	得票率(1)	議席率(2)	(1)-(2)の絶対値
自 民	43.0	79.0(237)	36.0	27.6	31.7(57)	4.1
民 主	22.8	9.0(27)	13.8	16.0	16.7(30)	0.7
維 新	11.6	4.7(14)	6.9	20.4	22.2(40)	1.8
公 明	1.5	3.0(9)	1.5	11.8	12.2(22)	0.4
みんな	4.7	1.3(4)	3.4	8.7	7.8(14)	0.9
未 来	5.0	0.7(2)	4.3	5.7	3.9(7)	1.8
共 産	7.9	0.0(0)	7.9	6.1	4.4(8)	1.7
その他	3.5	2.3(7)	1.2	3.6	1.1(2)	2.5
合 計	100	100(300)	—	100*	100(180)	—

(注) 括弧内は議席数を示す。割合の小数点2桁以下は四捨五入した。*小数点2桁以下を四捨五入したため表内の数値の合計では100となっていない。
(出所) http://www.soumu.go.jp/senkyo/senkyo_s/data/ より筆者作成。

る。この問題をある程度克服した計算方式が，マイケル・ギャラガーの提案した「非比例性指数」である。これは大政党における乖離の程度と，小政党における乖離の程度とをそれぞれの規模に応じて調整した指数である。同指数の値が大きいほど，一国全体でみた得票率と議席率の乖離が高いことを意味する。

表9-2では，ギャラガーの非比例制指数と選挙制度(議席決定方式と選挙区定数)，および次項以降で検討する数値である有効政党数と単独内閣の割合を示した。対象としているのは主な先進国であり，いずれも1945年から2010年までの平均である。

表9-2における議席決定方式と非比例性指数をあわせて検討すると，単純多数制をとる国はおしなべて非比例制指数が高く，半比例性をとる国がそれに続き，比例代表制をとる国では比較的非比例制指数が低いことがわかる。この

---

(17) ギャラガー指数の計算式は以下のとおりである。$D = \sqrt{\dfrac{1}{2} \sum (v_i - s_i)^2}$．$v_i$ は i 番目の政党の得票率，s_i は i 番目の政党の議席率を示す (Gallaghar 1991)。

表9-2 主な国の議席決定方式，非比例性指数，選挙区定数，有効政党数，一党単独内閣の割合（1945-2010年の平均）

国	議席決定方式	非比例性指数	選挙区定数[b]	有効政党数[c]	一党単独内閣の割合
アメリカ*	単純多数制	14.3	1.0	2.4	89.2
イギリス	単純多数制	11.7	1.0	2.2	99.8
カナダ	単純多数制	11.6	1.0	2.5	100.0
インド	単純多数制	9.6	1.0	4.8	24.0
日本	半比例制[a]	7.0	3.1	3.6	37.8
ドイツ	比例代表制	2.7	8.0	3.1	1.3
スイス	比例代表制	2.6	9.0	5.2	0.0
オランダ	比例代表制	1.2	67.3	4.9	0.0

（出所）選挙区定数以外は Lijphart 2012，選挙区定数については Beck et al. (2001) より筆者作成。
（注） a）1947年から1993年までは中選挙区制，1996年選挙以降は小選挙区比例代表並立制を採用；b）単純多数制（小選挙区制）をとる国以外については，Beck et al. (2001) をもとにアップデートされたデータベースより，1975年から2010年の期間の選挙区定数の中央地を平均して算出；c）有効政党数は議席率をもとに計算。*は大統領制を示す。割合の小数点2桁以下は四捨五入した。

指数の値が低いほど得票率と議席率の乖離が小さく，有権者の意思がよりよく代表されているといえるので，代表の程度は高くなる。また，比例代表制をとる国どうしを比べると，選挙区定数の大きい制度（表9-2ではオランダ）のほうが非比例性指数が低くなる傾向のあることがうかがえる。これらの非比例性指数（代表の程度）の違いは，選挙制度そのものが生む違いに起因するところが大きい。

（2）政党の数

次に検討するのは議席決定方式が政党の数に与える影響であるが，その際に知っておくべきものが「有効政党数（effective number of political parties）指数」である。例えば，ある国では2つの大規模政党と10の泡沫政党が存在するとし

---

(18) 有効政党数指数は M. ラークソと R. タゲペラが開発したことからラークソ・タゲペラ指数とも呼ばれる（Laakso and Taagepera 1979）。「政党」と「政党システム」の概念については本書第10章で解説している。

よう。政党の数のみを数えると、この国には12の政党があるが、実際に政治過程で影響力をもつのは2政党のみなので、この国を12の政党が競合する多党制と特徴づけることは実態を反映しているとはいえない。このような問題を解消し、各政党の相対的な規模を考慮に入れて政党数を測定する指標が、有効政党数指数である。他にも同様の目的をもつ指標は存在するが、比較政治学で最も頻繁に使用されるのがこの指数といえる。[19]

有効政党数指数（N）は、以下の式で算出される。

$$N = \frac{1}{\sum v_i^2}$$

v_i は i 番目の政党の得票割合または議席割合を示す。例えば2つの政党がそれぞれ45％の得票があり、残りの10％を2つの小政党が5％ずつ分け合っている場合、Nの値は約2.4となる。[20] 政党の数だけを足した場合には4つの政党が競合していることになるが、実態は二大政党による競合なので、2.4という有効政党数は実態をよりよくあらわしているといえる。以下の分析では、有効政党数指数を用いて議席決定方式と政党数との関係を検討する。

議席決定方式と政党数との間の因果関係を最初に定式化したのが、1950年代および1960年代に活躍したフランスの社会学者、モーリス・デュベルジェである。[21]「デュベルジェの法則」として知られるのは、（小選挙区）単純多数制は二大政党制をもたらす一方で、比例代表制は多党制になりやすい、という傾向である。デュベルジェによれば、2つのメカニズムからこのような傾向が生まれる。第1は、機械的効果（mechanical effect）と呼ばれるもので、これは前項でみた議席決定方式が生む非比例性に相当する。すなわち、小選挙区制においては、相対的に多数の票を獲得した第1位候補のみが当選するため死票が多くなり、特に小政党の議席獲得を困難にする。一方、比例代表制ではこのような機械的効果による小政党の議席獲得を阻害する程度が低いため、小政党が存続し

---

(19) この他には、Molinar (1991) がある。
(20) $N = 1/((0.45)^2 + (0.45)^2 + (0.05)^2 + (0.05)^2)$
(21) Duverger 1954.

やすい。

　第2は，有権者のもつ心理的効果（psychological effect）である。これは，有権者は自らの票が選挙結果に影響を与えないと予測される投票先は選ぼうとしないため，当選可能性の全くない政党・候補者をもともとは好ましいと思っていたとしても，当選可能性のある政党・候補者に投票先を鞍替えするというメカニズムである。このような投票先の選択は「戦略投票（strategic voting）」と呼ばれている。

　有権者が戦略投票をするという前提にたつと，小選挙区制の場合では，当選できる候補者は1人であるため，当選圏内にいる候補者は支持率上位の2人に限られる。すると第3位以下の候補者は当選圏内にはいないとみなされるので，これらの候補者を潜在的に支持する有権者は，第1位または第2位の候補に投票先を変更すると考えられる。その結果，小選挙区制では2つの大政党のみが生き残ることになり，二大政党制が形成されやすい。一方，比例代表制では小政党であっても議席獲得が比較的容易であるのでこのような心理的要因が働かないために小政党の生き残りが可能となり，結果として多党制が形成されやすい。

　デュベルジェの法則は小選挙区制と比例代表制の対比を念頭においていたが，これを他の議席決定方式（例えば中選挙区制など）をも含めた一般的な形で理論化したのがギャリー・コックスによるM＋1（エムプラスワン）ルールである。[22]ここでのMは，選挙区「定数（magnitude）」の頭文字を意味する。M＋1ルールとは，ある一定の条件を満たした場合，政治過程において意味のある候補者（政党）の数は選挙区定数Mに1を加えた数が上限となる，という理論的予測である。[23]これは，デュベルジェの法則における有権者の戦略投票と，それを見越した政治エリート間での調整（候補者の参入取り消し）の結果として演繹的に予測される。M＋1ルールに則ると，例えば中選挙区制で3人区の場合

---

(22) Cox 1997.
(23) ここで必要とされる条件としては，有権者は長期的視点で投票しない，政党は有権者全体の選好に関する完全情報をもつ，有権者は容易に選択肢を変更できる，などがある。

第9章 選挙制度

には当選見込みのある候補者は4人，4人区の場合には5人となる。[24]

　議席決定方式（および選挙区定数）が有効政党数に影響を与えることは，表9−2においても示唆されている。表より，選挙区定数1の単純多数制（小選挙区制）をとる国のほとんどが二大政党制に近く，また比例代表制をとる国のほとんどが有効政党数3以上の多党制となっていることがわかる。ここから，デュベルジェの法則およびM＋1ルールは，全体の傾向としてはおおむね妥当であるといえる。

　また，コックスの研究は，デュベルジェが曖昧にしていた，選挙区レベルと全国レベルの政党数の区別を明確にした点でも重要である。デュベルジェの議論では，選挙区レベルの政党競合は全国のどの選挙区においても同じであると想定されており，理論的にも実際のデータ分析上でもどう区別されるべきなのかが曖昧であった。これに対しコックスは，デュベルジェの法則及びM＋1ルールが適用できるのは選挙区レベルでの政党数の予測のみであり，各選挙区の結果を集計した全国レベルの政党数ではない，という点を明確にしたのである。

　この点を反映しているのが，表9−2におけるインドの有効政党数である。インドの下院選挙は小選挙区制をとるため，デュベルジェの法則に則れば二大政党制が予測されるが，実際には4.8という高い値を示している。これは，選挙区レベルではほとんどの選挙区で二大政党が競合しているが[25]，各選挙区で参入する政党がその地方のみに存在する地方政党であることが多いため，全国レベルで集計をすると多くの有力政党が存在する状態になるからである。インドは，デュベルジェの法則はあくまでも選挙区レベルの理論であることを示す事

---

(24)　コックスによるM＋1ルールの数理モデル化に先駆け，Reed（1990）は実証的にM＋1ルールの存在を指摘した。彼は戦後日本の選挙結果データを用い，1950年代から1960年代にかけ衆議院の中選挙区制において有効候補者数が徐々にM＋1に収斂していったことを明らかにしている。また，Kohno（1992）は自民党の派閥の数を選挙区定数がもたらす制約の観点から説明している。
(25)　実際の統計では，1960年代から1990年代にかけての選挙区レベルの平均有効政党数は約2.5である（Chhibber and Kollman 2004）。同書は選挙区レベルと全国レベルでの政党競合の相似の程度がなぜ国によって異なるかを比較分析した，先駆的著作としても重要である。

173

例である。

(3) 内閣の構成および再分配政策

議席決定方式の違いは，内閣を構成する政党の数にも影響を与える。すなわち，1党ですべての閣僚ポストを構成する単独内閣か，複数の政党による連立内閣になるかの違いである。小選挙区制では二大政党制になりやすいため，二大政党のうちどちらかが単独で内閣を形成する一党単独内閣が形成されやすい。一方，比例代表制においては多党化しやすいため，議会で多数派を形成するにあたって複数の政党が閣僚ポストを共有する連立内閣が形成されやすい傾向がある。

表9-2の最後の列には，戦後から2010年までの期間に主な国において一党単独内閣が形成された割合が示されているが，単純多数制の国ではほぼ常に一党単独内閣が形成され，比例代表制の国では一党単独内閣になることは非常に少ないことがわかる。例えばイギリスでは2010年に保守党が自由民主党と連立して内閣を形成した以外は，戦後のすべての内閣が保守党または労働党により単独で組まれていた。また，スイスでは「魔法の公式（magic formula）」と呼ばれる政党間での閣僚配分比率に関する暗黙の了解があり，戦後から2014年時点まで一党単独内閣が一度も組まれたことがない。これらは，おおむね予測のとおりであるといえる。

さらに，比例代表制のもとで連立内閣が形成されやすいことは，福祉や教育などの再分配政策に影響を与えるとの分析がある。トーベン・アイバーセンとデイヴィッド・サスキスは，比例代表制では多党制となりやすく，この傾向が左派政党の連立内閣に参加する確率を高める傾向につながり，その結果として再分配型の政策をとりやすいことを先進諸国18カ国の戦後から1990年代までのデータを対象に示している。[26]また，同様の主張をしているトーステン・ペルソンらの分析では，他の要因の効果を調整してはいないものの，議院内閣制をと

---

(26) Iversen and Soskice 2006.

る50カ国の1990年代を平均すると，単純多数・絶対多数制をとる国のほうが比例代表制をとる国よりも GDP に占める政府支出の割合が約10％低いと報告している。[27] 要するに，比例代表制をとる国は「大きな政府」となる傾向があることを複数の研究が実証的に示している。

　比例代表制をとる国で再分配が進む理由として，アイバーセンとサスキスは数理モデルを利用して以下のように説明する。彼らのモデルでは，有権者の集団としてそれぞれ同じ規模の高所得層，中所得層，低所得層が設定されている。高所得層はゼロ税率，ゼロ再配分を好ましいと思い，中所得層は高所得層に課税し中所得層と低所得層で再配分することを好む。低所得層は高所得層と中所得層に課税し，低所得層で配分することを望む。小選挙区制の場合は二大政党制になりやすいので，有権者の投票先は中道右派政党と中道左派政党の2つの場合が多い。このとき，高所得層は彼らの選好に近い政策をとる中道右派に，低所得層は自らの選好に近い政策をとる中道左派政党に投票する。中所得層にとっては，彼らの選好そのものを代表している政党は存在しないが，中道右派政党に投票したほうが課税が少なくなるので，彼らにとってはより好ましい政策となる。その結果，二大政党制では中道右派政党による単独内閣が形成されやすく，さらに，右派政党は一般に「小さな政府」をめざすので，再分配が進みにくい。

　比例代表制の場合は，高所得層，中所得層，低所得層はそれぞれの選好を代表する政党（右派，中道，左派政党）に投票する。この際，内閣を形成するには政党連立が必要になるが，これは中道政党が左派・右派どちらの政党と連立するかによって決まる。中道政党が左派政党と連立した場合は，高所得層と中所得層に課税し中所得層と低所得層に配分される政策が採用されるが，右派政党と連立した場合には，3つの集団それぞれに課税し，それぞれに再分配される政策がとられる。この場合，中道政党にとっては左派と連立したほうが支持基盤の有権者の利益をよりよく代表できるため，左派との連立を選ぶ。このよう

---

(27) Persson et al. 2007 p. 21. 1990年から1998年の期間では平均で単純多数・絶対多数制をとる国は25.9％，比例代表制の国は35.1％である。

第Ⅲ部　民主主義の多様性

な理論的基盤のもと，比例代表制では中道左派連立政権が成立しやすく，それが政府による再分配政策の実施につながる，というのがアイバーセンとサスキスの説明である。

4　選挙制度の選択

本章ではこれまで，ある国における選挙制度はすでに存在するもの（所与のもの）として，それがどのような影響をもつかについての研究を紹介してきた。本節では，選挙制度自体がどのような要因により決まるのかについて検討する。選挙制度の与える影響に関する研究に比べると，選挙制度の選択を説明しようとする研究は非常に少ない。その理由の1つが，選挙制度の選択（変化）は頻繁にはおこらない現象であることによる，観察対象の少なさである。だが1990年代以降に日本，イタリア，ニュージーランドなどにおいて選挙制度改革がおこったことや，「民主化の第3の波」で民主化した国々が選挙制度選択の問題に直面したことを契機に，選挙制度の選択を説明しようとする研究が最近増加している。

選挙制度の選択に関し，西欧諸国の事例を分析しているのがカルラス・ボイシュの研究である。[28] 19世紀末から20世紀初頭にかけ，なぜ一部の国は単純多数制を維持し，別の国では比例代表制に移行したのか，という問いを彼はたてる。この分岐は主に普通選挙導入に際しておこっており，単純多数制を維持した国にはアメリカ，イギリス，カナダ，オーストラリア，ニュージーランドがある。一方で，ドイツ，スイス，ベルギー，スカンジナビア諸国は比例代表制に移行した。

このような差異を説明するにあたり，選挙制度の選択（変更）は，選択時点

---

(28) Boix 1999. 彼の分析はその後，経済要因（労使協調型経済）が比例代表制への移行を生んだのだとする反駁（Cusack, Iversen, and Soskice 2007）にあった。続いて，ボイシュ説を支持する結論となっているKreuzer（2010）の歴史分析，そして，Cusack, Iversen, Soskice（2010）によるさらなる反論を経て，ドイツの選挙区レベルのデータを用いた分析であるLeemann and Mares（2012）では，再度ボイシュ説が妥当であるとの結論がでている。

における政治エリート，特に政権党が将来における権力維持を見込められるかどうかによる，とボイシュは主張する。普通選挙権導入とはすなわち，多数の労働者が有権者として新規に加わることを意味していた。ここで，普通選挙権導入の時期に労働者を基盤として社会主義を標榜する政党（社会主義政党）の勢力が弱いとみなされていた場合，あるいは，既存の保守政党が連合して社会主義政党に対抗し権力維持ができると予測された場合には，単純多数制が維持されやすい。具体的には，前者の例がアメリカやカナダである。これらの国では社会主義勢力が弱く，単純多数制を維持した。また後者の例が，イギリスである。イギリスでは19世紀後半まで保守党と自由党という保守主義の政党による二大政党政治が敷かれていたが，19世紀の終わりに保守党に自由党の一部が合流し，さらに1915年には自由党・保守党の連立政権が成立した。社会主義勢力は1900年に労働党を設立したが，連合した保守勢力はこれに十分対抗できると予測し，その結果として選挙制度は単純多数制のまま維持された，とボイシュは分析する。その後1928年に普通選挙が導入され翌年1929年には労働党が政権党となるが，現在に至るまで保守党と労働党は単純多数制のもとで政権党の座を交代で担っている。

　比例代表制が選択されるのは，普通選挙権導入の時期に社会主義政党の勢力が強く，かつ，イギリスでおこったような保守主義政党どうしの連合が困難な場合である。既存の保守主義政党の立場からすると，このような状況下で単純多数制のままでいることは，社会主義政党による政権を長期化させると予測できる。一方で，比例代表制に変更すれば小規模の政党でも生き残ることができ，また保守主義政党どうしが連立を組んで政権の座を獲得することも可能であると考えられる。このような状況で比例代表制に移行したのがデンマークやスウェーデンの例である。ボイシュがおこなった1875年から1990年までの西欧諸国を対象とした統計分析において，この主張は支持されている。[29]

　政党エリートの勢力維持予測以外にも，選挙制度の選択を左右する要因がい

---

(29)　1990年代の選挙制度改革の分析として Colomer（2004），Renwick（2010）を参照のこと。

第Ⅲ部　民主主義の多様性

くつか指摘されている。その1つが，外国からの影響である。例えばアフリカにおいて単純多数制（小選挙区制）を採用するのはほとんどがイギリスの植民地だった国であり，フランス第5共和政の選挙制度である単純多数・二回投票制を採用するのはマリや中央アフリカ共和国などの旧フランス領，そして比例代表制を採用するのはポルトガル領であったケープベルデ，イタリア領であったソマリアである。また，選挙制度の専門家の意見が反映される場合もある。例えば1989年民主化後のハンガリーにおける比例代表制の選択は，専門家グループの提案により採用された。さらに，「民主化の第3の波」において再民主化した国では，権威主義化する以前の選挙制度を採用するという意味で歴史に影響を受けている場合もある。例えば1990年のチェコにおける比例代表制の選択は，第1次と第2次世界大戦の戦間期に採用されていた比例代表制をまねたものであるとの指摘がある。[30]だが，これらの要因に関しては，ヨーロッパでの比例代表制移行の研究に比べるといまだに体系だった実証分析がなされているとはいえず，今後のより詳細な検討が必要とされている。

5　選挙制度研究の今後

本章では，選挙制度のうち議席決定方式の影響とその選択の問題について主に検討した。（小選挙区）単純多数制と比例代表制の違いがもたらす政治的影響としては，代表の程度（得票率と議席率の乖離），政党の数，内閣の構成，再分配政策，などがある。それぞれにおいて，単純多数制のほうが代表の程度が低く，政党数が2に近く，一党単独内閣が形成されやすく，再分配政策がとられにくい，という影響をもつことが複数の研究により示されている。議席決定方式選択の要因に関しては，帰結に関する研究に比べると研究蓄積が薄いが，単純多数制から比例代表制への移行を選択するにあたっては政権エリートの将来予測という政治的要因が重要であることが指摘されている。議席決定方式に関

(30)　エリートの権力維持予測以外の要因については，ここに挙げたものを含め，Benoit（2007, pp. 370-377）を参照されたい。

して今後一層の研究が求められるのは，その選択に影響を与える要因についてである。

　選挙制度研究全体での今後の研究課題としては，本章で焦点をあてた議席決定方式以外の選挙制度の成立や帰結に関する分析が待たれる。例えば一票の格差や阻止条項などに関しては，議席決定方式や選挙区定数に比べると研究が進んでいない。また，本章では言及できなかったものの，選挙に関連するルールで一層の知見が求められているものは多い。例えば，投票方式（ballot structure），選挙実施の間隔に関する規定（electoral cycle），当選回数制限（term limit），義務投票制の有無などが挙げられる。さらに，選挙キャンペーン，選挙資金，選挙管理委員会に関するルールなどの，伝統的な選挙制度研究では分析対象となっていなかった「広義の選挙制度」[31]についても，今後一層の分析が俟たれる。

---

(31) MacElwain 2008.

第10章

政党と政党システム

―本章の検討課題―
- 政党にはどのような組織上の類型があるのか。
- 政党システムの形成はどのように説明できるのか。
- 政党のとる政策位置はどのように説明できるのか。

1　政党をめぐる論点

　民主的な政治を営むうえで，政党の果たす役割は多岐にわたる[1]。政党は，社会における多様な利益や意見を集約し，それをひとかたまりの政策（例えば政党マニフェスト）として提示する。選挙においては，候補者の政策をすべて知っているわけではない有権者にとっても推薦政党をみればおおむねどのような政策立場であるかがわかる，ラベルとして機能する。また議会においては，議員は所属政党ごとにある程度まとまった投票行動をとるので，議会運営が効率的になる。さらに，政党は公職につく人材を発掘し，育成する[2]。
　このように，民主主義には不可欠といえる政党の研究は，伝統のある非常に蓄積の厚い分野である[3]。その主な論点としては，そもそもなぜ政党が存在する

---

(1) 非民主主義体制における政党・政党システムは本章の検討対象ではない。この点に関しては，第8章（権威主義体制の持続）を参照されたい。
(2) ここでは一般的にいわれる政党の理念上の機能を述べている。合理的選択アプローチからみた政党の機能については，Aldrich (1995) を参照されたい。

のか，政党はどのようにして有権者からの支持を調達するのか，公認候補者や党員はどのようにリクルートされるのか，連立内閣を形成する際にはどの政党が連立を組むのか，議会において政党はどのような役割を果たすのか，などがある。また，政党間競合のあり方（政党システムまたは政党制）に関しても，その形成要因や政策過程への影響などについて，多くの蓄積がある。[4]

　本章では，政党研究のなかでも特に基本的かつ重要だと思われる3つの側面に焦点をあてる。すなわち，政党組織の類型化，政党システム形成の要因，そして，政党のとる政策位置の説明である。以下では，第2節において政党をどう定義するのかについての指針を示したうえで，政党組織の諸類型について紹介する。第3節においては，政党システムの概念を確認し，政党システムの形成要因を選挙制度や社会的構造などから解説する。第4節では，政党のとる政策位置に関する古典的理論であるアンソニー・ダウンズのメディアン・ヴォーター定理を紹介し，現実の政治ではなぜダウンズ理論の予測どおりにならないことが多いのかについて検討する。

2　政党の定義と類型

　政党とは何だろうか。これまで様々な定義がだされてきた。[5]例えば18世紀イギリスの政治思想家エドマンド・バークは，政党の掲げる理念を強調し，「集団間で合意した原理原則に基づき，共同で国益を推進するために結集した集団」とする。1960年代に活躍したアメリカの経済学者であるアンソニー・ダウンズは，権力最大化を目的とする組織として政党を捉え，「合法的な手段により政府機構をコントロールしようとする人々の連合」と定義している。またイタリアの政治学者であるジョヴァンニ・サルトーリは選挙による権力掌握を強

---

(3)　古典といわれる政党政治研究の出版は，20世紀初めに溯ることができる。例えば，Ostrogorski（1902），Michels（1911）など。
(4)　政党政治研究全体像の紹介については川人他（2011），政党システムについては岩崎（2011）を参照されたい。
(5)　政党の定義に関する簡便な一覧表としてKatz（2008, p. 295）を参照されたい。

調しており,「選挙において提示される公式のラベルにより識別され,選挙を通じて候補者を公職に就けることができる政治団体」とする。[6]

このように,複数の,それぞれ異なる側面を協調する政党の定義が存在するなかで,リチャード・カッツは次のような政党の捉え方を提案する。[7] 彼は,程度の差はあれ次の3つの特徴を備える集団を政党とすることで,政党とそうでない集団とを区別しようとする。すなわち,(1)選挙という手段を通じて,(2)政府権限を掌握することを目的とし,(3)その際にある程度まとまった集合体として行動する,というものである。この基準に従えば,選挙によらず,例えば革命やクーデターで政権を掌握しようとする団体は政党とはみなされない。また,政治家や官僚に対し影響力を行使しようとする利益団体も政党の要件を満たさない。

政党の特徴を具える集団は民主主義体制においてはほぼ必ず存在するが,その組織形態は国や時代によって,また,1つの国のなかでも個々の政党により様々である。こうした多様性のなかにある程度の共通点をみいだしてモデル化を試みるのが,ここで紹介する「政党組織類型論」と呼ばれる研究分野である。表10-1に,これまでだされた主な類型をまとめた。[8]

政党組織類型論の特徴は,時代区分に対応した典型的な政党組織のモデルが提示されてきた点にある。1950年代に政党を研究したモーリス・デュベルジェは,「幹部政党」モデルと「大衆政党」モデルを提示した。幹部政党モデルとは,ヨーロッパにおいて制限選挙のもとで議員が選ばれる時代の政党組織をモデル化(単純化)したものである。この類型では,幹部(cadre)と呼ばれる地方の名士を中心に構成される地方幹部会(caucus)が組織の中心であり,一般大衆の党員としての参加はほとんどなく,また党員である政治家への党指導部

---

(6) サルトーリ以外の定義は Katz (2008, p. 295) より引用。サルトーリの定義は Sartori (1976, p. 63 = 2000, p. 111) より引用。
(7) Katz 2008, p. 297. カッツはこれらの側面を「政党である程度(partyness)」の指標とし,要件ではなく程度の問題として捉えることを推奨している。
(8) ここに挙げたもの以外には,「選挙プロフェッショナル政党」(Panebianco 1988) という類型も提示されている。

第**10**章 政党と政党システム

表10-1 政党組織の主な類型

類型名	形成の背景	組織の特徴	例
幹部政党	・制限選挙のもとでの議会政治	・草の根党員の役割は限定的 ・政治家による地方の幹部会が組織の基本単位	・18世紀・19世紀イギリスの保守党と自由党 ・フィリピンの主要政党
大衆政党	・普通選挙権の導入 ・社会主義運動の高まり	・草の根党員の役割が重要 ・地方の政党支部が組織の基本単位 ・党指導部・党所属政治家は党員に対して応答的	・20世紀イギリスの労働党 ・日本の共産党
包括政党	・イデオロギーの重要性の低下 ・マスメディアの発達	・党員の役割が低下 ・選挙戦略の専門家および政治家が中心	・1960年代以降ドイツの社会民主党 ・1970年代以降日本の自民党
カルテル政党	・イデオロギーの重要性の低下 ・党員登録の低下	・主要政党間での非公式な協力関係 ・国家からの資金補助が重要な運営資金	・1970年代以降のヨーロッパ諸国の主要政党

(出所) Duverger (1954), Kirchheimer (1966), Katz and Mair (1995, 2009) をもとに筆者作成。

からの拘束力は弱い。その典型例として挙げられるのが，18世紀・19世紀におけるイギリスの保守党と自由党である。現代の例としては，フィリピンにおける主要な政党がこの類型に該当する。

　これに対し，大衆政党モデルは19世紀後半から20世紀におけるヨーロッパ諸国での普通選挙導入を背景に生まれた。普通選挙の導入とはすなわち労働者に対して選挙権が与えられることを意味し，当時の労働者を政党として組織したのは主に社会主義を標榜する勢力であった。ここでの基本的な組織の単位は，有権者個人が党員として加入する政党支部（branch）で，党員から選ばれて構成される党指導部が所属議員に対して強い拘束力をもつ。なぜなら，幹部政党とは異なり，党所属議員はその当選を選挙戦での党組織による支持に負うところが大きいからである。また，主にヨーロッパ諸国の社会主義政党を念頭にモデル化されたこの類型においては，党の掲げるイデオロギーが党としての戦略を決定するうえで重要であった。日本の事例では，共産党がこのモデルに近い。

1960年代になると,「包括 (catch-all) 政党」という類型が新しい政党像として提示された。これを1966年に論文として発表したのがオットー・キルヒハイマーである。包括政党は大衆政党と異なり，政党によるイデオロギーの主張が低下し，支持の調達においても一部の階層（例えば労働者）からではなく，有権者全体からの支持調達をめざす戦略をとる。これに伴なって組織運営上重要になるのは党員ではなく党の指導部および運営専門家であり，政党活動資金は党員からの会費ではなく利益団体からの寄付を主な源泉とする。このようなモデルを提示する際にキルヒハイマーの念頭にあったのは，大衆政党として出発したドイツ社会民主党が1959年に労働者階級の政党から有権者一般を支持基盤とする政党へと公に路線転換した事例であった。また，日本における自由民主党は1955年の結成時期には地方の名士を中心とした幹部政党であったが，1970年代に農林水産，自営・商工業者，都市のホワイトカラー層など幅広い層を支持基盤とする包括政党に変容したといわれている。キルヒハイマーはまた，包括政党型の政党が1960年代に出現してきた要因として，有権者の脱イデオロギー化，テレビなどマスメディアの発達を指摘している。

　ヨーロッパにおける新しい政党のモデルとして1990年代に提示されたのが,「カルテル政党」である。提唱者であるリチャード・カッツとピーター・メイヤーはこの類型の主な特徴として次の２点を挙げる。第１に，主要政党どうしがカルテル（非公式な協定）を組んで，新規政党の参入を困難にしたり，不人気な問題を争点化しないようにしたり，政治責任の所在を不明瞭にしたりする。第２に，政府からの補助金に政党活動資金の多くを依存しており，有権者を代表して政府に対抗するという姿勢が弱い。また，政党イデオロギーを推進しようとする党活動家の役割が低下し，一般党員の投票参加による候補者の選択などの方法がとられるほか，選挙対策の専門家の役割が重要なものとなる。

---

(9) Kirchheimer 1966.
(10) 川人他 2011, p.55.
(11) 彼らがカルテル政党モデルを最初に提示したのは1995年の論文であるが（Katz and Mair 1995），ここでの特徴づけは1995年論文を再考した2009年論文（Katz and Mair 2009）にもとづく。

このような政党類型が出現してきた背景には，一般有権者が党員として登録しなくなるという意味での政党離れが進んだこと，冷戦構造の終結により伝統的な左右の対立軸が曖昧となり，政党間の競合が政党のイメージや個々の政策レベルでおこなわれるようになったことなどが挙げられる。カッツとメイヤーは，1970年代以降のオーストリア，スウェーデン，ドイツ，ノルウェー，フィンランドにおける主要政党はほぼこのタイプに変化していると主張する[12]。

これらの政党類型は，各国・各時代における政党組織の主なパターンを概観するにあたって有益であるだけでなく，政党のとる政策位置を理解するにも重要である。政党の政策位置への影響については，本章第4節において検討する。

3　政党システムの形成

(1) 社会的亀裂構造

政党システムの形成要因を検討する前に，政党システムという概念について確認しておこう。一般に，政党システムとは政党間競合のパターンを意味する。その特徴を捉えるにあたってはこれまで複数の方法が提案されてきたが，最近の多くの研究では，第9章（選挙制度）で紹介した有効政党数指数をもとに政党システムの特徴を捉えている[13]。

どのような要因が政党システムに影響を与えるのだろうか。第9章において，選挙制度（議席決定方式）が政党の数に影響を与えることをすでに解説した。選挙制度と並んで，政党システムを形成する要因として重視されているのが，社会的亀裂である。この議論は，シーモア＝マーティン・リプセットとスタイン・ロッカンが1960年代に出版したヨーロッパ諸国の政党政治を分析した

---

(12) Katz and Mair 1995, pp. 16-17.
(13) これ以外に，政党の数と政党間のイデオロギー距離に注目する分類（Sartori 1976=2000），政党間競合の制度化（institutionalization）に注目する分類（Mainwaring and Scully 1995），有権者と政治家との間のリンケージ（紐帯）の類型に注目する分類（Kitschelt 2000）などがある。

第Ⅲ部　民主主義の多様性

古典的論文のなかで展開されている。彼らは,19世紀半ばから20世紀初頭にかけて発生したいくつかの社会的亀裂が第2次世界大戦後の西ヨーロッパ諸国における政党間競合のあり方を固定化した,と分析する。ここでの社会的亀裂とは,社会の諸集団の間に存在する「社会構造に起因する紛争や対立」を意味している。彼らの主張の前提となっているのは,人々の政治に関する選好は,人種や民族,階級,宗教,言語,居住地域に依存する,という見方である。

リプセットとロッカンは,ヨーロッパにおける2つの「革命」によって形成された4つの社会的亀裂を指摘する。第1の革命が,国民国家形成の革命（国民国家革命）である。これは,主に19世紀初頭におこった,一国単位で中央集権化された行政機構の形成と,「国語」や「国教」の採用を指している。国民国家革命は,2種類の亀裂構造を生んだ。第1が,中央と周辺の対立である。国家機構の中央集権化や国家によって統一された教育の普及は,地方における自治や独自の文化・言語の喪失を意味した。この流れに対抗する形で,首都の文化とは異なる生活様式をもつ集団が政党として形成された。その例が,イギリスのスコットランド国民党（1934年設立）である。

国民国家革命の生んだ第2の亀裂が,国家と宗教との間での亀裂である。これは,国民国家革命が,国家権力の宗教からの分離,個人主義,自由主義イデオロギーを推進したことに起因する。この時期にはまた,参政権の拡大と議会における身分代表制の廃止が進められ,教会と貴族はそれまであった特権を失いつつあった。ここで生じてくるのが,資本家層からなる自由主義勢力と,教会・貴族制擁護の保守主義勢力との対立である。国民国家の建設は,それまで

---

(14)　Lipset and Rokkan 1967.
(15)　Lipset and Rokkan 1967, p. 6. 彼らは,これらの社会的亀裂が直接政党化するという単純な主張を展開しているわけではなく,次のような条件を満たす必要がある。すなわち,集団の主張が正統性をもって受け入れられるかどうか,集団の構成員が選挙権をもつかどうか,議会政治に新規参入するにあたって独自に代表を議会に送ることができるかどうか,政権の座につく（内閣への参加）見込みがあるかどうか,の4つである（Lipset and Rokkan 1967, pp. 26-33）。
(16)　具体的には,イタリアの1860年から1870年,ドイツの1870年,スイスの1848年頃を指す。またアイルランドでは1922年のイギリスからの独立,ノルウェーがスウェーデンから独立した1905年,フィンランドがロシア帝国から独立した1917年である。

教会が担っていた，教育をはじめとする社会における役割を国家のコントロールのもとにおいたため，特にカトリック教会と国家との対立を生んだ[17]。こうした亀裂構造を背景に形成されたのが，いわゆるキリスト教民主主義政党である。イタリアのキリスト教民主主義（党），ドイツのキリスト教民主主義同盟，オーストリアの人民党，スイスのカトリック党などがその例である[18]。

　リプセットとロッカンが主張する第2の革命が，18世紀半ば以降におこった産業革命である。これは2つの亀裂につながった。第1が，都市と農村との間の対立である。産業革命により工業製品が多く生産され，また輸出されるようになると，貿易政策をめぐって農村の地主と都市の資本家とが対立するようになる。都市の資本家は輸出を増やすために低い関税を設定する政策を求め，一方の農村地主は海外からの安い輸入農産物に対抗するために高い関税などの保護貿易政策を求めたからである。このような対立が，19世紀の終わり頃からの農民政党の形成につながった。例えば，フィンランドの中央党（1906年設立）がその例である。

　産業革命に起因する第2の亀裂が，資本家と労働者の間の対立である。産業革命により，農村から都市への人口移動がおこって工場労働者が急増し，その生活水準の悪化が社会問題となった。また，19世紀の終わりから20世紀初頭にかけて普通選挙権が導入されたことで，労働者が有権者に含まれるようになった。このような状況のもとで社会主義イデオロギーを標榜する勢力に指導されて労働者が労働組合を通じて組織され，社会民主主義政党の形成につながった。その例が，イギリス労働党（1900年設立）やスウェーデンの社会民主党（1889年設立）などである。これらの，福祉拡充や基幹産業の国有化といった「大きな国家」を求める労働者政党は，自由主義経済と「小さな国家」を求める資本家層を基盤とする政党と対立し，これが現在まで続く左右の対立軸を形

---

(17)　イタリアなど一部の国では教会の土地や財産が国家に没収されたことも対立の要因となった。プロテスタントの場合は国教とされたところが多かったので，国家との問題はカトリックほどにはおこらなかった。

(18)　実際には，イタリアおよびフランスでは1920年代までカトリック教会が政治への参加を教皇の勅令によって禁止していたため，これらの国でカトリック政党が誕生するのは戦後のことである。

成した。

　リプセットとロッカンの議論では，20世紀前半までにできあがったこれらの亀裂が1960年代のヨーロッパにおける政党間競合のあり方を規定しているという「凍結（freezing）」仮説が提示され，その後の政党政治研究において強い影響力をもった。[19]

（2）社会的亀裂構造と選挙制度の関係

　政党システムの形成要因として，ここまでみてきた社会構造レベルの要因（亀裂構造）と，第9章で検討した選挙制度という要因とは，どのように関連するのだろうか。デュベルジェは両者を「エンジン」と「ブレーキ」の関係になぞらえている。[20] 社会の構造は，政党を形成する原動力である。社会構造のレベルで歴史的な亀裂が存在しない場合や，人口構成が言語や宗教，人種などにおいて同質的な場合には，そもそも新政党を形成して少数集団の利益を代表しようという「エンジン」が存在しないため，選挙制度にかかわらず政党数は低く抑えられると予測できる。一方，社会的な亀裂が歴史的事件によって新しく形成された場合や，もともと民族，宗教，言語などが多元的で亀裂の状況がある場合には，新政党をつくる社会的な要求は潜在的に高い。ここで実際に政党化されるかどうかは，選挙制度がどの程度要求を押さえ込むよう働くかに依存すると考えられる。要するに，選挙制度が重要な役割を果たすのは社会構造に亀裂がある場合においてである。具体的には，選挙制度のうち単純多数制（小選挙区制）が採用されている場合はその機械的効果と心理的効果（第9章第3節参照）のために強いブレーキがかかるが，比例代表制ではそのような効果が弱い。

　このような関係は，非常に単純な形ではあるが，**表10-2**にあるデータから確認できる。同表は，1980年代の54カ国における選挙結果から全国レベルでみた平均の有効政党数について，社会の多元性の程度と選挙制度の違い別に算出

---

(19) Lipset and Rokkan 1967, pp. 54. また，Rogowski（1989）は，生産要素（資本，土地，労働）ごとの貿易拡大に対する選好の違いが社会的亀裂を形成するという主張を展開している。
(20) Clark et al.（2013, p. 657）より引用。

表10-2　社会構造，選挙制度，有効政党数の関係

		選挙制度	
		小選挙区制	比例代表制
社会構造	多元的	[Ⅰ] 1.68	[Ⅱ] 3.88
	同質的	[Ⅲ] 2.52	[Ⅳ] 3.06

(注) 社会構造の多元性の測定は「有効少数民族指数」(Cox 1997, Chapter 11) に基づいている。この値が母集団のメディアン（中央値）よりも高い場合を多元的，低い場合を同質的と分類している。
(出所) Clark et al. 2013, p. 659を一部修正し筆者作成。

したものである。ここでの社会的多元性は一国内の民族分布でみた多様性の程度を示す。これはリプセットとロッカンのいう歴史的に形成された亀裂構造と同一の指標ではないが，これが高いことは社会的亀裂の数も多いとみなすことが可能である。これまで説明したとおり，理論的に予測されるのは，社会が多元的であり，かつ選挙制度の抑制効果が弱い場合に多党化する，というものである。実際のデータでは，第2象限の値が3.88と最も高くなっており，理論予測と合致しているといえる。

　社会構造と選挙制度には相互作用があると考えることで，1970年代以降ヨーロッパでの環境政党（緑の党）の参入に関してもある程度まで説明できる。西ヨーロッパでは，1960年代頃から，それまでの物質主義的な価値観に代わって脱物質主義の価値観が広がってきたと指摘されている。物質主義的な価値観が雇用，伝統，家族や国家における権威の尊重，私有財産の保護などを重視するのに対し，脱物質主義では，寛容，平等，参加，表現の自由，環境保護などに価値をおく。ロナルド・イングルハートは，経済成長とともに特に若い世代を中心に「脱物質主義」の価値観がもたれるようになったことを世論調査をもとに明らかにしている。[21] このような新しい価値観は，まず環境保護運動という形態となって西ヨーロッパ各国で具体化されたが，運動がさらに政党として議席を得るまでに成長できたかどうかは，選挙制度に依存する傾向がある。例え

---

(21)　Inglehart 1977=1978.

ば，比例代表制をとる国（ベルギー，スイス，オーストリア，ドイツ，フィンランドなど）の環境政党は1990年代にすでに10以上の議席をもつ政党に成長した。その一方で，単純多数制（小選挙区制）をとるイギリス，単純多数・二回投票制をとるフランスでは環境保護運動は存在するが，政党としての躍進は現在に至るまでほとんどみられない。

（3）ニッチ政党の参入

しかしながら，「エンジン」と「ブレーキ」の関係を分析しただけでは政党システムのあり方を説明できない場合も存在する。その典型例が，フランスにおける極右政党として知られる国民戦線（FN）の躍進である。移民の増加や経済のグローバル化に伴い，極端な反移民政策や保護貿易政策を掲げる極右勢力は1980年代頃から多くのヨーロッパ諸国で台頭している。しかしながら，選挙制度の効果から考えると，単純多数・二回投票制をとるフランスでは「ブレーキ」が強くかかるため，この社会勢力が政党として議席を獲得するのは困難と予測される。だが実際には国民戦線は2000年代に下院で数議席を獲得しており，また2002年の大統領選挙に出馬した党首のル・ペンは決戦投票に残るほどの票を獲得した。要するにこれは，制度と社会構造の相互関係では説明し難い事例である。

このような「パズル（謎）」に対する解答を与えるのが，ボニー・メグイドの研究である。[23] 彼女は，極右政党などの「ニッチ政党」（左右の対立軸上にはない争点に関し，その争点のみを目標に掲げる政党）が台頭するかどうかは，選挙制度とは無関係に既存の大政党の戦略に依存する，と主張する。既存政党が争点接近（accommodative）戦略をとる場合には票が既存政党に流れるため，ニッチ政党が支持を拡大することは困難となる。一方で，争点乖離（adversarial）戦略をとる場合は，ニッチ政党による「争点の独り占め（issue ownership）の強化」が可能になるため，支持が拡大しやすい。フランスの国民戦線の事例で

---

(22) Muller-Rommel 1994.
(23) Meguid 2005.

は，フランス国民議会選挙で1986年に1度だけ比例代表制を導入した際に（デュベルジェの法則どおり）躍進し，それ以降の選挙で二回投票制に戻ったあとでは，左派政党（社会党）は争点乖離戦略をとり，また右派政党（RPR）は内部分裂のため争点接近戦略に失敗した。このためニッチ政党が台頭できる状況が生じた，と彼女は分析する。

　これまでの議論をまとめると，ある国においてどのような政党間競合が生まれるかを説明するにあたっては，「エンジン」（社会の構造），「ブレーキ」（選挙制度），そして，特にニッチ政党の場合には「他の車のハンドルさばき」（主要政党の戦略）が主な分析対象といえる。[24]

4　政党システムと政党の政策位置

（1）ダウンズのメディアン・ヴォーター定理

　政党間競合のあり方の違いは，政党のとる政策立場にどのように影響するのだろうか。この点に関する古典的な議論が，ダウンズによる「メディアン・ヴォーター（中位投票者）定理」である。[25] 経済学者であるダウンズは，ある一定の条件を前提とした場合，二大政党制のもとでは，2つの主要政党（AとB）の政策位置は有権者の選好分布の中位に位置する投票者が選好する場所に収斂してゆく，という定理を演繹的に導いた。

　図10-1はメディアン・ヴォーター定理を示したものである。ここでは以下のような前提がある。第1に，政党が競合する政策争点は，政府による社会経済の介入を進める「左」の政策位置と，政府の介入をできる限り排除する「右」の政策位置を両極とする一次元で特徴づけられる。これは，図ではX軸で示されており，政党のとる政策位置はX軸上のどこかに特定できることを意味する。第2に，有権者の政策選好，すなわち最も好ましいと考える左右軸上の政策位置は，単峰型に分布する。図では，Y軸が有権者の数を示し，ここ

---

(24)　この比喩は根元邦朗氏の助言による。
(25)　Downs 1957=1980.

第Ⅲ部　民主主義の多様性

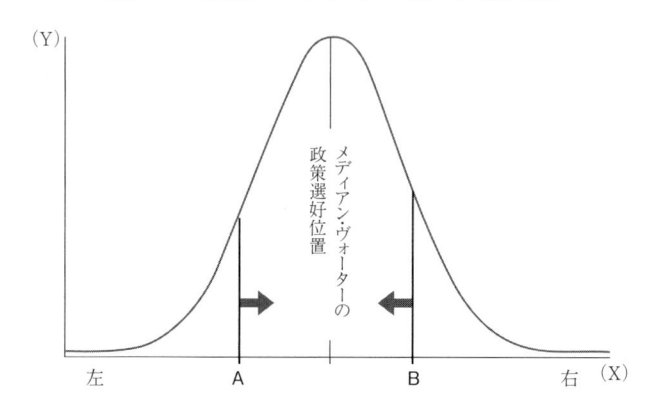

図10-1　空間競争モデルによる2大政党の政策位置

(出所)　Downs 1957, p. 118 = 1980, p. 121.を一部修正して筆者作成。

では単純化のため有権者の政策選好位置は正規分布の形をとるよう示されているが、これは単峰型の分布の一例である。第3に、2つの政党のみが競合し、両政党とも最重要目標は有権者からの得票を最大化することと前提する。第4に、有権者は自分の選好に対して距離のうえで最も近い位置に政策位置をとる政党に対して投票する。例えば図にあるA党とB党の政策位置の場合、左端から中央までの地点を政策選好位置とする有権者はA党に投票し、中央から右端までの位置を選好する有権者はB党に投票することを意味する。

このような前提のもとでは2つの政党のとる政策位置は、選好の累積密度でみたメディアンの政策位置（メディアン・ヴォーターの政策選好位置）に収斂する、と理論上予測される。なぜなら、この位置においては両党とも得票を最大化できるからである。このような理論的予測に合致する最近の事例としては、1990年代のトニー・ブレア党首のもとでのイギリス労働党の中道化が挙げられる[26]。一方多党制のもとでは、このような収斂が仮にあっても得票最大化につながらないため、実際の収斂はおこらないと予測できる[27]。

---

[26]　他には、1960年代のドイツ社会民主党、1970年代のフランス社会党の政策路線変更も同様の事例であるといえる（Caramani 2008, p. 341）。
[27]　ダウンズのモデルについての簡便な説明は、川人他（2011, pp. 92-95）を参照されたい。

しかしながら，現実政治では，二大政党制においても政党の政策位置が収斂しないことのほうが多い。例えば2000年代のアメリカの二大政党制では，民主党と共和党の間での政策立場の分極化が知られている。以下ではこの問題について検討する。

（2）政党組織と政策位置

なぜ多くの政党が実際にはダウンズ理論のとおりに行動しないのかについては，いくつかの説明が提示されている。その主なものは，有権者の投票行動の規定要因に着目するもの，そしてダウンズが単一のアクターとして位置づけた政党の「なかみ」に焦点をあてて，政党組織のあり方の違いに着目するものに分類できる。ここでは後者のアプローチをとる研究を紹介したい。[28]

ハーバート・キッチェルトは，なぜある政党は得票最大化戦略をとり，別のものは政党の掲げるイデオロギーを重視した政策位置をとるのか，という疑問をヨーロッパの環境政党を事例として分析している。[29] 1970年代に相次いで設立された環境政党のうち，ベルギーの環境政党（エコロとアガレフ）と西ドイツの緑の党では，1980年代になるとベルギーの環境政党は得票最大化戦略をとるようになったが，西ドイツ緑の党は設立当初からのイデオロギーに固執した政策をとり続けていた。この違いを説明するにあたって，キッチェルトは政党を構成する集団をイデオローグ，プラグマティスト，ロビイストの3つのグループに分け，これら3つの力関係の違いがベルギーとドイツにおける環境政党の戦略の違いをもたらしたと分析している。ここでのイデオローグとは，政党のめざすイデオロギーを純粋に推進しようとする党員，プラグマティストとは，中核支持層の選好には背いてもメディアン有権者の位置（中道）に政策をもっていって得票最大化を狙おうとする党員，ロビイストとは，政党が独占的に争点としている問題を重視して中核的支持層の選好を一般有権者に対しアピールし

---

(28) 前者に関しては，「方向性モデル」を主張する Rabinowitz and MacDonald（1989），「政策バランシング」を指摘する Kedar（2005）などがある。
(29) Kitschelt 1989.

ようとする党員を指している。1980年代までのドイツ緑の党はイデオローグとロビイストがプラグマティストよりも影響力をもっていたために，イデオロギー重視の政党戦略をとることになった。一方で，ベルギーの環境政党はプラグマティストが優越したために得票最大化戦略をとるようになったのである。キッチェルトは同様の枠組みを利用してヨーロッパ諸国の社会民主主義政党の政策位置についても分析している[30]。

　本章第2節で検討した政党組織類型の観点からキッチェルトの枠組みを捉え直すと，幹部政党と包括政党タイプの政党はプラグマティストが優越しているためダウンズ型の政党戦略をとりやすく，一方で大衆政党タイプではイデオローグが影響力をもつためイデオロギー重視の戦略をとりやすいと考えることができる。

5　政党研究の今後

　本章では，政党の組織類型，政党システムの形成要因，政党のとる政策位置に関する主な研究を概観した。組織類型においては，広く知られている類型としてデュベルジェによる幹部政党と大衆政党，キルヒハイマーによる包括政党に加え，ヨーロッパにおける1990年代からの政治変化をもとに提唱されるようになったカルテル政党がある。政党システムの形成要因としては，選挙制度と社会的亀裂という古典的な二大要因があり，両者は相互に関係していることが最近の研究で明らかになっている。またこれらの要因では説明できない「ニッチ政党」の新規参入については，既存政党がどのようにニッチ政党に対応するかという政党戦略要因の重要性がいわれている。本章ではさらに，ダウンズのメディアン・ヴォーター定理が現実にあてはまらない場合に対し，政党組織内部のあり方から説明する研究を紹介した。

　政党政治に関する研究は，個々の国の政党に関するものをはじめとしてすで

---

[30]　Kitschelt 1994.

に莫大な蓄積があるとはいえ，今後一層の研究が求められる課題について述べておきたい。第1は，途上国諸国の政党政治の研究である。これまでの研究蓄積の多くは，先進諸国を対象としてのものであった。多くの途上国が「民主化の第3の波」まで権威主義体制であったことから政党政治はあまり重要でないとみなされていたことが研究の進まない一因となっていたが，多くの途上国が民主主義となった現在，政党政治の理解は重要な課題となっている。第2の課題は，権威主義体制における政党の比較分析である。本書第8章（権威主義体制の持続）において検討したとおり，権威主義体制の維持にあたり政党は重要な役割を果たしていることが特にここ10年ほどの研究で明らかになってきている。権威主義体制下での政党政治の多様性についての理解は，政党政治研究だけでなく権威主義体制研究に対しても大きな貢献となるだろう。

第11章

執行府・議会関係

本章の検討課題
- 議院内閣制，大統領制，半大統領制はどのように定義づけられるのか。
- 議院内閣制，大統領制，半大統領制の違いは，どのような政治的帰結の違いを生むのか。

---

1 執行府・議会関係への注目

　議院内閣制，大統領制，半大統領制は，民主主義体制を特徴づける際によく用いられる分類方法の1つである。その際，研究者は主に政府の最高責任者である執行府首長（大統領または首相）と議会との関係が制度上どのようにデザインされているかに注目する。そのような理由から，このテーマは「執行府・議会（executive-legislative）関係」の問題と呼ばれることが一般的である。このため本章では執行府・議会関係という用語を，議院内閣制，大統領制，半大統領制の類型をあわせて指す概念として使用してゆくことにする。

---

(1) 執行府首長（head of government）と関連する概念に，国家の最高職位として対外的にその国を代表する国家元首（head of state）がある。両者は同一人物（機関）が務める場合と，別の場合がある。たとえばアメリカでは大統領が両方を兼ねるが，イギリスでは執行府首長は首相，国家元首は国王（女王）である。

(2) たとえば，デイヴィッド・サミュエルズによる比較政治学教科書における標題としての使用など（Samuels 2013, pp. 69-78）。これは，executive-legislative structure，または，constitutional structure の問題と呼ばれることもある。

第11章 執行府・議会関係

　本章では，議院内閣制，大統領制，半大統領制という類型の違いが，どのような政治的帰結の違いを生むのかを検討する。このテーマは，1990年代以降に体系的な研究が始まった，比較的新しい研究分野である。なぜなら，「民主化の第3の波」で大統領制・半大統領制をとる国の数が増えるまで，民主主義体制の多くは議院内閣制であり，主に議院内閣制という類型内のみで比較研究がおこなわれていたからである。[3] 1980年代以降はラテンアメリカを中心に大統領制の民主主義国が増え，また1990年の冷戦終結後には旧共産圏諸国を中心に半大統領制をとる国が増加した。このような現実政治上の変化をうけ，主に1990年代以降に類型の違いに関する研究が進められるようになった。

　執行府・議会関係の分析は，よりよい統治のための制度設計の問題に関わる重要な研究課題である。政府の制度設計に関する古典的議論は，アメリカ憲法起草者たちの論争にみられる。なかでも，起草者の1人であるジェームズ・マディソンは，政府の権力はある程度強くなければ効果的な統治ができない一方で，強くしすぎるとこんどは市民による政府のコントロールができなくなってしまうという難題を指摘し，これは「マディソンのジレンマ」として知られている。[4] 両方の折り合いをつける解決策としてマディソンの提案したのが「チェック・アンド・バランス」の制度であり，本章で検討する大統領制はその具体化されたものの1つである。執行府・議会関係は，マディソンのジレンマが各制度類型においてどのように扱われているのか，言い換えると，政府権力の集中と分散をどう適切に保つのか，という政治学における根源的問題に関わっている。

　またこのテーマは，日本政治を理解するうえでも役にたつであろう。なぜなら日本では，国政レベルでは議院内閣制を，また地方自治体レベルでは大統領制

---

(3) 大統領制の場合は，主にアメリカ合衆国における執行府・議会関係の分析が「アメリカ政治」という分野において他の国との比較を念頭におかずに進められ，最近になるまで比較政治学とは分離した状態で発展してきた。
(4) マディソンのジレンマに関しては，Kernell (2003) を参照のこと。
(5) 日本の地方自治体の執行府・議会関係に対しては「二元代表制」という呼び方も使用されている。例えば曽我・待鳥 (2007)，砂原 (2011) を参照されたい。

197

をとる。本章では、議院内閣制に比べると大統領制では政党政治が弱体化し、また大統領による急な政策変更がおこりやすくなる、という分析を紹介するが、これは日本の地方自治体首長の行動パターンにもあてはまる現象といえるのではないだろうか。

 以下では、第2節において、議院内閣制、大統領制、半大統領制を定義し、第2次世界大戦以降、これらの類型をとる国の数がどのように推移してきたかを確認する。そのうえで、執行府・議会関係を分析する際に有用な枠組みである、本人・代理人モデルを紹介する。第3節においては、本人・代理人モデルを援用しながら、議院内閣制、大統領制、半大統領制の違いがもたらす政治的帰結についての主な議論を検討する。

2　定義、実態、本人・代理人モデル

(1) 定　義

 議院内閣制と大統領制とは、どのように区別できるのだろうか。執行府の首長に大統領が就任するものが大統領制、首相がつくものが議院内閣制といえばすむというほど単純ではない。例えば、ボツワナ、マーシャル諸島、南アフリカの執行府首長は「大統領」と呼ばれているが、これらはいずれも議院内閣制の国である。また、議院内閣制では議員が閣僚を兼任し、大統領制では議会と執行府が独立しているため兼任がないと（誤解して）考えられる場合もあるが、これも議院内閣制と大統領制とを区別する基準とはならない。議院内閣制のなかでも、イギリスのように閣僚がほぼ常に議員である国もあれば、オランダやノルウェーのように、閣僚と議員の兼任が禁止されている場合もある。

 議院内閣制と大統領制との違いを見分ける際には、通常、次の2点に着目する。第1は、執行府首長を誰が選ぶのか、という問題である。議院内閣制における執行府首長（以下、首相）は議会から選ばれる。首相の選出にあたっては、

---

(6)　本書序章の冒頭で紹介した地方自治体首長の政策変更がそのような例の1つである。
(7)　ここでの定義は、Samuels (2007, 2013) を参考にしている。

議会がまず首相を選んでそのあとに組閣する場合（ドイツ，日本など），議会内の政党の交渉により組閣が完了した時点で議会の正式な権限授与を得る場合（イタリア，ベルギーなど），また，国王が第1党となった政党の党首を首相に任命する場合（イギリスなど），といくつかのパターンがある。しかしいずれの場合も，首相および内閣が議会から選出される点では共通している。

　大統領制における執行府首長（以下，大統領）は，議会からではなく有権者から直接選ばれる。大統領を選出する方法には主に2つあり，第1のタイプは，全国を1選挙区とし相対多数の票を得た候補者が当選する単純多数制である。これを採用する国には，韓国，フィリピンなどがある。アメリカの大統領選挙の場合には，有権者は形式の上では州ごとに選挙人団を選び，選挙人団が大統領・副大統領候補に投票する方式を採用しているが，相対多数の得票で当選できるという意味で第1のタイプに分類できる。[8] 第2のタイプは，第1回の投票で規定の割合の票を得た候補者がいない場合は第2回の投票をおこなう，絶対多数・単純多数制（二回投票制）である。この制度はアルゼンチン，ブラジル，フランスなどの大統領選挙で採用されている。

　議院内閣制と大統領制を見分ける第2のポイントは，執政府首長を罷免できるのは誰か，という問題である。首相の場合は，議会が内閣不信任案を可決することによって辞めさせることができる。この点に関しても細部の規則は国によって違いがあり，例えばイスラエル，スペイン，ドイツ，ベルギーでは「建設的不信任」の制度が採用されている。これは，その時点における政府（首相および内閣）を不信任投票により更迭する際には新しい政府が同時に選出されなければならない，という制度である。このようなルールは，現職政府に対する信任を取り消す際に議会内で新たに多数派を形成しなければならないことを意味するので，不信任案を可決するハードルを高める効果をもつ。ドイツの場合では，戦後の期間で不信任案が可決したのは1982年に一度あっただけであ

---

[8]　「形式の上」としたのは，有権者の投票用紙には実際の大統領・副大統領候補の名前が書かれているからである。一般投票での得票数を選挙人団の数に換算する方式，はほとんどの州で大選挙区による単純多数制となっている。

る。

　大統領の場合は，憲法でその任期（在任年数）が規定されており，議会によって辞めさせられることは基本的にはない。在任年数は国によって異なり，例えばアメリカでは4年，韓国では5年，フィリピンでは6年である。また，大統領に対し当選回数制限（term limit）が設けられている国もある。韓国やフィリピンの大統領は，それぞれ5年，6年という1期の任期を務めたあとの選挙では再出馬できないことが憲法で規定されている。またアメリカ憲法では大統領の任期は2期までとの制限がある。しかし大統領は，弾劾裁判で有罪となった場合を除けば，任期の途中で罷免されることはない。

　半大統領制（semi-presidentialism）は，大統領制と議院内閣制の特徴をあわせもつ。[9] 有権者一般から選出された，議会の信任には依存しない大統領と，議会から選出された，議会の信任に依存する首相の両方が存在する。間接的に（すなわち，有権者からではなく議会などから）選ばれる大統領と首相とが両方存在する国もあるが，これは半大統領制とはみなされず，議院内閣制である。例えばインドやドイツがこれにあたる。また，大統領と首相が両方存在しても，議会が不信任によって首相を罷免できない場合は，半大統領制とは分類しない。大統領によってのみ首相が罷免される韓国がその例である。[10]

　半大統領制は，誰が首相（および内閣）を辞めさせられるかによって，さらに2つの類型に分かれる。第1の下位類型が，首相・大統領（premier-presidential）型である。このタイプでは，大統領は首相・内閣を罷免できず，それができるのは議会のみである。フランスやモンゴルの制度がこれにあたり，両国の大統領は形式上首相の任命者であるが，罷免をする権限をもたない。第2の下位類型が大統領・議院内閣（president-parliamentary）型である。ここでは，議会だけでなく，大統領も首相と閣僚を罷免できる。台湾，ロシア，オースト

---

(9)　半大統領制の詳細は，Shugart（2005）を参照のこと。
(10)　他には，議会は個々の閣僚を罷免できるが内閣の調整役としての首相が存在しないコロンビアのような場合や，議会は首相を罷免できるが内閣全体は罷免できないアルゼンチンの場合も半大統領制とはみなされない。

第11章　執行府・議会関係

リアなどがその例である。これらの下位類型を制度面のみで比べると、名前が示唆するとおり、首相・大統領型では議会により多くの権限が与えられており、また大統領・議院内閣型では大統領により多くの権限がある。

　しかし、フランスが首相・大統領型に、またオーストリアが大統領・議院内閣型に属するという記述を読み、「おや？」と思われた読者もいるかもしれない。一般的に、フランスは大統領制的、オーストリアは議院内閣制的であるというイメージがもたれているからである。両者のイメージの違いは、政党との関係によるものである。大統領が首相・内閣を実質的にコントロール下におくのは、(1) 大統領の所属政党と議会の多数派政党が同じ政党（または政策志向の同じ政党）で、かつ、(2) 大統領が（制度上の党首でなくとも）実質上の政党リーダーである、という条件を満たしている場合である。フランスの半大統領制は多くの時期においてこの条件を満たしているため、「大統領制的」となる。一方のオーストリアは、(1) の条件は満たすことが多いが、(2) の条件を満たさないことが多いため、実際の政治過程は「議院内閣制的」になる[11]。このことは、執行府首長と議会の関係を分析する際に、政党という要因を考慮する重要性を示している。また、フランスでは(1) の条件を満たしていない政府を「保革共存政権（コアビタシオン）」と呼ぶ。同国では、1986年の議会選挙で右派が勝利した一方で、左派のフランソワ・ミッテランが大統領であった時期（1986年から1988年まで）をはじめ、これまで数回にわたり保革共存政権期があった。この時期のフランス政治は首相の影響力が強くなり「議院内閣制的」に機能していた。

(2) 議院内閣制・大統領制・半大統領制をとる国の推移

　ここまでの定義をもとに、議院内閣制、大統領制、半大統領制をとる民主主義国の数が1946年から2008年までの期間でどのように推移してきたかを図11-1に示した[12]。図より、1960年代から1970年代半ばまでは議院内閣制を採用する

---

(11)　Shugart 2005.
(12)　民主主義体制の概念については本書第5章（政治体制としての民主主義）を参照されたい。

第Ⅲ部　民主主義の多様性

図11-1　議院内閣制・大統領制・半大統領制の割合の推移（1946-2008）

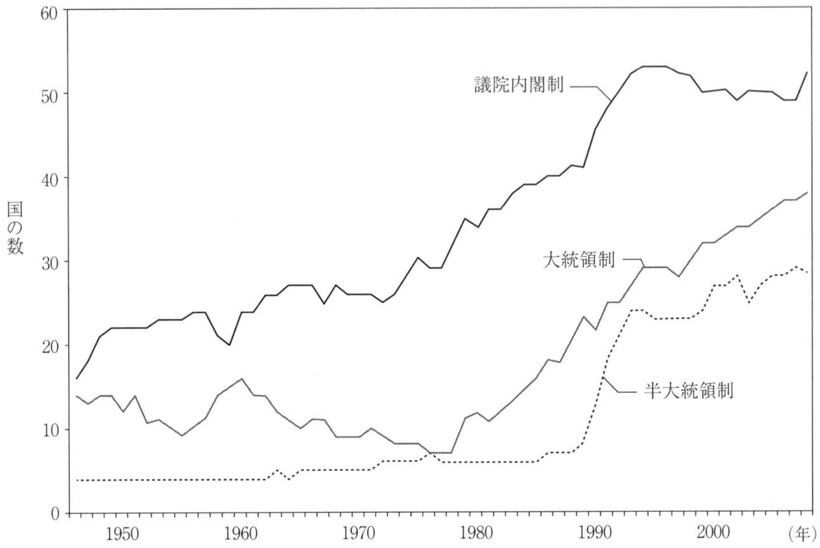

（出所）Cheibub et al.（2010）より筆者作成。

民主主義体制がほとんどであったが，1970年代半ば以降は大統領制をとる国の数が急増していることがわかる。これは，1970年代以降おこった「民主化の第3の波」においてラテンアメリカにおける多くの大統領制諸国が民主主義の仲間入りをしたことが背景としてある。また，半大統領制の国は1990年代はじめまで非常に数が少なかったが，1990年以降に増加している。こちらは，冷戦終結後に独立した旧共産圏諸国の多くが半大統領制を採用したこと，また2000年代以降に民主化したアフリカ諸国においても半大統領制を採用する国が多いことを反映している。

表11-1では，2005年時点で大統領制，半大統領制，議院内閣制をとる民主主義国を主な地域別に示した。表より，比較的多く採用されている制度は地域によって異なることがわかる。EU加盟をしているヨーロッパ諸国とアジアでは主に議院内閣制が，アメリカ大陸では主に大統領制が，そして，旧共産圏とアフリカでは半大統領制を採用している国が相対的に多い。

第**11**章 執行府・議会関係

表11-1 議院内閣制・大統領制・半大統領制をとる国

地域	議院内閣制	大統領制	半大統領制	その他
西・南・中央ヨーロッパ（主にEU加盟諸国）	アイルランド*，イギリス，イスラエル，イタリア，エストニア，オランダ，ギリシャ，スウェーデン，スペイン，スロバニア*，チェコ，デンマーク，ドイツ，トルコ，ノルウェー，ハンガリー，フィンランド*，ベルギー，ラトビア	キプロス	<u>オーストリア</u>，スロバキア，フランス，ポーランド，<u>ポルトガル</u>，リトアニア	スイス
旧共産圏（非EU加盟諸国）	アルバニア，モルドヴァ		アルメニア，ウクライナ，クロアチア，セルビア＝モンテネグロ，ブルガリア，ベラルーシ，ボスニア・ヘルツェゴビナ，マケドニア，モンゴル，ルーマニア，<u>ロシア</u>	
南北アメリカ	カナダ，ジャマイカ，トリニダード	アメリカ，アルゼンチン，ウルグアイ，エクアドル，エルサルバドル，コスタリカ，コロンビア，チリ，ドミニカ共和国，ニカラグア，パナマ，ブラジル，ベネズエラ	<u>ペルー</u>	ギニア，ボリビア
東・東南アジア・オセアニア	オーストラリア，インド，タイ，ニュージーランド，日本，ネパール，パプアニューギニア，バングラデシュ，フィジー，マレーシア	インドネシア，韓国，フィリピン	<u>スリランカ</u>，<u>台湾</u>	
アフリカ	ボツワナ，南アフリカ，モーリシャス，レソト	ガーナ，ナイジェリア，ベニン，マダガスカル，マラウイ	セネガル，<u>ナミビア</u>，ニジェール，ブルキナ・ファソ，<u>モザンビーク</u>	

（注）対象となっているのは，人口50万人以上の国で，1990年から2004年の期間平均でフリーダムハウスの「政治的権力」のスコアで4以下の値を得ている国である。ボスニア・ヘルツェゴビナ，マレーシア，ベラルーシ，ペルーはこの条件を満たさないもののSamuels（2013）に含まれているためここでも掲載している。＊は，大統領が有権者から直接選ばれているが，内閣の組閣や拒否権などに関する実質的な憲法権限をもたない場合を示す。下線は，半大統制のうち大統領・議院内閣型の国を示す。この分類はSamuels and Shugart（2010, pp. 32-33）を参照した。
（出所）Samuels（2013, pp. 71-73）を一部修正して筆者作成。

第Ⅲ部　民主主義の多様性

　表にあるようなばらつきがなぜ生まれるのか，すなわち，議院内閣制，大統領制，半大統領制のどれを選択するのかに関する研究は，未発達の分野である。これまでにだされている分析としては，旧宗主国の制度をまねるという歴史的要因説，憲法制定時に政治エリートが分断されているときは（連立内閣により権力の共有が可能になるため）議院内閣制が選択されやすい，というエリートレベルの権力関係に着目するものがある。おおまかには，民主主義的憲法をもつヨーロッパ諸国の植民地であった国が独立して憲法を作成する際には歴史的要因が強く働き，一方で，旧共産圏の独立の際にはそうした歴史的影響が低いためエリートの意向がより強く反映されたと考えられる。[13]

　ここまで，執行府・議会関係の各類型（議院内閣制・大統領制・半大統領制）を1つの単位として検討してきたが，それぞれの類型内における多様性についても解明が進んでいる。大統領制の多様性を比較分析する先駆的なものが，マシュー・シュガートとジョン・キャリーの研究である。[14] 彼らは，大統領が憲法上与えられている立法上の権限（大統領令，拒否権，予算案提出権など）と，閣僚任命などの立法以外の権限をもとに，大統領が議会に対してどの程度「強い」かについて測定している。彼らの測定では，例えばアメリカの大統領は比較的弱く，ブラジルの大統領は比較的強い。また議院内閣制の多様性についてヨーロッパ諸国を比較分析したカーレ・ストロムらの研究グループは，首相のもつ制度上の権限（閣僚の任命・罷免に関する権限，閣議の議題決定権，官僚人事権など）を測定し，スペイン，ドイツ，イギリスの首相は権限が強く，一方でオランダ，アイルランド，イタリアの首相の権限は弱いことを示している。[15] 半大統領制については，ロバート・エルジーが首相・大統領型と大統領・議院内閣型とを比較検討し，大統領・議院内閣型のほうが政治不安に陥りやすい，と主張している。[16]

---

(13)　Lijphart 1992, Easter 1997.
(14)　Shugart and Carey 1992.
(15)　Strøm et al. 2003.
(16)　Elgie 2011.

(3) 本人・代理人モデルによる構造的理解

　議院内閣制，大統領制，半大統領制の違いは，本人（プリンシパル）・代理人（エージェント）モデルという枠組みで捉えることもできる。産業組織論において発展してきたこの枠組みは，本人と代理人の間に権限委譲（delegation）とアカウンタビリティ（accountability）の双方向の関係が成立しているとみなしたうえで，これらの行為主体の関係を分析する。権限委譲とは，本人が（諸義務を負う代わりに）その要求を反映させるよう代理人に権限を委ねることを意味する。アカウンタビリティとは，代理人が本人の要求を実現しなかった際に代理人に対して制裁を加えられることを指す。ここでの制裁とは，昇進，報償，再任用などのポジティブなものと，解雇，左遷，減給などのネガティブなものの両方を含む概念である。本人・代理人関係の要件を満たす例としては，会社経営者（本人）とサラリーマン（代理人）や，患者（本人）と医者（代理人）などがある。

　政治学においては，1980年代頃から本人・代理人モデルという「ものの見方」が様々な形で応用されるようになっており，議会と大統領の関係を分析する際の活用もそのうちの1つである。[17]図11-2に本人・代理人モデルで捉えた議院内閣制，大統領制，半大統領制の構造を示した。

　図より，議院内閣制における本人・代理人関係は，1本の系統でつながっていることがわかる。[18]ここでは，有権者を本人，議会を代理人とする関係がまず形成され，さらに，議会が首相とその内閣を代理人として選択する。首相と閣僚は「共同合議体（collective decision-making body）[19]」として共同で議会の信任を得ているため，ここでは（大統領制でのように）内閣を首相の代理人とは位置づけていない。

　大統領制では，大統領は全国の有権者の代理人であり，議員は（全国1選挙

---

[17] 政治学における本人・代理人モデルの受容については，Miller（2005）を参照のこと。
[18] 議会が二院制の場合には，議院内閣制においても上院・下院議員は異なる選挙母体から選ばれるために本人・代理人関係の系統が2つ形成されるが，この点はここでは検討しない。
[19] Müller et al. 2003, p. 10.

第Ⅲ部　民主主義の多様性

図11-2　本人・代理人モデルでみた議院内閣制・大統領制・半大統領制

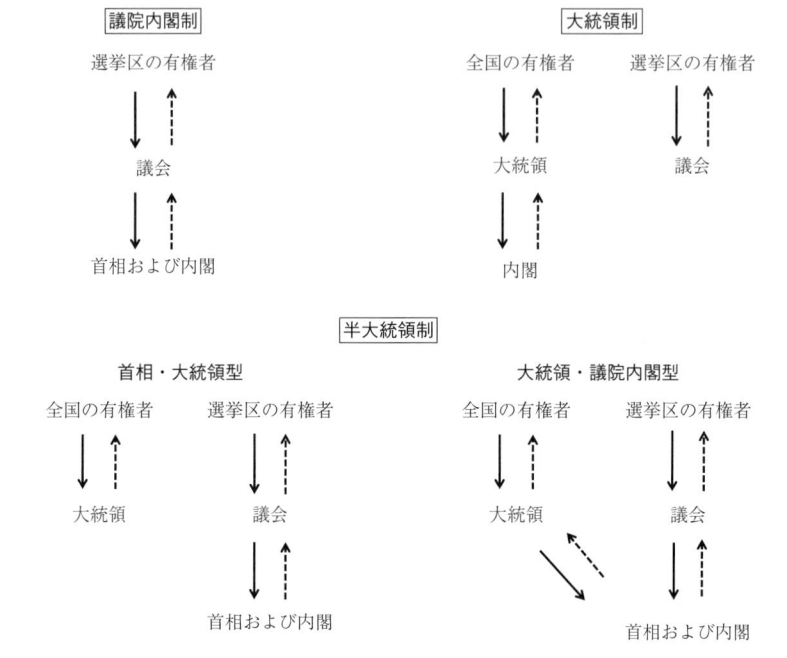

議院内閣制

選挙区の有権者
↓　↑
議会
↓
首相および内閣

大統領制

全国の有権者　選挙区の有権者
↓　↑　　　　↓　↑
大統領　　　　議会
↓
内閣

半大統領制

首相・大統領型

全国の有権者　選挙区の有権者
↓　↑　　　　↓　↑
大統領　　　　議会
↓
首相および内閣

大統領・議院内閣型

全国の有権者　選挙区の有権者
↓　↑　　　　↓　↑
大統領　　　　議会
↘↑　　　　↓
　　首相および内閣

（注）実線は権限移譲、点線はアカウンタビリティの関係が制度上形成されていることを示す。
（出所）Strøm (2003, p.65), Shugart (2005, p.6) を参考に筆者作成。

区の場合を除き）各選挙区の有権者の代理人である。ここでは，2つの系統の本人・代理人関係が形成されている。また，大統領制のもとでは，内閣は大統領との間にのみ本人・代理人関係が成立する。

　半大統領制の2つの下位類型のうち，首相・大統領型の場合には，議院内閣制の場合と同じ本人・代理人の連鎖が存在する一方で，全国の有権者の代理人である大統領も存在する。大統領・議院内閣型の場合には，これに加えて，首相・内閣は大統領と議会（多数派）双方の代理人である。言い換えると，前者では議会のみが首相と内閣を解任できるが，後者では，議会と大統領の両方が首相と内閣を解任できる権限を憲法によって与えられている。

　図11-2のように執行府・議会関係を捉えるメリットは，本人・代理人モデ

ルにおける理論的洞察が応用できる点である。ここでは特に，代理人の行動は誰を「本人」とするかにより異なり，またその行動内容は本人の利益をある程度反映したものとなるという見方が参考になる。[20]次節では，この見方を援用しながら議院内閣制，大統領制，半大統領制の政治的帰結に関して検討する。[21]

3　議院内閣制・大統領制・半大統領制の政治的帰結

（1）2重の正統性と民主主義体制の崩壊

　議院内閣制と大統領制の違いが注目されるきっかけの1つとなったのが，ホアン・リンスが1990年に出版した「大統領制の脅威」というタイトルの論文である。[22]大統領制は，議院内閣制に比べると，民主主義体制を不安定にし，権威主義化を招きやすいというのが同論文の主張である。リンスは明示的に本人・代理人モデルを応用してはいないが，同モデルに沿った再構成が可能である。リンスが指摘する第1の理由は，大統領と議会がそれぞれ別個に選挙で選ばれているという「2重の正統性（dual legitimacy）」である。本人・代理人モデルの観点でいえば，有権者を本人とする2系統の本人・代理人関係が成立しており，2つの代理人（大統領と議会）それぞれが移譲された権限を正統に行使できる。2重の正統性が問題となるのは，立法府と執行府が対立する場合である。具体的には，大統領の選出与党と議会の多数派政党が異なる「分割政府（divided government）」状態においては，議会運営が行き詰まりやすくなるた

---

[20]　本人・代理人モデルにおける理論的洞察として重要なものには，「代理人問題（agency problem）」がある。これは，本人と代理人との間には常に情報の非対称性（代理人のほうが多くの情報をもっていること）があることから発生する。具体的には，不適切な代理人を選んでしまう「逆選抜」と，本人が望んでいない業務をおこなう「モラルハザード」の問題がある。政治家（本人）と官僚（代理人）の間でのこれらを回避するためにどのような制度設計が可能かを分析した重要な研究として，McCubbins and Schwartz (1984)，Moe (1984) を参照されたい。

[21]　本人・代理人モデルではなく拒否権プレーヤーの枠組みを利用してこれらの政治制度類型を分析している文献もある。これらに関しては，Tsebelis (2002)，Haggard and McCubbins (2001) を参照されたい。

[22]　Linz 1990.

め，体制崩壊につながりやすいとリンスは主張する。一方の議院内閣制では，図11-2にあるように本人・代理人関係の形成は1つの系統でつながっており，代理人が複数存在する状態が発生しない。このため立法府と執行府との間で対立がおこりにくい。またリンスは，大統領という代理人を交代させることが，首相の場合のように容易でないことも大統領制の脅威として挙げている。議院内閣制では首相の辞任・再組閣や内閣総辞職に伴う選挙の実施によって，首相の交代が比較的柔軟におこなわれる。一方，大統領の任期は憲法で固定されているため，不適切な代理人であることがわかってもなかなか辞めさせることができない。このため，いったん大統領を原因とする政治的混乱がおこると体制崩壊まで悪化しやすい，というのがリンスの主張である。[23]

リンスの主張は，ラテンアメリカの大統領制諸国の多くが民主化後の不安定な政治状況を抱えていた頃にだされたこともあり，大きく注目されたと同時に，他の研究者たちによってその実証的妥当性が検討された。例えば，初期のものではアルフレッド・ステパンとシンディ・スカッチの研究がある。彼らは途上国諸国53カ国の1973年から1989年までの期間を対象に民主主義を維持していた国の割合を単純に分類すると，議院内閣制では60％，大統領制では20％であったとしてリンスの主張を支持している。[24] しかしその後の多くの研究では，単に大統領制という要因のみが体制崩壊をもたらすのではなく，「ある条件」が加わった場合にそのようになりやすいと指摘する。例えばシュガートとキャリーは，大統領の憲法上の権限が強いという条件において崩壊しやすいと分析している。またスコット・メインワリングは，大統領制が多党制という条件と組み合わさった場合に混乱しやすい，と分析する。[25]

---

(23) このほかの理由には，「勝者総取り（winner-takes-all）」の制度であるため少数派を排除してしまう点，政治家としてのキャリアのない候補が大統領になる傾向がある点が挙げられている（Linz 1990）。
(24) Stepan and Skach 1993.
(25) Shugart and Carey 1992, Mainwaring 1993. 政党との関連については Samuels（2007）も参照されたい。この他，Cheibub（2006）は分割政府においても崩壊の確率が高まるわけではないことを統計分析によって示し，リンスの主張を否定している。

「大統領制の脅威」論については、現時点ではある程度のコンセンサスが研究者間でできているといえるだろう。それは、大統領制は体制崩壊に直接影響するのではなく、政党政治のあり方や、より細部における大統領に対する憲法上の権限付与の程度との組み合わせ次第で、場合によっては体制崩壊につながりやすくなる、というものである。同時に、2000年代に入ると民主主義体制の崩壊が実際にはほとんどおこらなくなっているため、研究者の関心は、体制変動というレベルから、体制運営（ガバナンス）のレベルに移行しつつある。このため以下では、ガバナンスのレベルで執行府・議会関係がもたらす影響についての研究を紹介する。

(2)「大統領化 (presidentialized)」された政党[26]

有権者から直接選ばれる大統領の存在する制度では、政党が「大統領化」されると主張するのがデイヴィッド・サミュエルズとマシュー・シュガートの研究である[27]。ここでの大統領化とは、政党の戦略や組織がそのリーダーである大統領（および大統領候補）によって強く影響を受けることを意味している。彼らは政党組織に対しても（党員を本人、党リーダーを代理人とする）本人・代理人モデルを応用しており、その見方をあわせると、政党は政党リーダーである大統領（大統領候補）に対し大幅な権限委譲をする一方で、適切にアカウンタビリティを課すことができない状況が形成されていると指摘する[28]。

政党が大統領化する原因は、図11-2で説明した本人・代理人関係の構造から説明できる。まず、純粋な大統領制においては（議会ではなく）全国の有権者を本人としており、かつ、大統領のみが執行府の長として内閣にとっての本人となる。このため、選挙で大統領の座を得ることは政府権限の獲得を意味するので、政党にとって大統領選挙が（議会選挙に比べて）非常に重要になる。半

---

[26] Pongtke and Webb (2005=2014) も同様に presidentialize という概念を提示している。彼らの用法では、大統領制、議院内閣制を問わず、政党リーダーの権限や党内での自律性強化の傾向を指している。
[27] Samuels and Shugart 2010.
[28] Samuels and Shugart 2010, p. 37.

大統領制のうち大統領・議院内閣型の制度も純粋な大統領制と同様，大統領の権限が大きいため，政党にとって大統領選挙に注力する誘因が高くなる。首相・大統領型においては，大統領には制度上強い権限が与えられていないため「大統領化」がおこりにくいと一見考えられるかもしれないが，この制度のもとにおいては，多くの場合，大統領は議会に対して首相を推薦する権限をもつこと，そして，大統領または大統領候補が政党の（公式党首ではなくとも）実質的リーダーであることから純粋な大統領制と同程度の大統領化がおこる，と彼らは予測する。

大統領化の具体例として，サミュエルズとシュガートは以下の点を挙げる[29]。第1は，政党政治家としてのキャリアのない人材の大統領候補への登用である[30]。首相の場合は議会多数派から選出されるので政党内でのキャリアの積み重ねが重要になる。その一方で大統領は全国1選挙区で有権者から直接選ばれるため，政党政治家としてのキャリアはなくとも選挙に勝てる「有権者うけ」する候補者を擁立する傾向が生まれる。典型的な例としては，元イギリス首相のウインストン・チャーチルが首相の座を得るまでに議員初当選から40年かかっているのに対し，アメリカで1953年から1961年まで大統領を務めたドワイト・アイゼンハワー大統領は，それ以前に政治家経験が全くないだけでなく，候補者公認をうけた共和党には出馬直前まで所属していなかった。

表11-2には，首相と大統領のキャリアに関する1945年から2007年の間の分析を示した。議院内閣制においては，首相になる人材は議員経験だけでなく閣僚として務めた経験をもつ政治家が70％にのぼる。また閣僚経験に加え所属政党の党首も務めた割合は約50％である。その一方で，大統領制・半大統領制で大統領になった政治家は，議員と閣僚をあわせて経験した場合は30％，これらの経歴に加えて党首でもあった者は20％でしかない。半大統領制における首相

---

(29) 彼らはここで挙げたもの以外に，執行府首長の辞任の頻度と理由，分割投票（split voting）についても実証的に検討している。
(30) ラテンアメリカ諸国における大統領候補の経歴をパターンに分け，それぞれのパターンが形成される要因を分析した研究に，Siavelis and Morgenstern（2008）がある。

表11-2　首相または大統領就任以前の経歴（％）

	議院内閣制での首相	首相・大統領型での首相	大統領・議院内閣型での首相	首相・大統領型での大統領	大統領・議院内閣型での大統領	大統領制での大統領
議員＋閣僚	69	50	29	36	27	30
議員＋閣僚＋党首	52	29	7	22	23	20

（出所）Samuels and Shugart 2010, p. 80（同書表3.3の内容を一部省略して筆者作成）。

に関しては，首相・大統領型の場合のほうが，大統領・議院内閣型においてよりも閣僚や党首経験の割合が高い。これは，大統領・議院内閣型における首相は権限が小さいため，いわゆる大物政治家でない人物が任命される傾向があるからだとサミュエルズらは分析する。

　第2の大統領化は，政党の選挙戦略が「得票最大化」となる傾向である。得票最大化戦略とは，文字どおり有権者からの得票を最大化することをめざすもので，この戦略をとる場合，政党は中道よりに政策位置を変更する（その理由については第9章（選挙制度）で紹介したダウンズのメディアン・ヴォーター定理を参照のこと）。その対概念である「政策追求戦略」の場合は，政党の拠って立つイデオロギーに基づいた政策を追求することをめざし，得票を犠牲にしても政策位置を変えずに政策をアピールする。[31] 議院内閣制の場合には，内閣は議会から構成され，連立内閣を形成することが可能であるため，政党は少数政党のままでも存続しやすい。このため得票最大化戦略をとる誘因は大統領制においてほど大きくはない。一方，純粋な大統領制および大統領・議院内閣型の半大統領制では，大統領をだした政党がほとんどの閣僚ポストを占めることが多く，[32] 小規模政党で居続けることのデメリットは議院内閣制におけるよりも大きい。首相・大統領型の半大統領制では連立内閣を組んで政府権限を共有することは可能であるが，先述のように，この制度のもとで大統領候補となる人材は政党の

---

(31) これらの類型化についてはStrøm（1990）を参照のこと。
(32) 議院内閣制におけるほど頻繁ではないが，大統領制において連立内閣が組まれる場合もある。この点についてはAmorim Neto（2006），Cheibub（2006）を参照のこと。

実質的リーダーであることがほとんどであるため，党の戦略を大統領選挙で勝つためのもの（すなわち，得票最大化戦略）に変更する傾向が生まれる。

彼らは，フランスとイスラエルの事例からこのような予測の実証的妥当性を検討している。フランスはそれまで間接的に選ばれていた大統領を直接選挙で選ぶよう憲法を1962年に改正し，1965年の選挙以降，首相・大統領型の半大統領制となった。イスラエルの場合は，1992年に首相を直接選ぶよう制度変更をおこない「首相公選制」(33)に移行したものの，2001年に議院内閣制に再度変更した。彼らは，両国の制度変更以前と以後を比較し，政党の選挙戦略がどのように変化したかを分析した。その結果，両国とも，執行府の首長を直接選挙するように制度が変わると，選挙キャンペーンにおける政党イデオロギーの強調が低下し，その一方で，大統領・公選首相の個人的側面を強く打ち出すようになった，としている。

（3）負託代表の低下と政策変化

多くのラテンアメリカ諸国では，1980年代から1990年代にかけ，大統領が当選後数カ月のうちに政策の方向性を大きく変更することが相次いだ。例えばペルーのアルベルト・フジモリ大統領は，1990年の選挙キャンペーンの際には物価上昇はしない，と約束しておきながら，就任約10日後には物価規制政策を緩和し，これが大幅な物価上昇につながった。このような，選挙キャンペーン時の公約と当選後の行動との乖離の背景にあるのが「負託（mandate）代表」の問題である，と指摘したのがスーザン・ストークスの研究である(34)。負託代表は「独立（independence）説」の対極にある概念で，どちらが代議制民主主義における代表のあり方として望ましいのかについて政治思想研究の分野で論争があ

---

(33) Elected prime-ministerial system の訳語である。これは，議会と首相は選出においては別々であるが，首相の任期は憲法によって規定されておらず議会の信任に依存している制度であるため，純粋な大統領制とはいえない（Samuels and Shugart 2010, p. 163）。

(34) Stokes 2001. Mandate representation は政治思想研究では「委任代表」が一般的な訳語であるが，ここではオドンネルの提唱する delegative democracy の一般的な訳語である「委任型民主主義」との混同を避けるために「負託代表」と訳した。

第11章 執行府・議会関係

る。負託代表とは、政治家・政党は自らを選んでくれた有権者の利益を優先して、それを忠実に政策に反映する代表のあり方を指し、一方の独立説は、いったん選挙で選ばれた政治家が、選挙区の利益ではなく国全体にとって最善であると自らが考えることを優先する代表の形である。彼女が、ラテンアメリカにおける急な政策変更を負託代表か否か、要するに独立説に近い代表のあり方なのではないかという問題設定をしたのは、これを大統領の職権濫用の問題であると捉える当時の主流の見方への反論であった。

　ストークスの指摘を発展させ、執行府・議会関係が負託代表の程度に影響すると指摘するのが、サミュエルズとシュガートの研究である。彼らは、有権者から直接選ばれている大統領は、議会から選ばれている首相よりも負託代表をおこなう程度が低い（すなわち、当選後の急な政策変更をする確率が高い）と予測する。なぜなら、大統領には選挙においては有権者全体にアピールする政策を（自らの政策信念に反しても）打ち出して選挙に勝とうとする誘因がある一方で、議会の所属政党党員から選ばれていないため、所属政党に縛られる程度が低い。このため、所属政党の意向や政策立場に反しても、当選後に自らの政策信念に沿った形で政策を変更することが可能になる。一方で首相の場合は所属政党の議員の支持にその地位を依存しているため、このような逸脱はおこりにくい。

　彼らはこの予測に関し、1978年から2002年までの期間を対象に、議院内閣制、大統領制、半大統領制の類型ごとにどの程度与党政策の急な変更があったかを調べている。ここでは、政権与党の政策の方向性を、雇用創出、賃金上昇、国家規制の維持などの「生活保障志向」政策、規制緩和・自由化政策を意味する「経済効率志向」、いずれにも分類しがたいものを「その他」にタイプ

---

(35) Pitkin 1967.
(36) 主流の見方とは、大統領はいったん選挙に勝つと有権者の利益のことなど忘れて好き放題をし、かつ、議会や司法府がそれを抑制できないという意味で「委任型（delegative）民主主義」であるというラベルを提示したギジェルモ・オドンネルによるものである（O'Donnell 1994）。
(37) Samuels and Shugart 2010. 彼らはこれも政党の大統領化の現れの1つであるとしているが、本書では独立した問題として扱っている。

表11-3 制度類型別にみた政策変更の割合 (単位%)

	全政策	生活保障志向政策のみ
議院内閣制	3.8 （6/157）	23.8 （5/21）
半大統領制	7.1 （7/99）	43.8 （7/16）
大統領制	16.9 （14/83）	48.3 （14/29）

(出所) Samuels and Shugart (2010, pp. 237-238) より筆者作成。
(注) 括弧内は割合計算のもととなっている事例数。

分けし，選挙キャンペーン中と政権獲得後6ヵ月以内の期間との間でこれらの政策タイプ間での変化があった場合を，「急な政策変更」として測定している。その分析結果を**表11-3**に示した。表より，直接選ばれる大統領がいる制度では，議院内閣制と比較して急な政策変更がおこりやすい傾向が実際にあることがわかる。また政策変更の確率は，生活保障志向の政策からの変更においては特に高く，約5割に近い確率でおこっている。これは，大統領選挙においては個人の信念を前面にだすことを控え，一般有権者にとってより聞こえのよい政策をアピールしようとしている傾向の反映といえる。要するに，大統領を直接選ぶ制度をとるかどうかで，代議制民主主義における代表の性質に違いがあることがわかる。

4　執行府・議会関係研究の今後

本章では，議院内閣制，大統領制，半大統領制の違いがどのような政治的影響をもたらすのかについて検討してきた。執行府・議会関係におけるこれら3つの制度類型は，基本的には，執行府首長の選出母体と任期とが憲法上どう設定されているかにより定義できる。本章では，この定義をもとにした関係を本人・代理人モデルの枠組みで捉え，執行府首長が（議会からではなく）有権者から直接選ばれる制度がもたらす3つの帰結に焦点をあてた。第1に取り上げたのは，大統領制は民主主義体制の崩壊をもたらしやすいという論争であったが，これに関しては，政党や大統領に与えられている憲法権限などの条件によ

り影響する場合としない場合がある，という「条件付き」の形で論争は収束している。第2の帰結は政党の「大統領化」で，政党リーダーの選出や選挙戦略が大統領選挙に勝つことをめざしたものにシフトする傾向が生まれることを指摘した。第3は，負託代表の低下である。大統領制・半大統領制においては，選挙キャンペーン時に公約した政策を当選後に変更する傾向が強いと分析されている。

　執行府・議会関係に関する研究は，それが民主主義の制度設計における基幹的制度の1つであることから，今後も重要な研究テーマであり続けるだろう。その際の論点が政治体制の崩壊というレベルから，ガバナンスの問題に移行していることはすでに述べた。よりよいガバナンスのための制度設計を考えるにあたっては，3つの類型の間での比較だけでなく，他の政治制度（政党政治，選挙）との組み合わせがどう影響するのか，および類型内での細部の違いがどうガバナンスに影響するのか，という視点も重要である。

　もう1点，このテーマで今後知見が求められる課題は，制度選択の問題である。すなわち，なぜある国は議院内閣制をとり，別の国は大統領制をとるのか，という問いに答える研究は，先述したように制度の帰結に関するものに比べ未発達である。また，同一類型の制度における執行府・議会関係のあり方の違いについても，比較政治学が提供できる知見は非常に限られている。例えば，同じ大統領制のなかでも，なぜある国の大統領権限は強く設定され，別の国では弱く設定されているのか，という問題には，いまだに明確な答えが提示されていない。(38)制度のもつ帰結とあわせ，制度の生成についての研究が今後でてくることを期待したい。

---

(38) 因果関係ではなく相関関係のレベルで，政党が弱い場合に大統領が強い権限をもつ憲法構造になりやすいと分析しているものに，Shugart (1998)，Kasuya (2013) がある。

第12章

福祉国家

本章の検討課題
- 福祉国家とはどのような概念なのか。
- 先進諸国での福祉国家の形成と変容はどのように説明できるのか。

1　福祉国家をめぐる論争

　「福祉国家」（定義は後述）は我々の生活にとって非常に身近な問題である。現在，日本を含む多くの先進国では，国内総生産（GDP）の約20％から30％にのぼる規模の国家予算を社会保障支出にあてている。これは，納税者としては多額の税金を社会保障のために支払っていることを意味し，また社会保障の受給者としては，年金，医療・雇用保険などを通じて様々な恩恵を被っていることになる。さらに，知識人や研究者の間では，福祉国家をどうみるかについての論争が絶えない。国家による福祉提供に批判的な立場をとる人々は，福祉は人々を怠惰にし経済の競争力を低下させかねないと，主張する。一方で，福祉を人権の一部と捉え，その提供を国家の義務とする見方もある。

　このように現実の生活においても政治理念上でも重要な福祉国家の研究は，先進諸国を対象としたものを中心に膨大な蓄積がある[1]。これを研究対象とする学問分野は政治学のみならず，経済学，社会学，政策研究，行政学，歴史研

---

[1]　福祉国家研究に関する最近の概説書として，宮本（2012），鎮目・近藤（2013a）などがある。

究，フェミニズム研究など多岐にわたるからである。また政治学に限ってみても，福祉国家は比較政治学だけでなく思想研究の分野でも重要なテーマである。

　本章では，膨大かつ多様な福祉国家研究のうち，比較政治学の分野において先進国を分析対象地域とした研究を主に検討する。それにあたっては，まず第2節において福祉国家に関連する用語の意味を説明すると同時に，これに関連する支出が歴史的にどう推移してきたのかについて事実確認をおこなう。第3節では，第2次世界大戦後から1970年代頃までの福祉国家の形成を説明する研究を紹介する。ここで検討する研究は，労働者層とそれを支持基盤とする左翼政党（社会民主主義政党）の役割に注目するものと，資本家の役割に着目するものとに大きく分かれる。第4節では，1980年代以降の「福祉国家の再編期」と呼ばれる時期を分析する研究に焦点をあてる。ここでは主に2つの議論を紹介する。1つめは，緊縮財政時代の政策決定過程が質的に変化している点を「福祉国家の新しい政治」という用語で指摘する研究である。2つめは，「能力開発国家」という概念を用いて福祉国家の性質が本質的に変化していると議論するものである。これらの研究をふまえ，福祉国家研究において今後求められる知見について最後に検討する。

2　概念と歴史

(1) 福祉国家・社会保障政策・福祉レジーム

　政治学における研究上の用語として福祉国家を定義することは，おおまかには可能であるが，厳密におこなうことは非常に難しい。広い意味では，例えば，「主として所得保障や社会サービスを用いて，出生から死亡までの生活上のリスクに対応し，国民の生活を安定させるために資源の再分配を行うという現代国家のあり方」と定義できる[2]。しかし，福祉国家が提供する個々の政策プ

---

[2]　鎮目・近藤 2013b, p. 3.

表12-1　日本政府による社会保障政策の分類

分類項目	主な内容
保健・医療	医療保険，健康診断，高齢者医療
社会福祉等	保育所，介護保険，児童手当，障碍者手当
所得保障	年金，生活保護
雇　用	雇用保険，労災保険，職業紹介，公共職業訓練

(出所) 厚生労働省 2012, p. 34.

ログラムが時代によって変化していること，また，それが拠って立つ理念や論拠を何に求めるかは論者によって異なることなどから，厳密な定義はほぼ不可能だといえるだろう。このため本章では，分析対象を包括的に示す「ラベル」として「福祉国家」を使用する。

　福祉国家研究において具体的な分析対象となるのは，社会保障政策，社会政策，または社会支出と呼ばれる一連の政策である。これらのうちどの用語を採用するかは国や機関により異なるが，日本政府は「社会保障政策」という語を使用しているため，本章では主に社会保障政策という語を用いる。日本政府の分類に従えば，この政策分野は**表12-1**にあるように，「保健・医療」「社会福祉等」「所得保障」「雇用」の4項目に大別できる。ここで，個別政策の名称としての「(社会)福祉」と，「国家」の形容詞として使用される「福祉」とが異なる意味で使用されていることに留意されたい。(社会)福祉政策の「福祉」は，介護や保育などの提供という特定の意味をもつ。一方，福祉国家における「福祉」は，最低限の経済・文化的生活を享受するために市民が受けられる，年金や保険を含む様々なサービスを意味している。本章においては，ただ単に「福祉」という際には，後者の広い意味での語として使用している。

　福祉国家研究で頻繁に使用される用語に，「福祉レジーム」がある。ここでの「レジーム」は政治体制の「体制 (regime)」と同じ英語で，言葉自体の意味としては，あるものごとの総体を示す。福祉レジームという用語は，後に詳しく紹介するイエスタ・エスピン–アンデルセンの『福祉資本主義の3つの世界』のなかで使用されたことで有名になり，その後福祉国家研究で一般的に使

用されるようになった。エスピン-アンデルセンは、福祉レジームを「福祉が生産され、それが国家、市場、家族のあいだに配分される総合的なあり方」と定義している。彼がこのような用語を提示したのは、問題の所在を適切に設定するためであった。つまり、「福祉国家」や「社会保障政策」という名称で研究対象を呼んでしまうと、企業や家族などの国家以外の主体による福祉の提供が分析の射程に入らなくなってしまうからである。エスピン-アンデルセンにとっては、個人レベルのリスクをどう社会全体が共有し、対応してゆくのか、が問題の所在であり、それにあたっては、国家、市場、家族の相互関係を分析する包括的な概念として福祉レジームという用語が必要だったのである。

(2) 福祉国家の歴史的起源

　福祉国家という、「福祉」と「国家」をあわせた用語が使用されるようになったのは1940年頃と比較的最近であるが、実態としてはより古い歴史をもっている。その1つは、イギリスにおいて14世紀以降何度も施行された「救貧法」である。これは、教会や職能団体（ギルド）が担っていた貧しい人々に対する保護の制度が崩壊し、これを国家が代行するという流れのなかで生まれた政策である。もう1つの源流は、19世紀末のプロシアにおける社会保険制度の導入である。当時の宰相であったオットー・フォン・ビスマルクは労働者に対する疾病・労災保険および年金に関する諸法を1880年代に成立させた。これらは、労働者と資本家の双方から強制的に掛け金を拠出させると同時に国庫からも補助金をだす、いわゆるビスマルク型の社会保険である。このような制度を

---

(3) Esping-Andersen 1990=2001. アンデルセンは1990（=2001）年の著作では「福祉国家レジーム」と読んでいるがその後の1999（=2000）年の著作において「福祉レジーム」としているため、本章では福祉レジームという呼称を用いる。

(4) Esping-Andersen 1999, pp. 34-35=2000, p. 64.

(5) この用語の英語圏での最初の使用者といわれているのは、イギリス国教会の大司教であったウィリアム・テンプルである。1941年に出版された書物において、彼は当時イギリスが戦争をしていたナチス・ドイツを「権力国家（power state）」と呼び、これと対比する形でイギリスは弱者を保護する福祉国家であると特徴づけた（Flora and Heidenheimer 1981, p. 19）。また、救貧法などの歴史的発展につき、高島（1995）を参照されたい。

導入した目的は、当時台頭しつつあった社会主義運動に労働者が感化されることを防ぐためであったといわれている。20世紀前半まで、プロシアの社会保険制度は他のヨーロッパ諸国における福祉政策の手本となった。[6]

　国家が市民全体に福祉を提供するべきであるという考えが（少なくとも西欧先進国の間で）広がり、また実際の福祉予算が増えてゆくのは、第2次世界大戦後の時期である。政府が福祉の担い手となるべきであるという見方を広めたのが、イギリスにおいて1942年に出版された「ベヴァリッジ報告」である。イギリス政府の委託によりウィリアム・ベヴァリッジ卿が作成した同報告書では、年金、失業・健康保険などを含む包括的な社会保障制度の整備が提案された。

　ベヴァリッジ報告に加え、国家による福祉の提供とは市民がもつ「社会権」の保障であるという見方も、福祉国家拡大の思想的土台となった。この考えはイギリス人社会学者のトーマス＝ハンフリー・マーシャルが1949年におこなった演説において明確に表明されている。[7] 彼によれば、イギリスでは言論・思想・信教の自由や所有権などの市民的権利は18世紀に、政治的決定への参加の権利は19世紀に発達した。これに対し、最低限の経済的・文化的生活を享受する権利である社会権が発達するのが20世紀である。社会権とは、単に貧しい者に救済を与えることが目的ではなく、社会全体の不平等を変革する役割を果たすものである、とマーシャルは主張した。この考え方は、エスピン－アンデルセンがいうように、「福祉国家の核心となる理念」として多くの人々に受け入れられるようになった。[8]

　このような思想的基礎と、戦後の経済成長期における財政的余裕を背景に、先進諸国の福祉支出は第2次世界大戦後の時期に急拡大した。1900年から2010年までの主な経済協力開発機構（OECD）諸国における国内総生産（GDP）に占める社会保障費の割合を示した**表12－2**より、その程度がうかがえる。戦前はどの国においても社会保障費はGDPの数％しか占めていなかったが、1960年

---

(6) Briggs 2006, p. 19.
(7) Marshall 2006 (1950), p. 37.
(8) Esping-Andersen 1990, p. 21 = 2001, p. 22.

第12章 福祉国家

表12-2 主なOECD諸国における社会保障支出のGDPに占める割合（%）

年	第2次世界大戦前				第2次世界大戦後					
	1900	1910	1920	1930	1960	1970	1980	1990	2000	2010
アメリカ	0.55	0.56	0.70	0.56	7.26	10.38	11.43	11.68	14.2	19.3
イギリス	1.00	1.38	1.39	2.24	10.21	13.20	16.94	18.05	18.4	22.8
オーストラリア	-	1.12	1.66	2.11	7.39	7.37	10.90	13.57	17.2	17.2
カナダ	-	-	0.06	0.31	9.12	11.80	12.91	17.38	15.8	17.9
韓 国	-	-	-	-	-	-	-	2.8	4.8	9.0
スウェーデン	0.85	1.03	1.14	2.59	10.83	16.76	29.78	32.18	28.2	27.9
スペイン	-	0.02	0.04	0.07	-	-	12.97	17.01	20.0	26.7
チリ	-	-	-	-	-	-	-	9.8	12.7	10.5
デンマーク	1.41	1.75	2.71	3.11	12.26	19.13	26.44	26.97	26.0	29.9
ドイツ	0.59	-	-	4.82	18.10	19.53	20.42	19.85	26.2	26.8
フランス	0.57	0.81	0.65	1.05	13.42	16.68	22.95	23.70	28.4	31.7
日 本	0.17	0.18	0.18	0.21	4.05	5.72	10.48	11.57	16.3	22.1
ノルウェー	1.24	1.18	1.09	2.39	7.85	16.13	18.50	26.44	20.8	22.4
メキシコ	-	-	-	-	-	-	-	3.2	5.0	7.8

（出所）Lindert 2004, p. 13より一部修正して筆者作成。2000年と2010年のデータ，および，韓国，チリ，メキシコのすべてのデータはOECD（http://stats.oecd.org/Index.aspx?datasetcode=SOCX_AGG#, 2015年7月26日アクセス）より。

（注）1960年，1970年のデータはOECDの旧分類，1980年以降は新分類による社会支出統計。小数点以下桁数は元データに則る。

になるとほとんどの国で10％を超えるようになり，1980年代までには多い場合では20％を超えるほどの規模になっている。

表12-2からはまた，福祉国家の発展はその国の経済発展の程度にかなり影響をうけていることがわかる。表中には，1980年代以降にOECDに加盟した韓国，チリ，メキシコの社会保障支出をあわせて示したが，これらの国は1964年設立当初からのOECD加盟国に比べると経済発展の程度は低く，それに対応する形で福祉支出がGDPに占める割合も低い。

経済発展が福祉国家を拡大するという関係は，1970年代の研究においてすでに指摘されている。ハロルド・ウィレンスキーの『福祉国家と平等』はこの点

を明らかにした古典的著作である。彼は1966年時点での60カ国のデータを用い，GDPに占める社会保障支出が人口の高齢化に最も大きく影響を受けていることを明らかにした。さらに，人口高齢化の要因となっているのは，出生率の低下であり，これには1人あたりGDPの水準で示される産業化が大きく影響していることを示した。

　しかしながら，表12-2はまた，経済水準をみていただけでは先進国内での福祉国家のあり方の違いが説明できないことも示唆している。同程度に経済が発展している国においても，福祉支出の規模は国によって大きく異なるからである。例えばアメリカの福祉支出は（2010年の時点で）GDPの20％に満たないが，デンマークやフランスは30％を超えている。なぜこのような違いが生まれるのだろうか。次節では政治的な要因からこの問題を説明する研究を紹介する。

3　戦後の発展

(1) 権力資源論から福祉レジーム論へ

　経済要因に焦点をあてる研究を主な批判対象として1970年代にだされたのが，権力資源論（パワーリソースモデル）と呼ばれる一連の研究である。この名称は，福祉国家のあり方は社会における権力資源の分布から説明できるとする基本的立場に由来している。ここでの権力資源とは，個人や団体が政策過程において影響力を発揮する源泉を指す。マルクス主義理論の流れを汲むこのモデルでは，行為主体（アクター）の基本単位を資本家階級と労働者階級に設定し，

---

(9)　Wilensky 1975=1984.
(10)　例えば，Korpi (1978)，Stephens (1979)，Esping-Andersen (1985) など。Power resource modelの日本語訳としては「権力資源動員論」が頻繁に用いられているが，第2章（市民社会）で検討している社会運動研究における「資源動員論（resource mobilization theory）」との混同を避けるため，ここではより英語に忠実な形で「権力資源論」としている。
(11)　このモデルの提唱者であるコルピ自身の説明はより抽象的で，権力資源を「あるアクターが他のアクターに対し制裁を加えることのできる能力」としている（Korpi 1983, p. 15）。

資本家の場合には資金が，労働者の場合には労働組合として組織化されていることが具体的な権力資源であると主張する。このモデルの主導的提唱者であるウォルター・コルピは，労働者の利益は労働組合を支持基盤とする社会民主主義政党によって代表されているため，社会民主主義政党が政権の座にあるときには労働者の利益に近い福祉政策がとられるという仮説を提示し，スウェーデンを主な事例として戦後ヨーロッパにおける福祉国家の発展を分析した。[12]

　社会階級への注目という意味で権力資源論の延長線上にあり，西欧諸国の福祉国家の特徴を3つの「福祉レジーム」という類型に分けた分析が，先述したイエスタ・エスピン-アンデルセンの『福祉資本主義の3つの世界』である。彼は，「脱商品化指標」と「社会的階層化指標」の2つの指標を用いて福祉レジームの特徴づけをおこなっている。第1の指標である脱商品化とは，カール・マルクスが用いた概念である労働力の「商品化」と対になっている概念である。マルクスのいう商品化とは，資本主義経済においては，労働者が労働市場で自らの労働力を切り売りしなければ生計をたてられない商品（モノ）として，売買の対象となっている状態を指す。これに対し脱商品化とは，疾病などの際にも働いているときと同程度の生活レベルが維持できることを指す。具体的には，年金・疾病・失業保険の給付レベルがより高い場合，およびこれらの受給資格制限が低い場合ほど，脱商品化の程度が高いことになる。

　第2の指標である社会的階層化は，さらに2つに分かれる。第1の階層化が「保守的階層化」である。ここでの「保守的」とはビスマルクの導入した社会保険制度の伝統を汲むもので，家父長主義，国家官僚の優遇，および職域ごとの差別化などを指す。具体的には，個人ではなく世帯単位の保障，職域別の保障制度，公務員に対する優遇などの程度が高いほど保守的階層化が高いと測定される。第2の階層化が，「自由主義的階層化」である。これは，国家の役割は必要最低限にとどめるべきであるという自由主義イデオロギーに基づいている。ここでは，最低限の生活水準に届かない貧困層に特化した給付をおこなう

---

(12)　Korpi 1983.

表12-3　3つの福祉レジームの特徴とその形成要因

	社会民主主義レジーム	保守主義レジーム	自由主義レジーム
特徴			
脱商品化	高	中程度	低
階層化			
保守主義的階層化	低	高	低
自由主義的階層化	低	低	高
形成要因			
左翼（社会民主主義）政党	強	弱	弱
カトリック保守政党	弱	強	弱
絶対主義国家の伝統	弱	強	弱

（出所）Esping-Andersen 1990=2001をもとに筆者作成。

ため，受給者と非受給者の間での階層化が生まれる。給付にあたって所得・資産調査（ミーンズ・テスト）をおこなう場合に，自由主義的階層化が高いとみなされる。

　これらの指標がとる値の組み合わせから，エスピン-アンデルセンは福祉レジームを3つのモデル（理念型）に分類している。その特徴と，後に説明する各類型の形成要因を**表12-3**に示した。第1が「社会民主主義レジーム」で，労働力の脱商品化が高く，給付の階層化が低い特徴をもつ。第2のモデルは，労働力の脱商品化は中程度で，給付の階層化のうち保守主義的階層化が高い「保守主義レジーム」である。このモデルでは，市民が受けるサービスはどの「階層」に属するかによって大きく異なる。第3の「自由主義レジーム」では，労働力の脱商品化が低く，給付の階層化のうち自由主義的階層化が高い。このモデルでは，そもそも国家による福祉支出の程度が低く，給付を受ける階層も貧困層に特化されている。『福祉資本主義の3つの世界』が準備されていた1980年代においては，第1の社会民主主義レジームの典型例がスウェーデンやデンマーク，第2の保守主義レジームの典型がドイツとフランス，そして自由主義レジームの例がアメリカとカナダであった。しかしながら1980年代以降これらの国の福祉レジームは変化しており，この点については次節で検討する。

表12-3にまとめたように，エスピン-アンデルセンはさらに，それぞれの福祉レジームが形成される原因を3つの要因，すなわち，(1) 左翼政党，(2) カトリック保守政党，そして，(3) 国家が専制的な権限をもつ絶対主義の伝統，の強弱から説明する。社会民主主義レジームでは，左翼政党の勢力が強く，他2つの勢力が弱いことで，左翼政党の主な支持基盤，すなわち労働者の利益が福祉政策の内容に大きく反映される。例えばスウェーデンでは，戦後から1970年代まで労働者政党（スウェーデン社会民主労働党）が長期にわたって政権の座にあり福祉国家拡大を進めた。保守主義レジームが形成されるのは，カトリック保守政党の勢力および絶対主義の伝統が強く，かつ左翼政党が弱い場合である。先にこのモデルの典型例としたドイツでは，キリスト教民主同盟が戦後から1960年代終わりまで政権を握り，またビスマルク時代のプロイセンに代表される絶対主義国家の伝統の強い国である。自由主義レジームの場合では，これら3つの要因がおしなべて弱い。このレジームの典型例であるアメリカにおいては，労働者を支持基盤として社会民主主義を標榜する左翼政党も，カトリックの教義を思想的支柱とする政党もほとんど影響力をもたず，また絶対主義の伝統はドイツやフランスに比べると非常に弱い。

　権力資源論における，左派政治勢力による労働者動員力が強いと福祉国家が拡充するというやや単純な主張を深化させたエスピン-アンデルセンの著作は，大きな注目を集めると同時に，批判の対象ともなった。[13] なかでも，フェミニズムの視点からの批判は，以下で紹介する福祉国家の再編を分析する視角にもつながるものである。例えばジェイン・ルイスは，エスピン-アンデルセンの枠組みでは主に女性によって提供される家庭内での賃金化されていない労働

---

(13)　以下で紹介しているフェミニズム研究者からの批判以外の主なものに，「第4のレジーム」を指摘するものがある。例えば，オーストラリアとニュージーランドでは，課税後の再分配ではなく賃金のレベルですでに平等が達成されているので，自由主義レジームには含めず独立した類型とすべきである，との指摘がある。これらの批判の紹介とそれに対するエスピン-アンデルセンの反論として，Esping-Andersen（1999=2000）を参照されたい。また，家族主義を脱商品化と並ぶ1つの独立した軸とし，日本や南欧を事例とする「家族主義的福祉レジーム」という類型を設定する研究もある。例えば，新川（2011）を参照のこと。

(育児や高齢者介護)が無視されている，と指摘する。また，ジュリア・オコナーは，脱商品化という概念が，資本主義経済における階級間の格差を問題としている一方で，「個人の自立」が分析対象とされていない点を強調する。ジェンダーの視点を取り入れることは，社会保障政策が対応すべき問題は(階級間格差だけでなく)個人の自立という問題であることを浮かび上がらせる，と彼女は主張する。これらの指摘は，後述する「能力開発国家」という概念で雇用を重視する，社会保障政策の最近の特徴を捉えようとする議論につながっている。

(2) 資本家(経営者)への注目

権力資源論や福祉レジーム論の前提には，労働者はおしなべて高い福祉を求め，一方で資本家は常に福祉拡充に反対するため，両者は対立関係にあるという見方があった。この前提を疑問視し，資本家(経営者)は必ずしも労働者とは対立しないことを主張する研究が1990年代以降だされている。

資本家に注目する研究は，様々な分析レベル(単位)でおこなわれている。国を分析単位としたものでは，ピーター・ホールやデイヴィッド・ソスキスらの研究グループが提唱する「資本主義の諸類型」論がある。西欧先進国の資本主義はドイツを典型例とする「調整型市場経済」と，アメリカを典型例とする「自由型市場経済」とに分けられるとするこの分析では，資本家の意向，なかでも労働者の技能形成に対する立場が福祉国家の形成に反映していると主張する。調整型市場経済の場合では，経営者が高品質で多様な製品を生産する企業

---

(14) Lewis 1992.
(15) O'Connor 1993. 同様の指摘は，Orloff (1993) によってもなされている。
(16) 例えばここで紹介しているもの以外では，労働者政党は必ずしも労働者の福祉向上をめざす政策を推進しないことをアルゼンチンの事例から分析する Murillo and Calvo (2004)，デンマークやスウェーデンでは労働者政党ではなく農民政党が歴史上福祉を推進してきたとする Baldwin (1990) などがある。
(17) Hall and Soskice 2001=2007, Estevez-Abe, Iversen, and Soskice 2001=2007. この議論は，varieties of capitalism の略である VOC 論として知られている。VOC 論の解説として，稗田 (2005) を参照されたい。

戦略をとるため，労働者に必要とされる技能は企業あるいは産業に特化されたタイプのものとなる。例えばオーダーメイドの貴金属や服飾の生産がその例である。この場合，雇用が法律などで保護されていたり，失業した際の保障が高かったりすれば，労働者にとって（次に説明する一般技能ではなく）企業や産業に特化された技能を習得するリスクが低減する。このため，調整型市場経済においては福祉国家の拡大は経営者の利益と両立する。一方の自由型市場経済では，大量生産型の製品をつくる企業戦略がとられる場合が多いため，雇用主が労働者に対して求めるのは一般的技能（どの企業・産業でも活用できる技能）となり，調整型市場経済における雇用主のように福祉国家拡充がメリットとはならない。

　また，輸出産業と非輸出産業という産業レベルでの資本家の選好の違いに注目するのが，ピーター・スウェンソンの研究である[18]。彼は，スウェーデンとデンマークにおける戦後の福祉国家の進展は，権力資源論が指摘するように長期にわたる左翼政権を要因としていることをふまえながらも，それが可能となる基礎をつくったのが，1930年代に形成された労使の「階級交叉連合」であると主張する。すなわち，当時の輸出産業の資本家は，世界恐慌の影響による業績悪化をうけ，国内向け製品を生産する産業（建設業など）で高い賃金を受け取っていた労働者と厳しい価格競争にさらされる輸出産業（鉄鋼業など）の労働者との間での賃金均一化を求めるため，労働組合の中央集権化，および賃上げ要求の一元化による賃金コントロールを歓迎したのである。これは，労働者を強固に組織したい労働者政党の利害と一致したものだった。

　福祉レジーム論や資本家の役割に注目する研究は，福祉国家の発展期の分析としては一定の説明能力をもつといえるが，1980年代以降におこった経済・社会構造の変化により，福祉国家研究は新しい論点に直面するようになった。経済・社会的変化の概要と，それを背景とした新たな論点について次節で検討する。

---

(18)　Swenson 1991, 2002.

第Ⅲ部　民主主義の多様性

4　1980年代以降を対象とした福祉国家研究

（1）福祉国家をとりまく環境の変化

　1980年代以降，先進国の福祉国家をとりまく環境は大きく変化している。具体的には，経済的，社会的，国際的な側面での変化が挙げられる。経済的にはまず，高度経済成長期が終焉し，低成長の時代になったことがある。これは政府にとっては税収の低下を意味したので，多くの国は慢性的な財政赤字を抱えるようになり，社会保障費予算削減の圧力となっている。また，「ポスト工業化」へと産業構造が変化していることも重要である。工業化は主に第2次産業（製造業）で働くブルーカラーワーカーの増加を意味したのに対し，ポスト工業化は第3次産業（サービス業）で働くホワイトカラーの増加を意味する。これは，労働者に求められる技能が高度化すると同時に，プロジェクト単位で流動的に働く人材が求められるなど，雇用における非正規労働者の増加を生んでいる。

　社会的な面での重要な変化は，少子高齢化と，それとも関連する家族形態の変化である。1人の女性が生む子供の数が減少すると同時に，寿命が延びたために人口に占める高齢者の割合が増大する傾向が生まれた。これは高齢者に対する医療や介護サービスの増加を意味する。また，男性が稼ぎ手となり女性が専業主婦として子供を育て老親の介護をするという家族の構成は，もはや一般的とはいえなくなっている。これをうけ，それまで主に家庭内で（主婦により）賄われていた育児や介護を他の主体がどのように担ってゆくのか，という問題をつきつけている。

　国際的な変化とは，経済のグローバル化の進展である。経済のグローバル化は一般に，貿易，投資，労働力移動の地球規模での増加を意味する。これに関しては，福祉国家の圧縮につながるという分析がある。なぜなら，グローバル化のもとで激しい国際競争にさらされる自国企業の競争力を高めるため，また，自国に投資を呼び込むために，各国政府に対し税率を下げる圧力がかか

り，これが財政難につながって福祉が削減されると考えられるからである。

これらの環境変化をうけ，福祉国家の研究者たちは新しい課題に取り組むようになっている。例えば，育児や介護の問題，グローバリゼーションが福祉国家に与える影響などである。福祉をとりまく新しい環境を背景に生まれた研究のうち，以下では，福祉国家の「新しい政治」と，「能力開発国家」の研究を紹介する。

（2）福祉国家の「新しい政治」

緊縮財政期における社会保障政策の決定過程を「新しい政治」と特徴づけたのが，アメリカとイギリスでの1980年代の福祉改革を主な研究事例としたポール・ピアソンの研究である。「新しい政治」の特徴を述べる前に，彼の検討した課題とその答えをみていこう。

ピアソンが提示する疑問は以下のようなものである。アメリカでのレーガン政権，イギリスでのサッチャー政権ではともに，大きな財政赤字を抱えていただけでなく，国家の役割の後退をうたう新自由主義を理念として掲げており，「福祉国家の縮減」が広く予測されていた。しかし，実際には両政権期に福祉が大きく衰退したわけではない。表12-2で確認したように，福祉支出の年代ごとの推移では両国とも，1980年代に比べるとその後の年代におけるGDPに占める支出割合は増大している。また，数ある社会保障政策の分野のなかでも，ある程度予算削減に成功したものと削減できなかったものとの間にばらつきがあった。例えばアメリカでは，低所得者向け住宅への補助金が減らされたが，その他ではほとんど削減がなかった。またイギリスでは年金や公営住宅への補助は減らされたが，生活扶助や国民保健サービスにおいてはほとんど削減がなかった。

このパズル（謎）への答えとしてピアソンが主張するのが，「政策フィード

---

(19) 育児・介護の問題に関してはSainsbury (1999)，グローバリゼーションとの関連についてはIversen (2001) を参照されたい。
(20) Pierson 1994, 1996.

バック」の効果である。この効果には，いくつかの種類がある。第1が，政策の存在そのものにより，その受益者集団が利益団体として勢力をもつようになって，選挙やロビー活動を通じて福祉削減を阻止する効果である。その典型的な例に，1958年に設立され1980年代までに2800万人の会員をもつようになった，全米退職者協会がある。これは政府による年金削減の試みに対する強い反対勢力となった。第2に，「ロックイン効果」がある。これは，いったん政策が成立して予算が配分されると，それが既成事実となって政策変更や予算配分の変更にコストが生ずるようになり，政策変更をすること自体が困難になる効果である。ピアソンは，これらの政策フィードバック効果が強く働いたことが，予測されたような福祉予算の削減に至らなかった理由である，と分析している。

　ピアソンはさらに，これらの事例研究から得た洞察をもとに，1980年代以降の先進国における社会保障政策の政治過程が「新しい政治」になったと主張する。その「新しさ」の主な特徴が，政治家による「非難回避」である。ここで対比されているのは，戦後の福祉国家拡大期における政治の特徴で，この時期は福祉政策を推進することは有権者一般に受けの良い，「点数稼ぎ（credit claiming）」の政治であった。しかし，財政縮減が恒常的に求められる福祉国家の再編期においては，政治家にとって，福祉削減や改編によって生まれる有権者からの非難をいかに避けられるかが重要になる。具体的な非難回避戦略としては，争点のすりかえ，超党派合意を形成して責任の所在を曖昧にすること，福祉改革が進行していること自体を目立たなくさせる可視性の低下，などがある。1980年代以降最近に至るまでの福祉政策改革を分析する際には，どの国を対象とするにせよ，このような特徴をふまえることは非常に有用だろう。

（3）福祉国家から能力開発国家へ？

　1990年代以降の福祉国家を分析する際に重要となる視点の1つが，政策内容

---

(21) これは経路依存性（path dependency）効果の1種類である。経路依存性の詳細については，本書第1章（国家建設）第3節，およびPierson（2004=2010）を参照のこと。

表12-4　福祉国家と能力開発国家の対比

	福祉国家	能力開発国家
国家介入の根拠	社会権の保障	労働者の潜在能力の開発
政策の目的	労働者の保護（労働の脱商品化）	雇用の促進（個人の経済的自立）
政策実施の原理原則・形態	国家（公的機関）によるサービスの提供	市場原理に基づく民間委託，条件付き給付

（出所）Gilbert（2004, p. 44），三浦・濱田（2012, p. 8）をもとに筆者作成。

の変化である。具体的には，先進諸国における社会保障政策は，それまでの（問題がおこったら支援するという意味での）受動的なアプローチから，労働市場に参加することを積極的に支援する雇用中心アプローチへと変化してきている。これらは，アクティベーション（activation）やワークフェア（workfare）という名前でも知られている。両者の定義およびその違いについては明確な共通理解がないものの，おおまかには，前者（アクティベーション）は労働市場に参加を促すための教育・職業訓練を重視するタイプの政策，後者（ワークフェア）は福祉の受給者に対し就労義務要件を課すタイプの政策である。[22]

　このような政策志向の変化をうけ，ニール・ギルバートは「福祉国家」から「能力開発国家（enabling state）」への変化がおこっていると主張する。[23] 表12-4に両者の特徴をまとめた。ここでの福祉国家は，第2節で紹介した実態としてのものではなく，エスピン-アンデルセンが社会民主主義レジームと特徴づけたタイプが想定されている。そうした意味での福祉国家は，マーシャルが公に広めた「社会権」を思想的根拠に社会に対する介入をおこない，労働者の保護（脱商品化）を主な目的とした政策を実施する。また実施の形態としては，国家（公的）機関が（民間請負を通さず）直接受給者にサービスを提供する形をとる。その一方で，能力開発国家においては，労働者が潜在的にもっている働

---

[22] ワークフェアとアクティベーションの用語の起源とその意味の違いについては三浦・濱田（2012）を参照のこと。またここでの記述は多くを同論文に依拠している。

[23] Gilbert 2004. 雇用中心アプローチが重視されていることを包括的に捉えた概念には，他に「社会的投資国家（social investment state）」がある。これに関しては，Jenson and Saint-Martin（2003）を参照されたい。

く能力の開発を国家介入の根拠としている。そのため，雇用促進，ひいては就労による個人の経済的自立をめざす政策が採用される。また，社会保障政策の提供にあたっては，市場原理に基づいた実施形態をとる。具体的には，民間の団体や企業に業務を委託したり，就労を義務要件とした現金やバウチャー（引換券）給付したりという形をとる。このような基本的な国家のあり方の変化が具現化したものとして，先進国各国でアクティベーションやワークフェアが盛んになっていると解釈できる。日本を対象とした研究では，三浦まりが日本の福祉レジームを「雇用による福祉（welfare through work）」と特徴づけ，就労支援・自立支援のための多様な政策を実施している点で能力開発国家と親和性が高いとしている。

だが，先進国諸国がアクティベーションやワークフェア型の政策を採用する程度は，それがおしなべて増加傾向にあるとはいえ，国や時期によって違いがみられる。例えばスウェーデンでは比較的早い1990年代からアクティベーション型への移行が始まっているが，フランスでは（増加傾向にはあるものの）依然として伝統的な福祉国家への志向が強い。このような違いがなぜおこるのかについての分析は，福祉国家研究の今後の課題の1つであろう。

5 福祉国家研究の今後

本章では，主に西欧先進諸国の福祉国家の形成と変容を検討した。第2次世界大戦後における福祉国家の発展期を説明するにあたっては，経済発展という基本的な要因に加え，政治的要因が様々な形で主張されている。労働者の組織化（労働組合）による動員とそれに伴う左翼政党の政権掌握が福祉国家を発展させたという議論がある一方で，場合によっては資本家が福祉国家拡大を望ま

---

(24) Gilbert (2004) では社会権と対比できる能力開発国家の特徴が明示されていないため，ここでの記述は三浦・濱田 (2012) による。
(25) Miura 2012, 三浦・濱田 2012.
(26) 三浦・濱田 2012.
(27) この問題に関して Hieda (2013) を参照のこと。

しいと考えるために福祉が推進されることもあるという主張も存在する。1980年代以降の福祉国家再編期に関しては，政策決定過程の特徴が発展期とは異なる「新しい政治」（例えば，非難回避戦略の多用など）となることが指摘されている。また1990年代以降の福祉国家を対象とした分析では，生活保障よりも雇用促進に重点をおくタイプの政策が多くの国でとられるようになったことをうけ，それをどう概念化するか，またそれらの概念を各国の分析にどう応用できるか，といった研究が進んでいる。本章で紹介した「能力開発国家」の概念はそのような研究動向の一例である。

このテーマの今後の研究課題としては様々なものが挙げられるだろうが，ここでは，途上国における福祉国家の研究が必要とされていることを指摘したい。これまでの研究は，ほとんどが西欧先進国を対象としてきた。途上国諸国の福祉に関しては，その予算規模が比較的小さいことやデータが整備されていないことなどが影響し，あまり研究が進んでいない。しかし，社会権という考え方の世界的伝播などをうけて，今後途上国での社会保障支出は増大するであろうし，それに伴い一層の学術的知見が必要となるだろう。[28]

---

(28) 途上国の福祉国家を分析することが重要であるという指摘についてはMares and Carnes（2009），東アジア・ラテンアメリカ・東欧の福祉政策を実証的に分析した先駆的な研究としてはHaggard and Kaufman（2008）がある。

参考文献

〈日本語〉

浅野正彦・矢内勇生（2013）『Stata による計量政治学』オーム社。
伊藤修一郎（2011）『政策リサーチ入門——仮説検証による問題解決の技法』東京大学出版会。
岩崎正洋編（2011）『政党システムの理論と実際』おうふう。
岩崎美紀子（2005）『比較政治学』岩波書店。
宇野重規（2007）『トクヴィル——平等と不平等の理論家』講談社。
大村啓喬（2010）「天然資源と内戦の発生に関する研究動向」『国際公共政策研究』第15巻　第1号　181-195ページ。
小野耕二（2001）『比較政治』東京大学出版会。
鹿毛利枝子（2002）「「ソーシャル・キャピタル」をめぐる研究動向（一）（二）」『法学論叢』151巻　第3号　101-119ページ／152巻　第1号　71-87ページ。
鎌原勇太（2011）「民主主義指標の現状と課題」『法学政治学論究』第90号　9月　103-113ページ。
鎌原勇太（2012）「民主主義と「プラグマティック・アプローチ」—経済成長の説明要因としての民主主義に関する計量分析」『公共選択の研究』第57号　2月　31-45ページ。
川崎剛（2010）『社会科学系のための「優秀論文」作成術——プロの学術論文から卒論まで』勁草書房。
川人貞史・吉野孝・平野浩・加藤淳子（2011）『新版　現代の政党と選挙』有斐閣。
川中豪（2009）「新興民主主義の安定をめぐる理論の展開」『アジア経済』第50巻　第12号　55-75ページ。
窪田悠一（2013）「内戦の発生原因とメカニズム—計量分析を中心に」伊東孝之監修『平和構築へのアプローチ—ユーラシア紛争研究の最前線』吉田書店　67-85ページ。
久米郁男（2013）『原因を推論する——政治分析方法論のすゝめ』有斐閣。
厚生労働省（2012）『平成24年版厚生労働白書——社会保障を考える』厚生労働省。
河野勝（2004a）「比較政治学の動向（上）」『国際問題』528号 3月　79-100ページ。

河野勝（2004b）「比較政治学の動向（下）」『国際問題』530号5月　55-70ページ。
河野勝・岩崎正洋編（2002）『アクセス比較政治学』日本経済評論社。
斉藤淳（2010）『自民党長期政権の政治経済学——利益誘導政治の自己矛盾』勁草書房。
佐藤俊樹（2011）『社会学の方法——その歴史と構造』ミネルヴァ書房。
塩川伸明（2008）『民族とネイション——ナショナリズムという難問』岩波書店。
重富真一（2007）「開発と社会運動——途上国における社会運動研究の視座」重富真一編『開発と社会運動——先行研究の検討』アジア経済研究所。
鎮目真人・近藤正基編（2013a）『比較福祉国家——理論・計量・各国事例』ミネルヴァ書房。
鎮目真人・近藤正基（2013b）「福祉国家を比較するために」鎮目真人・近藤正基編『比較福祉国家』ミネルヴァ書房，1-19ページ。
清水和巳・河野勝編著（2008）『入門政治経済学方法論』東洋経済新報社。
清水展（1991）『文化のなかの政治——フィリピン「二月革命」の物語』弘文堂。
新川敏光編（2011）『福祉レジームの収斂と分岐——脱商品化と脱家族化の多様性』ミネルヴァ書房。
砂原庸介（2011）『地方政府の民主主義——財政資源の制約と地方政府の政策選択』有斐閣。
世界銀行（2003）『戦乱下の開発政策』世界銀行。
曽我謙悟・待鳥聡史（2007）『日本の地方政治——二元代表制政府の政策選択』名古屋大学出版会。
高島進（1995）『社会福祉の歴史——慈善事業・救貧法から現代まで』ミネルヴァ書房。
田口富久治（1979）『マルクス主義国家論の新展開』青木書店。
建林正彦（2004）『議員行動の政治経済学——自民党支配の制度分析』有斐閣。
建林正彦・曽我謙悟・待鳥聡史（2008）『比較政治制度論』有斐閣。
辻中豊・森裕城編著（2010）『現代社会集団の政治機能——利益団体と市民社会』木鐸社。
新村出編（2008）『広辞苑（第6版）』岩波書店。
西川知一編（1986）『比較政治の分析枠組』ミネルヴァ書房。
野口悠紀夫（1995）『1940年体制——さらば「戦時経済」』東洋経済新報社。
稗田健志（2005）「「資本主義の諸類型」論から見た日本型福祉レジーム」『季刊社会保障研究』第41巻　第2号　157-167ページ。
眞柄秀子・井戸正伸（2004）『比較政治学（改訂版）』放送大学教育振興会。
増山幹高（2003）『議会制度と日本政治——議事運営の計量政治学』木鐸社。

三浦まり・濱田江里子（2012）「能力開発国家への道——ワークフェア／アクティベーションによる福祉国家の再編」『上智法学論集』第56巻　第2・3号　1-35ページ。
宮本太郎編（2012）『福祉政治』ミネルヴァ書房。
森脇俊雅（2000）『集団・組織』東京大学出版会。
山岸俊男（1998）『信頼の構造——こころと社会の進化ゲーム』東京大学出版会。
山口定（1989）『政治体制』東京大学出版会。
山田真裕・飯田健（2009）『投票行動研究のフロンティア』おうふう。
リード，スティーブン R.（2006）『比較政治学』ミネルヴァ書房。

〈英語〉

ACE Project (n.d.) http://aceproject.org/epic-en/CDTable?question=ES005&set_language=en（2014年1月10日アクセス）.

Acemoglu, Daron and James A. Robinson (2006) *Economic Origins of Dictatorship and Democracy*, Cambridge University Press.

Adsera, Alicia, Carles Boix and Mark Payne (2003) "Are You Being Served? Political Accountability and Quality of Government," *The Journal of Law, Economics and Organization*, Vol. 19, No. 2, pp. 445-490.

Ahlerup, Pelle, Ola Olsson and David Yanagizawa (2009) "Social Capital vs Institutions in the Growth Process," *European Journal of Political Economy*, Vol. 25, No. 1, pp. 1-14.

Ahmed, Faisal Z. (2012) "The Perils of Unearned Foreign Income: Aid, Remittances, and Government Survival," *American Political Science Review*, Vol. 106, No. 1, pp. 146-165.

Aldrich, John H. (1995) *Why Parties? The Origin and Transformation of Political Parties in America*, University of Chicago Press.

Alesina, Alberto, Reza Baqir, and William Easterly (1999) "Public Goods and Ethnic Divisions," *Quarterly Journal of Economics*, Vol. 114, No. 4, pp. 1243-1284.

Almond, Gabriel A. and Sidney Verba (1963) *The Civic Culture: Political Attitudes and Democracy in Five Nations*, Princeton University Press（石川一雄・薄井秀二・中野実・岡沢憲芙・深谷満雄・木村修三・山崎隆志・神野勝弘・片岡寛光訳『現代市民の政治文化——五カ国における政治的態度と民主主義』勁草書房，1974年）.

Almond, Gabriel A. and Sidney Verba (1989) *The Civic Culture Revisited*, Sage Publications.

Alvarez, Mike, José Cheibub, Fernando Limongi, and Adam Przeworski (1996) "Classifying Political Regimes," *Studies in Comparative Development*, Vol. 31, No. 2, pp. 3–36.

Amorim Neto, Octavio (2006) "The Presidential Calculus: Executive Policy-making and Cabinet Formation in the Americas," *Comparative Political Studies*, Vol. 39, No. 4, pp. 415–440.

Anderson, Benedict (1983) *Imagined Communities: Reflections on the Origin and Spread of Nationalism*, Verso（白石隆・白石さや訳『想像の共同体——ナショナリズムの起源と流行』書籍工房早山，2007年）.

Ansell, Ben and David J. Samuels (2014) *Inequality and Democracy: An Elite-Competition Approach*, Cambridge University Press.

Apter, David E. (1965) *The Politics of Modernization*, University of Chicago Press（内山秀夫訳『近代化の政治学』未來社，1982年）.

Ascher, William (1999) *Why Governments Waste Natural Resources: Policy Failures in Developing Countries*, Johns Hopkins University Press（佐藤仁訳『発展途上国の資源政治学——政府はなぜ資源を無駄にするのか』東京大学出版会，2006年）.

Auty, Richard M. (1993) *Sustaining Development in Mineral Economies: The Resource Curse Thesis*, Routledge.

Baldwin, Peter (1990) *The Politics of Social Solidarity: Class Bases of the European Welfare State, 1875–1975*, Cambridge University Press.

Basedau, Matthias and Jann Lay (2009) "Resource Curse or Rentier Peace? The Ambiguous Effects of Oil Wealth and Oil Dependence on Violent Conflict," *Journal of Peace Research*, Vol. 46, No. 6, pp. 757–776.

Beblawi, Hazem and Giacomo Luciani eds. (1987) *The Rentier State*, Croom Helm.

Beck, Thorsten, George Clarke, Alberto Groff, Philip Keefer, and Patrick Walsh (2001) "New Tools in Comparative Political Economy: The Database of Political Institutions," *World Bank Economic Review*, Vol. 15, No. 1, pp. 165–176.

Bednar, Jenna and Scott Page (2007) "Can Game(s) Theory Explain Culture? The Emergence Of Cultural Behavior Within Multiple Games," *Rationality and Society*, Vol. 19, No. 1, pp. 65–97.

Bennett, Stephen E. (2002) ""Perestroika" Lost: Why the Latest "Reform Movement" in Political Science Should Fail," *PS: Political Science & Politics*, Vol. 35, No. 2, pp. 177–179.

Benoit, Kenneth (2007) "Electoral Laws as Political Consequence: Explaining the Origins and Change of Electoral Institutions," *Annual Review of Political Science*, Vol. 10, pp. 363-390.

Berger, Suzanne (2000) "Globalization and Politics," *Annual Review of Political Science*, Vol. 3, pp. 43-62.

Berman, Sheri (1997) "Civil Society and the Collapse of the Weimar Republic," *World Politics*, Vol. 49, No. 3, pp. 401-429.

Besley, Timothy and Torsten Persson (2011) *Pillars of Prosperity: the Political Economics of Development Clusters*, Princeton University Press.

Bjørnskov, Christian (2006) "Determinants of Generalized Trust: A Cross-Country Comparison," *Public Choice*, Vol. 130, pp. 1-21.

Blattman, Christopher and Edward Miguel (2010) "Civil War," *Journal of Economic Literature*, Vol. 48, No. 1, pp. 3-57.

Blaydes, Lisa (2011) *Elections and Distributive Politics in Mubarak's Egypt*, Cambridge University Press.

Boix, Carles (1999) "Setting the Rules of the Game: The Choice of Electoral Systems in Advanced Democracies," *American Political Science Review*, Vol. 93, No. 3, pp. 609-624.

Boix, Carles (2003) *Democracy and Redistribution*, Cambridge University Press.

Boix, Carles (2011) "Democracy, Development, and the International System," *American Political Science Review*, Vol. 105, No. 4, pp. 809-828.

Boix, Carles and Susan C. Stokes (2003) "Endogenous Democratization," *World Politics*, Vol. 55, No. 4, pp. 517-549.

Boix, Carles and Susan C. Stokes eds. (2007) *Oxford Handbook of Comparative Politics*, Oxford University Press.

Boris, Elizabeth and Rachel Mosher-Williams (1998) "Nonprofit Advocacy Organizations: Assessing The Definitions, Classifications, and Data," *Nonprofit and Voluntary Sector Quarterly*, Vol.27, No. 4, pp. 488-506.

Brady, Henry E. and David Collier eds. (2004) *Rethinking Social Inquiry: Diverse Tools, Shared Standards*, Rowman & Littlefield（泉川泰博・宮下明聡訳『社会科学の方法論争——多様な分析道具と共通の基準』勁草書房, 2008年).

Brehm, John and Wendy Rahn (1997) "Individual-Level Evidence for the Causes and Consequences of Social Capital," *American Journal of Political Science*, Vol. 41, No. 3,

pp. 999-1023.
Briggs, Asa (2006) "The Welfare State in Historical Perspective," in Christopher Pierson and Francis G. Castles eds., *The Welfare State Reader*, 2nd ed., Polity, pp. 16-29 (reprinted from Charles I. Schottland eds. (1969) *The Welfare State: Selected Essays*, Harper and Row, pp. 29-45).
Brunnschweiler, Christa N. and Erwin H. Bulte (2009) "Natural Resources and Violent Conflict: Resource Abundance, Dependence and the Onset of Civil Wars," *Oxford Economic Papers*, Vol. 61, No. 4, pp. 651-674.
Bräutigam, Deborah A. and Stephen Knack (2004) "Foreign Aid, Institutions, and Governance in Sub-Saharan Africa," *Economic Development and Cultural Change*, Vol. 52, No. 2, pp. 255-285.
Bunce, Valerie J. and Sharon L. Wolchik (2010) "Defeating Dictators: Electoral Change and Stability in Competitive Authoritarian Regimes," *World Politics*, Vol. 62, No. 1, pp. 43-86.
Call, Charles T. (2008) "The Fallacy of the 'Failed State'," *Third World Quarterly*, Vol. 29, No. 8, pp. 1491-1507.
Caramani, Daniele (2008) "Party Systems," in Daniele Caramani ed., *Comparative Politics*, Oxford University Press, pp. 318-347.
Caramani, Daniele ed. (2008) *Comparative Politics*, Oxford University Press.
Carothers, Thomas (2002) "The End of Transition Paradigm," *Journal of Democracy*, Vol. 13, No. 1, pp. 5-21.
Carpenter, Daniel P. (2001) *The Forging of Bureaucratic Autonomy: Reputations, Networks, and Policy Innovation in Executive Agencies, 1862-1928*, Princeton University Press.
Cederman, Lars-Erik, Nils B. Weidmann, and Kristian Skerede Gleditsch (2011) "Horizontal Inequalities and Ethnonationalist Civil War: A Global Comparison," *American Political Science Review*, Vol. 105, No. 3, pp. 478-495.
Centeno, Miguel A. (2002) *Blood and Debt: War and the Nation-State in Latin America*, Pennsylvania State University Press.
Chandra, Kanchan (2004) *Why Ethnic Parties Succeed: Patronage and Ethnic Head Counts in India*, Cambridge University Press.
Cheibub, José Antonio (2006) *Presidentialism, Parliamentarism and Democracy*, Cambridge University Press.

Cheibub, José Antonio, Jennifer Gandhi, and James Raymond Vreeland (2010) "Democracy and Dictatorship Revisited," *Public Choice*, Vol. 143, No. 1-2, pp. 67-101.

Chhibber, Pradeep and Ken Kollman (2004) *The Formation of National Party Systems : Federalism and Party Competition in Canada, Great Britain, India, and the United States*, Princeton University Press.

Christensen, Clayton M., James Allworth, Karen Dillon (2012) *How Will You Measure Your Life?* Harper Collins Publishers (櫻井祐子訳『イノベーション・オブ・ライフ——ハーバード・ビジネススクールを巣立つ君たちへ』翔泳社，2012年).

Claibourn, Michele P. and Paul S. Martin (2000) "Trusting and Joining?: An Empirical Test of the Reciprocal Nature of Social Capital," *Political Behavior*, Vol. 22, No. 4, pp. 267-291.

Clark, William R., Matt Golder and Sona N. Golder (2013) *Principles of Comparative Politics*, 2nd ed., CQ Press.

Cohen, Jean L. and Andrew Arato (1992) *Civil Society and Political Theory*, MIT Press.

Collier, David and Robert Adcock (1999) "Democracy and Dichotomies: A Pragmatic Approach to Choices about Concepts," *Annual Review of Political Science*, Vol. 2, pp. 537-565.

Collier, Paul (2009) *Wars, Guns, and Votes: Democracy in Dangerous Places*, 1st ed., Harper (甘糟智子訳『民主主義がアフリカ経済を殺す——最底辺の10億人の国で起きている真実』日経BP出版センター，2010年).

Collier, Paul and Anke Hoeffler (1998) "On Economic Causes of Civil War," *Oxford Economic Papers*, Vol. 50, pp. 563-573.

Collier, Paul and Anke Hoeffler (2004) "Greed and Grievance in Civil War," *Oxford Economic Papers*, Vol. 56, pp. 563-595.

Colomer, Joseph M. ed. (2004) *Handbook of Electoral System Choice*, Palgrave Macmillan.

Coppedge, Michael (2012) *Democratization and Research Methods*, Cambridge University Press.

Cox, Gary W. (1997) *Making Votes Count: Strategic Coordination in the World's Electoral Systems*, Cambridge University Press.

Curtis, Gerald L. (1983) *Election Campaigning Japanese Style*, Kodansha International (山岡清二訳『代議士の誕生——日本式選挙運動の研究』サイマル出版会，1983年).

Cusack, Thomas R., Torben Iversen, and David Soskice (2010) "Coevolution of Capitalism and Political Representation: The Choice of Electoral Systems," *American Political Science Review*, Vol. 104, No. 2, pp. 393-403.

Cusack, Thomas R., Torben Iversen, and David Soskice (2007) "Economic Interests and the Origins of Electoral Systems," *American Political Science Review*, Vol. 101, No. 3, pp. 373-391.

Dahl, Robert A. (1956) *A Preface to Democratic Theory*, University of Chicago Press (内山秀夫訳『民主主義理論の基礎』未來社, 1970年).

Dahl, Robert A. (1961) *Who Governs?: Democracy and Power in an American City*, Yale University Press (河村望・高橋和宏監訳『統治するのはだれか——アメリカの一都市における民主主義と権力』行人社, 1988年).

Dahl, Robert A. (1963) *Modern Political Analysis*, Prentice-Hall (高畠通敏訳『現代政治分析』岩波書店, 1999年).

Dahl, Robert A. (1971) *Polyarchy: Participation and Opposition*, Yale University Press (高畠通敏・前田脩訳『ポリアーキー』三一書房, 1981年).

Dahl, Robert A. (1979) "Procedural Democracy," in Peter Laslett and James Fishkin eds., *Philosophy, Politics and Society*, Blackwell, pp. 97-133.

David, Paul A. (1985) "Clio and the Economics of QWERTY," *American Economic Review*, Vol. 75, No. 2, pp. 332-337.

Delhey, Jan and Kenneth Newton (2005) "Predicting Cross-National Levels of Social Trust: Global Pattern or Nordic Exceptionalism?" *European Sociological Review*, Vol. 21, No. 4, pp. 311-327.

Downs, Anthony (1957) *An Economic Theory of Democracy*, Harper & Brothers (古田精司監訳『民主主義の経済理論』成文堂, 1980年).

Druckman, James N., Donald P. Green, James H. Kuklinski and Arthur Lupia (2006) "The Growth and Development of Experimental Research in Political Science," *American Political Science Review*, Vol. 100, No. 4, pp. 627-635.

Dube, Oeindrila and Juan F. Vargas (2013) "Commodity Price Shocks and Civil Conflict: Evidence from Colombia," *Review of Economic Studies*, Vol. 80, pp. 1384-1421.

Dunning, Thad and Lauren Harrison (2010) "Cross-Cutting Cleavages and Ethnic Voting: An Experimental Study of Cousinage in Mali," *American Political Science Review*, Vol. 104, No. 1, pp. 21-39.

Duverger, Maurice (1954) *Political Parties: Their Organization and Activity in the*

Modern State, Methuen.

Easter, Gerald M. (1997) "Preference for Presidentialism: Postcommunist Regime Change in Russia and the NIS," *World Politics*, Vol. 49, No. 2, pp. 184-211.

Easton, David (1965) *A Systems Analysis of Political Life*, Wiley (薄井秀二・依田博訳『政治生活の体系分析（新装版）』早稲田大学出版部，2002年).

Easton, David. (1971) *The Political System: An Inquiry into the State of Political Science*, 2nd ed., Knopf.

Eckstein, Harry (1963) "A Perspective on Comparative Politics, Past and Present," in Harry Eckstein and David E. Apter eds., *Comparative Politics: A Reader*, Free Press of Glencoe.

Eisinger, Peter K. (1973) "The Conditions of Protest Behavior in American Cities," *American Political Science Review*, Vol. 67, No. 1, pp. 11-28.

Elbadawi, Ibrahim and Nicholas Sambanis (2002) "How Much War Will We See? Explaining the Prevalence of Civil War," *Journal of Conflict Resolution*, Vol. 46, No. 3, pp. 307-334.

Elgie, Robert (2011) *Semi-presidentialism: Sub-types and Democratic Performance*, Oxford University Press.

Elster, Jon (1989) *Nuts and Bolts for the Social Sciences*, Cambridge University Press (海野道郎訳『社会科学の道具箱——合理的選択理論入門』ハーベスト社，1997年).

Eltantawy, Nahed and Julie B. Wiest (2011) "Social Media in the Egyptian Revolution: Reconsidering Resource Mobilization Theory," *International Journal of Communication*, Vol. 5, pp. 1207-1224.

Epstein, David L., Robert Bates, Jack Goldstone, Ida Kristensen, and Sharyn O'Halloran (2006) "Democratic Transitions," *American Journal of Political Science*, Vol. 50, No. 3, pp. 551-569.

Eriksen, Thomas H. (2002) *Ethnicity and Nationalism*, 2nd ed., Pluto Press (鈴木清史訳『エスニシティとナショナリズム——人類学的視点から』明石書店，2006年).

Esping-Andersen, Gøsta (1985) *Politics against Markets: The Social Democratic Road to Power*, Princeton University Press.

Esping-Andersen, Gøsta (1990) *Three Worlds of Welfare Capitalism*, Polity Press (岡沢憲芙・宮本太郎監訳『福祉資本主義の三つの世界——比較福祉国家の理論と動態』ミネルヴァ書房，2001年).

Esping-Andersen, Gøsta (1999) *Social Foundations of Postindustrial Economies*, Oxford University Press(渡辺雅男・渡辺景子訳『ポスト工業経済の社会的基礎——市場・福祉国家・家族の政治経済学』桜井書店,2000年).

Estevez-Abe, Margarita, Torben Iversen and David Soskice (2001) "Social Protection and Formation of Skills: A Reinterpretation of the Welfare State," in Peter A. Hall and David W. Soskice eds., *Varieties of Capitalism: The Institutional Foundations of Comparative Advantage*, Oxford University Press, pp.145-183(遠山弘徳他訳「社会保護と技能形成——福祉国家の再解釈」『資本主義の多様性——比較優位の制度的基礎』ナカニシヤ出版,2007年,pp.167-210).

Evans, Peter B., Dietrich Rueschemeyer, and Theda Skocpol eds. (1985) *Bringing the State Back In*, Cambridge University Press.

Fearon, James D. (1999) Why Ethnic Politics and "Pork" Tend to go together, paper presented at an SSRC-MacArthur sponsored conference on Ethnic Politics and Democratic Stability, University of Chicago.

Fearon, James D. and David D. Laitin (2003) "Ethnicity, Insurgency and Civil War," *American Political Science Review*, Vol. 97, No. 1, pp. 75-90.

Fearon, James D. and David D. Laitin (2011) "Sons of the Soil, Migrants, and Civil War," *World Development*, Vol. 39, No. 2, pp. 199-211.

Fish, M. Steven (2002) "Islam and Authoritarianism," *World Politics*, Vol. 55, No. 1, pp. 4-37.

Fjeldel, Hanne and Indra De Soysa (2009) "Coercion, Co-optation, or Cooperation?: State Capacity and the Risk of Civil War, 1961-2004," *Conflict Management and Peace Science*, Vol. 26, No. 1, pp. 5-25.

Flora, Peter and Arnold J. Heidenheimer (1981) "The Historical Core and Changing Boundaries of the Welfare States," in Peter Flora and Arnold J. Heidenheimer eds., *The Development of Welfare States in Europe and America*, Transaction Books, pp. 17-34.

Fukuyama, Francis (2013) "What Is Governance?" *Governance*, Vol. 26, No. 3, pp. 347-368.

Gallagher, Michael (1991) "Proportionality, Disproportionality and Electoral Systems," *Electoral Studies*, Vol. 10, No. 1, pp. 33-51.

Gandhi, Jennifer (2008) *Political Institutions under Dictatorship*, Cambridge University Press.

Geddes, Barbara (1994) *Politician's Dilemma: Building State Capacity in Latin Amer-*

ica, University of California Press.
Geddes, Barbara (1999) "What Do We Know about Democratization after Twenty Years?," *Annual Review of Political Science*, Vol. 2, pp. 115–144.
Geddes, Barbara (2007) "What Causes Democratization?" in Carles Boix and Susan C. Stokes eds. *Oxford Handbook of Comparative Politics*, Oxford University Press, pp. 317–339.
Geertz, Clifford (1973) *The Interpretation of Cultures: Selected Essays*, Basic Books（吉田禎吾他訳『文化の解釈学』岩波書店, 1987年）.
Gellner, Earnest (1983) *Nations and Nationalism*, Blackwell（加藤節監訳『民族とナショナリズム』岩波書店，2000年）.
Gerring, John (2011) *Social Science Methodology: A Unified Framework*, Cambridge University Press.
Gerring, John, Strom C. Thacker and Rodrigo Alfaro (2012) "Democracy and Human Development," *The Journal of Politics*, Vol. 74, No. 1, pp. 1–17.
Gerth, H. H. and C. Wright Mills eds. and trans. (1946) *From Max Weber: Essays in Sociology*, Oxford University Press.
Gilbert, Neil (2004) *Transformation of the Welfare State: The Silent Surrender of Public Responsibility*, Oxford University Press.
Glasius, Marlies (2010) "Uncivil Society," in Helmut Anheier and Stefan Toepler eds., *International Encyclopedia of Civil Society*, Springer, pp.1583–1588.
Gleditsch, Kristian Skrede and Andrea Ruggeri (2010) "Political Opportunity Structures, Democracy, and Civil War," *Journal of Peace Research*, Vol. 47, No. 3, pp. 299–310.
Goertz, Gary and James Mahoney (2012) *A Tale of Two Cultures: Qualitative and Quantitative Research in the Social Sciences*, Princeton University.
Goldstone, Jack A. et al. (2010) "A Global Model for Forecasting Political Instability," *American Journal of Political Science*, Vol. 54, No. 1, pp. 190–208.
Gurr, Ted Robert (1970) *Why Men Rebel*, Princeton University Press.
Haber, Stephen and Victor A. Menald (2011) "Do Natural Resources Fuel Authoritarianism? A Reappraisal of the Resource Curse," *American Political Science Review*, Vol. 105, No. 1, pp. 1–26.
Habyarimana, James, Macaratan Humphreys, Daniel Posner, Jeremy Weinstein (2007) "Why Does Ethnic Diversity Undermine Public Goods Provision?" *American Politi-*

cal Science Review, Vol. 101, No. 4, pp. 709–725.

Hadenius, Axel and Jan Teorell (2006) "Authoritarian Regimes: Stability, Change, and Pathways to Democracy, 1972–2003," Kellog Institute Working Paper No. 331.

Haggard, Stephan and Mathew D. McCubbins eds. (2001) *Presidents, Parliaments, and Policy*, Cambridge University Press.

Haggard, Stephan and Robert R. Kaufman (2008) *Development, Democracy, and Welfare States: Latin America, East Asia, and Eastern Europe*, Princeton University Press.

Hall, Peter A. and David W. Soskice (2001) *Varieties of Capitalism: The Institutional Foundations of Comparative Advantage*, Oxford University Press（遠山弘徳ほか訳『資本主義の多様性——比較優位の制度的基礎』ナカニシヤ出版，2007年）.

Hardin, Russell (2002) *Trust and Trustworthiness*, Russell Sage Foundation.

Hegre, Håvard, Tanja Ellingsen, Scott Gates, and Nils Petter Gleditsch (2001) "Toward a Democratic Civil Peace?: Democracy, Political Change, and Civil War, 1816–1992," *American Political Science Review*, Vol. 95, No. 1, pp. 33–48.

Held, David. (1995) *Models of Democracy*, Polity Press（中谷義和訳『民主政の諸類型』御茶の水書房，1998年）.

Hendrix, Cullen (2010) "Measuring State Capacity: Theoretical and Empirical Implications for the Study of Civil Conflict," *Journal of Peace Research*, Vol. 47, No. 3, pp. 273–285.

Henrich, Joseph, Robert Boyd, Samuel Bowles, Colin Camerer, Ernst Fehr, Herbert Gintis and Richard McElreath (2001) "In Search of Homo Economicus: Behavioral Experiments in 15 Small-Scale Societies," *The American Economic Review*, Vol. 91, No. 2, pp. 73–78.

Herbst, Jeffrey (2000) *States and Power in Africa: Comparative Lessons in Authority and Control*, Princeton University Press.

Hieda, Takeshi (2013) "The Politics of Active Labor Market Policy in Post-Industrial Democracies: Divergent Policy Responses to New Social Risks among Pro-Welfare Parties," paper prepared for presentation at the Annual Conference of the Japanese Association for Comparative Politics.

Hobsbawm, E. J. (1990) *Nations and Nationalism since 1780: Programme, Myth, Reality*, Cambridge University Press（浜林正夫・嶋田耕也・庄司信訳『ナショナリズムの歴史と現在』大月書店，2001年）.

Howard, Marc Morjé and Philip G. Roessler (2006) "Liberalizing Electoral Outcomes in Competitive Authoritarian Regimes," *American Journal of Political Science*, Vol. 50, No. 2, pp. 365–381.

Huntington, Samuel P. (1968) *Political Order in Changing Societies*, Yale University Press(内山秀夫訳『変革期社会の政治秩序』サイマル出版会,1972年).

Huntington, Samuel P. (1991) *The Third Wave: Democratization in the Late Twentieth Century*, University of Oklahoma Press(坪郷實・中道寿一・藪野祐三訳『第三の波――20世紀後半の民主化』三嶺書房,1995年).

Huntington, Samuel P. (1996) *The Clash of Civilizations and the Remaking of World Order*, Simon & Schuster(鈴木主税訳『文明の衝突』集英社,1998年).

Inglehart, Ronald (1977) *The Silent Revolution: Changing Values and Political Styles among Western Publics*, Princeton University Press(三宅一郎・金丸輝男・富沢克訳『静かなる革命――政治意識と行動様式の変化』東洋経済新報社,1978年).

Inglehart, Ronald (1990) *Culture Shift in Advanced Industrial Society*, Princeton University Press(村山皓訳『カルチャーシフトと政治変動』東洋経済新報社,1993年).

Inglehart, Ronald and Christian Welzel (2005) *Modernization, Cultural Change, and Democracy: The Human Development Sequence*, Cambridge University Press.

Iversen, Torben (2001) "The Dynamics of Welfare State Expansion: Trade Openness, Deindustrialization and Partisan Politics," in Paul Pierson ed., *The New Politics of the Welfare State*, Oxford University Press, pp. 45–79.

Iversen, Torben and David Soskice (2006) "Electoral Institutions and the Politics of Coalitions: Why Some Democracies Redistribute More Than Others," *American Political Science Review*, Vol. 100, No. 2, pp. 165–181.

Jenkins, J. Craig and Charles Perrow (1977) "Insurgency of the Powerless: Farm Worker Movements (1946-1972)," *American Sociological Review*, Vol. 42, No. 2, pp. 249–268.

Jenson, Jane, and Denis Saint-Martin (2003) "New Routes to Social Cohesion? Citizenship and the Social Investment State," *Canadian Journal of Sociology*, Vol. 28, No. 1, pp. 77–99.

Johnson, Chalmers (1982) *MITI and the Japanese Miracle: the Growth of Industrial Policy, 1925-1975*, Stanford University Press(矢野俊比古監訳『通産省と日本の奇跡』ティビーエス・ブリタニカ,1982年).

Kage, Rieko (2011) *Civic Engagement in Postwar Japan: The Revival of a Defeated So-*

ciety, Cambridge University Press.

Kalyvas, Stathis N. (2001) ""New" and "Old" Civil Wars: A Valid Distinction?" *World Politics*, Vol. 54, No. 1, pp. 99-118.

Kalyvas, Stathis N. and Laia Balcells (2010) "International System and Technologies of Rebellion," *American Political Science Review*, Vol. 104, No. 3, pp. 415-429.

Kasuya, Yuko ed. (2013) *Presidents, Assemblies, and Policy-Making in Asia*, Palgrave Macmillan.

Katz, Richard S. (2008) "Political Parties," in Daniele Caramani ed., *Comparative Politics*, Oxford University Press, pp. 293-316.

Katz, Richard S. and Peter Mair (1995) "Changing Models of Party Organization and Party Democracy: The Emergence of the Cartel Party," *Party Politics*, Vol. 1, No. 1, pp. 5-28.

Katz, Richard S. and Peter Mair (2009) "The Cartel Party Thesis: A Restatement," *Perspectives on Politics*, Vol. 7, No. 4, pp. 753-766.

Keck, Margaret E. and Kathryn Sikkink (1998) *Activists Beyond Borders: Advocacy Networks in International Politics*, Cornell University Press.

Kedar, Orit (2005) "When Moderate Voters Prefer Extreme Parties: Policy Balancing in Parliamentary Elections," *American Political Science Review*, Vol. 99, No. 2, pp.185-199.

Kelley, Judith G. (2012) *Monitoring Democracy: When International Election Observation Works, and Why It Often Fails*, Princeton University Press.

Kernell, Samuel ed. (2003) *James Madison: The Theory and Politics of Republican Government*, Sanford University Press.

King, Gary, Robert O. Keohane, and Sidney Verba (1994) *Designing Social Inquiry: Scientific Inference in Qualitative Research*, Princeton University Press（真渕勝監訳『社会科学のリサーチ・デザイン──定性的研究における科学的推論』勁草書房、2004年）.

Kirchheimer, Otto (1966) "The Transformation of the Western European Party Systems," in Joseph LaPalombara and Myron Weiner eds., *Political Parties and Political Development*, Princeton University Press, pp. 177-200.

Kitschelt, Herbert (1986) "Political Opportunity Structures and Political Protest: Anti-Nuclear Movements in Four Democracies," *British Journal of Political Science*, Vol. 16, No. 1, pp. 57-85.

Kitschelt, Herbert (1989) *The Logics of Party Formation: Ecological Politics in Belgium and West Germany*, Cornell University Press.

Kitschelt, Herbert (1994) *The Transformation of European Social Democracy*, Cambridge University Press.

Kitschelt, Herbert (2000) "Linkages between Citizens and Politicians in Democracies," *Comparative Political Studies*, Vol. 33, No. 6/7, pp. 845–879.

Knack, Stephen (2002) "Social Capital and the Quality of the Government: Evidence from the States," *American Journal of Political Science*, Vol. 46, No. 4, pp. 772–785.

Knack, Stephen and Philip Keefer (1997) "Does Social Capital Have an Economic Payoff? A Cross-Country Investigation," *The Quarterly Journal of Economics*, Vol. 112, No. 4, pp. 1251–1288.

Kohno, Masaru (1992) "Rational Foundations for the Organization of the Liberal Democratic Party in Japan," *World Politics*, Vol. 44, No. 3, pp. 369–397.

Kohno, Masaru (1997) *Japan's Postwar Party Politics*, Princeton University Press.

Kornhauser, William (1959) *The Politics of Mass Society*, Free Press（辻村明訳『大衆社会の政治』東京創元社，1961年）.

Korpi, Wlater (1978) *The Working Class in Welfare Capitalism: Work, Unions, and Politics in Sweden*, Routledge and Kegan Paul.

Korpi, Walter (1983) *The Democratic Class Struggle*, Routledge and Kegan Paul.

Kreuzer, Marcus (2010) "Historical Knowledge and Quantitative Analysis: The Case of the Origins of Proportional Representation," *American Political Science Review*, Vol. 104, No. 2, pp. 369–392.

Laakso, Markku and Rein Taagepera (1979) "Effective Number of Parties: A Measure with Application to West Europe," *Comparative Political Studies*, Vol. 12, No. 1, pp. 3–27.

Laitin, David D. (1998) *Identity in Formation: the Russian-Speaking Populations in the Near Abroad*, Cornell University Press.

Laitin, David D. (2002) "Comparative Politics," in Ira Katznelson and Helen V. Milner eds. *Political Science: State of the Discipline*, W.W.Norton., pp 630–659.

Laitin, David D. (2007) *Nations, States and Violence*, Oxford University Press.

Laitin, David D. and Sangick Jeon (2013) "Exploring Opportunities in Cultural Diversity," prepared for *Emerging Trends in the Social and Behavioral Sciences*.

Leemann, Lucas and Isabela Mares (2012) "The Adoption of Proportional Representation," paper prepared for delivery at the Annual Meeting of the American Political Science Association.

Leite, Carlos and Jens Weidmann (1999) "Does Mother Nature Corrupt? Natural Resources, Corruption, and Economic Growth," *IMF Working Paper* No. 99/85, International Monetary Fund.

Levitsky, Steven and Lucan A. Way (2010) *Competitive Authoritarianism: Hybrid Regimes after the Cold War*, Cambridge University Press.

Lewis, Jane (1992) "Gender and the Development of Welfare Regimes," *Journal of European Social Policy*, Vol. 2, No. 3, pp. 159–173.

Liebowitz, S. J. and Stephen E. Margolis (1990) "The Fable of the Keys," *Journal of Law and Economics*, Vol. 33, No. 1, pp. 1–26.

Lijphart, Arend (1992) "Democratization and Constitutional Choices in Czech-Slovakia, Hungary, and Poland, 1989–1991," *Journal of Theoretical Politics*, Vol. 4, No. 2, pp. 207–223.

Lijphart, Arend (1999) *Patterns of Democracy: Government Forms and Performance in Thirty-Six Countries*, Yale University Press（粕谷祐子訳『民主主義 対 民主主義──多数決型とコンセンサス型の36ヶ国比較研究』勁草書房，2005年）.

Lijphart, Arend (2012) *Patterns of Democracy: government forms and performance in thirty-six countries*, 2nd ed., Yale University Press（粕谷祐子・菊池啓一訳『民主主義 対 民主主義──多数決型とコンセンサス型の36ヶ国比較研究（第2版）』勁草書房，2014年）.

Lindert, Peter H. (2004) *Growing Public: Social Spending and Economic Growth since the Eighteenth Century (Volume 1)*, Cambridge University Press.

Linz, Juan J. (1964) "An Authoritarian Regime: Spain," in Erik Allardt and Yrjö Littunen eds., *Cleavages, Ideologies and Party Systems: Contributions to Comparative Political Sociology*, Academic Bookstore, pp. 291–341.

Linz, Juan J. (1975) "Totalitarian and Authoritarian Regimes," in Fred I. Greenstein and Nelson W. Polsby eds., *Macropolitical Theory*, Addison-Wesley Press, pp. 175–411（高橋進監訳『全体主義体制と権威主義体制』法律文化社，1995年）.

Linz, Juan J. (1990) "The Perils of Presidentialism," *Journal of Democracy*, Vol. 1, No. 1, pp. 51–69.

Linz, Juan J. and Alfred Stepan, (1996) *Problems of Democratic Transition and Consolidation: Southern Europe, South America, and post-communist Europe*, Johns

Hopkins University Press(荒井祐介・五十嵐誠一・上田太郎訳『民主化の理論——民主主義への移行と定着の課題』一藝社, 2005年).

Lipset, Seymour Martin (1959) "Some Social Requisites of Democracy," *American Political Science Review*, Vol. 53, No. 1, pp. 69–105.

Lipset, Seymour Martin (1960) *Political Man: The Social Bases of Politics*, Doubleday & Company(内山秀夫訳『政治のなかの人間——ポリティカル・マン』東京創元新社, 1963年).

Lipset, Seymour Martin (1994) "The Social Requisites of Democracy Revisited: 1993 Presidential Address," *American Sociological Review*, Vol. 59, pp. 1–22.

Lipset, Martin S. and Stein Rokkan (1967) "Cleavage Structures, Party Systems, and Voter Alighments: An Introduction," in Martin S. Lipset and Stein Rokkan eds., *Party Systems and Voter Alignments: Cross-National Perspectives*, Free Press, pp. 1–64.

Luebbert, Gregory M. (1991) *Liberalism, Fascism, or Social Democracy: Social Classes and the Political Origins of Regimes in Interwar Europe*, Oxford University Press.

Lujala, Päivi (2010) "The Spoils of Nature: Armed Civil Conflict and Rebel Access to Natural Resources," *Journal of Peace Research*, Vol. 47, No. 1, pp. 15–28.

Lujala, Päivi, Nils Petter Gleditsch, and Elisabeth Gilmore (2005) "A Diamond Course? Civil War and a Lootable Resource," *Journal of Conflict Resolution*, Vol. 49, No. 4, pp. 538–562.

Lust-Okar, Ellen (2005) *Structuring Conflict in the Arab World: Incumbents, Opponents, and Institutions*, Cambridge University Press.

MacElwain, Kenneth Mori (2008) "Manipulating Electoral Rules to Manufacture Single-Party Dominance," *American Journal of Political Science*, Vol. 52, No. 1, pp. 32–47.

Magaloni, Beatriz (2006) *Voting for Autocracy: Hegemonic Party Survival and Its Demise in Mexico*, Cambridge University Press.

Magaloni, Beatriz (2008) "Credible Power-Sharing and the Longevity of Authoritarian Rule," *Comparative Political Studies*, Vol. 41, No. 4-5, pp. 715–741.

Magaloni, Beatriz and Ruth Kricheli (2010) "Political Order and One-Party Rule," *Annual Review of Political Science*, Vol. 13, pp. 123–143.

Mainwaring, Scott (1993) "Presidentiasm, Multipartism, and Democracy: The Difficult Combination," *Comparative Political Studies*, Vol. 26, No. 2, pp. 198–228.

Mainwaring, Scott and Timothy R. Scully eds. (1995) *Building Democratic Institu-*

tions: Party Systems in Latin America, Stanford University Press.

Mares, Isabela and Matthew Carnes (2009) "Social Policy in Developing Countries," *Annual Review of Political Science*, Vol. 12, pp. 93-113.

Marshall, T.H. (2006 (1950)) "Citizenship and Social Class," in Christopher Pierson and Francis G. Castles eds., *The Welfare State Reader*, 2nd ed., Polity, pp. 30-39.

Marx, Karl and Frederich Engels (1998) *The Communist Manifesto: A Modern Edition*, Verso (金塚貞文訳『共産主義者宣言』平凡社, 2012年).

McAdam, Doug (1982) *Political Process and the Development of Black Insurgency, 1930-1970*, University of Chicago Press.

McCarthy, John D. and Mayer N. Zald (1977) "Resource Mobilization and Social Movements: a Partial Theory," *American Journal of Sociology*, Vol. 82, No. 6, pp. 1212-1241.

McCarthy, John D. and Mayer N. Zald (2001) "The Enduring Vitality of the Resource Mobilization Theory of Social Movements," in Jonathan H. Turner ed., *Handbook of Sociological Theory*, Springer, pp. 533-565.

McCubbins, Mathew D. and Thomas Schwartz (1984) "Congressional Oversight Overlooked: Police Patrols versus Fire Alarms," *American Journal of Political Sicence*, Vol. 28, No. 1, pp. 165-179.

Meguid, Bonnie M. (2005) "Competition between Unequals: The Role of Mainstream Party Strategy in Niche Party Success," *American Political Science Review*, Vol. 99, No. 3, pp. 347-359.

Meltzer, Allan H. and Scott F. Richard (1981) "A Rational Theory of the Size of Government," *Journal of Political Economy*, Vol. 89, No. 5, pp. 914-927.

Menaldo, Victor A. (2012) "The Middle East and North Africa's Resilient Monarchs," *Journal of Politics*, Vol. 74, No. 3, pp. 707-722.

Michels, Robert (1911) *Political Parties: A Sociological Study of the Oligarchical Tendencies of Modern Democracy*, Collier.

Migdal, Joel (1988) *Strong Societies and Weak States: State-Society Relations and State Capabilities in the Third World*, Princeton University Press.

Miguel, Edward (2004) "Tribe or Nation? Nation-Building and Public Goods in Kenya versus Tanzania," *World Politics*, Vol. 56, No. 3, pp. 327-362.

Miguel, Edward and Mary Kay Gugerty (2005) "Ethnic Diversity, Social Sanctions, and Public Goods in Kenya," *Journal of Public Economics*, Vol. 89, No. 11/12, pp.

2325-2368.

Miguel, Edward, Shanker Satyanath, and Ernest Sergenti (2004) "Economic Shocks and Civil Conflict: An Instrumental Variables Approach," *Journal of Political Economy*, Vol. 112, No. 4, pp. 725-53.

Mill, John Stuart (1859) "What Extent Forms of Government Are a Matter of Choice," in The Collected Works of John Stuart Mill, Volume XIX - Essays on Politics and Society Part 2, http://oll.libertyfund.org/?option=com_staticxt&staticfile=show.php%3Ftitle=234&chapter=16572&layout=html&Itemid=27 (2013年1月5日アクセス).

Miller, Gary J. (2005) "The Political Evolution of Principal-Agent Models," *Annual Review of Political Science*, Vol. 8, pp. 203-225.

Miura, Mari (2012) *Welfare through Work: Conservative Ideas, Partisan Dynamics, and Social Protection in Japan*, Cornell University Press.

Moe, Terry (1984) "The New Economics of Organization," *American Journal of Political Science*, Vol. 28, No. 4, pp. 739-777.

Molinar, Juan (1991) "Counting the Number of Parties: An Alternative Index," *American Political Science Review*, Vol. 85, No. 4, pp. 1383-1391.

Monroe, Kristen R. (2005) *Perestroika! The Raucous Rebellion in Political Science*, Yale University Press.

Montesquieu, Charles Louis de Secondat (1777) *The Complete Works of M. de Montesquieu* (London: T. Evans), http://oll.libertyfund.org/titles/montesquieu-complete-works-vol-2-the-spirit-of-laws (2014年1月10日アクセス,野田良之訳『法の精神』[上・中・下] 岩波書店, 1989年).

Moore, Barrington Jr. (1966) *Social Origins of Dictatorship and Democracy: Lord and Peasant in the Making of the Modern World*, Beacon Press (宮崎隆次他訳『独裁と民主政治の社会的起源——近代世界形成過程における領主と農民』岩波書店, 1987年).

Moore, Mick (2004) "Revenues, State Formation, and the Quality of Governance in Developing Countries," *International Political Science Review*, Vol. 25, No. 3, pp. 297-319.

Morrison, Kevin M. (2009) "Oil, Nontax Revenue, and the Redistributional Foundations of Regime Stability," *International Organization*, Vol. 63, No. 1, pp. 107-138.

Muller, Edward N. and Mitchell A. Seligson (1994) "Civic Culture and Democracy: The Question of Causal Relationships," *American Political Science Review*, Vol. 88,

No. 3, pp. 635–652.
Muller-Rommel, Ferdinand (1994) "Green Parties under Comparative Perspective," Working Paper No. 99, Barcelona.
Munck, Gerardo L. (2010) "Comparative Politics: Taking Stock and Looking Forward," paper prepared for delivery at the Annual Meeting of the American Political Science Association.
Munck, Gerardo L. and Jay Verkuilen (2002) "Conceptualizing and Measuring Democracy: Evaluating Alternative Indices," *Comparative Political Studies*, Vol. 35, No.1, pp. 5–34.
Murillo, Maria Victoria and Ernesto Calvo (2004) "Who Delivers? Partisan Clients in the Argentine Electoral Market," *American Journal of Political Science*, Vol. 48, No. 4, pp. 742–757.
Müller, Wolfgang C., Torbjörn Bergman and Kaare Strøm (2003) "Parliamentary Democracy: Promise and Problems," in Kaare Strøm, Wolfgang C. Müller and Torbjörn Bergman eds., *Delegation and Accountability in Parliamentary Democracies*, Oxford University Press, pp. 3–32.
Newton, Ken and Sonja Zmerli (2011) "Three forms of trust and their association," *European Political Science Review*, Vol. 3, No. 2, pp. 169–200.
Nordlinger, Eric A. (1981) *On the Autonomy of the Democratic State*, Harvard University Press.
Norris, Pippa (2004) *Electoral Engineering: Voting Rules and Political Behavior*, Cambridge University Press.
North, Douglass C. (1981) *Structure and Change in Economic History*, Norton.
North, Douglass C. (1990) *Institutions, Institutional Change, and Economic Performance*, Cambridge University Press（竹下公視訳『制度・制度変化・経済成果』晃洋書房，1994年）.
North, Douglas C. and Robert Paul Thomas (1973) *The Rise of the Western World: A New Economic History*, Cambridge University Press（速水融・穐本洋哉訳『西欧世界の勃興——新しい経済史の試み』ミネルヴァ書房，1980年）.
North, Douglas C. and Barry R. Weingast (1989) "Constitutions and Commitment: The Evolution of Institutions Governing Public Choice in Seventeenth-Century England," *The Journal of Economic History*, Vol. 49, No. 4, pp. 803–832.
O'Connor, Julia S. (1993) "Gender, Class and Citizenship in the Comparative Analysis

of Welfare State Regimes: Theoretical and Methodological Issues," *British Journal of Sociology*, Vol. 44, No. 3, pp. 501-518.

O'Donnell, Guillermo (1973) *Modernization and Bureaucratic-Authoritarianism: Studies in South American Politics*, University of California.

O'Donnell, Guillermo A. (1994) "Delegative Democracy," *Journal of Democracy*, Vol. 5, No. 1, pp. 55-69.

O'Donnell, Guillermo and Philippe C. Schmitter (1986) *Transitions from Authoritarian Rule: Tentative Conclusions about Uncertain Democracies*, Johns Hopkins University Press(真柄秀子・井戸正伸訳『民主化の比較政治学——権威主義支配以後の政治世界』未來社, 1986年).

Olken, Benjamin A. (2007) "Monitoring Corruption: Evidence from a Field Experiment in Indonesia," *Journal of Political Economy*, Vol. 115, No. 2, pp. 200-249.

Olson, Mancur Jr. (1965) *The Logic of Collective Action: Public Goods and the Theory of Groups*, Harvard University Press(依田博・森脇俊雅訳『集合行為論——公共財と集団理論』ミネルヴァ書房, 1983年).

Opp, Karl-Dieter (2009) *Theories of Political Protest and Social Movements: A Multidisciplinary Introduction, Critique, and Synthesis*, Routledge.

Orloff, Ann Shola (1993) "Gender and the Social Rights of Citizenship: The Comparative Analysis of Gender Relations and Welfare States," *American Sociological Review*, Vol. 58, No. 3, pp. 303-328.

Ostrogorski, Mosei (1902) *Democracy and the Organization of Political Parties*, Macmillan.

Panebianco, Angelo (1988) *Political Parties: Organization and Power*, Cambridge University Press.

Pekkanen, Robert (2006) *Japan's Dual Civil Society: Members Without Advocates*, Stanford University Press(佐々田博教訳『日本における市民社会の二重構造——政策提言なきメンバー達』木鐸社, 2008年).

Persson, Torsten, Gerard Roland, and Guido Tabellini (2007) "Electoral Rules and Government Spending in Parliamentary Democracies," *Quarterly Journal of Political Science*, Vol. 2, No. 2, pp. 155-188.

Philpott, Daniel (2007) "Explaining the Political Ambivalence of Religion," *American Political Science Review*, Vol. 101, No. 3, pp. 505-525.

Pierson, Paul (1994) *Dismantling the Welfare State?: Reagan, Thatcher, and the Poli-*

tics of Retrenchment, Cambridge University Press.

Pierson, Paul (1996) "The New Politics of Welfare State," *World Politics*, Vol. 48, No. 2, pp. 143-179.

Pierson, Paul (2004) *Politics in Time: History, Institutions, and Social Analysis*, Princeton University Press（粕谷祐子監訳『ポリティクス・イン・タイム――歴史・制度・社会分析』勁草書房，2010年）.

Pitkin, Hanna Fenichel (1967) *The Concept of Representation*, University of California Press.

Pongtke, Thomas and Paul Webb (2005) *The Presidentialization of Politics: A Comparative Study of Modern Democracies*, Oxford University Press（岩崎正洋監訳『民主政治はなぜ「大統領制化」するのか――現代民主主義国家の比較研究』ミネルヴァ書房，2014年）.

Porter, Bruce D. (1994) *War and the Rise of the State: The Military Foundations of Modern Politics*, Maxwell Macmillan International.

Posner, Daniel N. (2005) *Institutions and Ethnic Politics in Africa*, Cambridge University Press.

Przeworski, Adam, Michael E. Alvarez, José Antonio Cheibub and Fernando Limongi (2000) *Democracy and Development: Political Institutions and Well-Being in the World, 1950-1990*, Cambridge University Press.

Putnam, Robert D. (1993) *Making Democracy Work: Civic Traditions in Modern Italy*, Princeton University Press（河田潤一訳『哲学する民主主義――伝統と改革の市民的構造』NTT出版，2001年）.

Putnam, Robert D. (2000) *Bowling Alone: The Collapse and Revival of American Community*, Simon & Schuster（柴内康文訳『孤独なボウリング――米国コミュニティの崩壊と再生』柏書房，2006年）.

Rabinowitz, George and Stuart Elaine MacDonald (1989) "A Directional Theory of Issue Voting," *American Political Science Review*, Vol. 83, No. 1, pp. 93-121.

Rajan, Raghuram and Arrind Subramanian (2007) "Does Aid Affect Governance?" *American Economic Review*, Vol. 97, No. 2, pp. 322-327.

Ramseyer, Mark J. and Frances McCall Rosenbluth (1993) *Japan's Political Marketplace*, Harvard University Press（川野辺裕幸・細野助博訳『日本政治の経済学――政権政党の合理的選択』弘文堂，1995年）.

Reed, Steven (1990) "Structure and Behavior: Extending Duverger's Law to the Japanese Case," *British Journal of Political Science*, Vol. 20, No. 3, pp. 335–356.

Reinikka, Ritva and Jakob Svensson (2004) "Local Capture: Evidence from a Central Government Transfer Program in Uganda," *Quarterly Journal of Economics*, Vol. 119, No. 2, pp. 679–705.

Reisinger, William M. (1995) "The Renaissance of a Rubric: Political Culture as Concept and Theory," *International Journal of Public Opinion Research*, Vol. 7, No. 4, pp. 328–352.

Renwick, Alan (2010) *The Politics of Electoral Reform: Changing the Rules of Democracy*, Cambridge University Press.

Reynal-Querol, Marta (2002) "Ethnicity, Political Systems, and Civil Wars," *Journal of Conflict Resolution*, Vol. 46, No. 1, pp. 29–54.

Riley, Dylan (2010) *The Civic Foundations of Fascism in Europe: Italy, Spain, and Romania, 1870–1945*, Johns Hopkins University Press.

Rogowski, Ronald (1989) *Commerce and Coalitions: How Trade Affects Domestic Political Alignments*, Princeton University Press.

Ross, Michael L. (2001) "Does Oil Hinder Democracy?" *World Politics*, Vol. 53, No. 3, pp. 325–361.

Ross, Michael L. (2012) *The Oil Curse: How Petroleum Wealth Shapes the Development of Nations*, Princeton University Press.

Rothstein, Bo and Dietlind Stolle (2008) "The State and Social Capital: An Institutional Theory of Generalized Trust," *Comparative Politics*, Vol. 40, No. 4, pp. 441–459.

Rueschemeyer, Dietrich, Evelyn Huber Stephens, and John D. Stephens (1992) *Capitalist Development and Democracy*, University of Chicago Press.

Sainsbury, Diane ed. (1999) *Gender and Welfare State Regimes*, Oxford University Press.

Salomon, Lester M. (1994) "The Rise of the Nonprofit Sector," *Foreign Affairs*, Vol. 73, No. 4, pp. 109–122.

Salomon, Lester M., S. Wojciech Sokolowski, Megan A. Haddock, and Helen S. Tice (2013) "The State of Global Civil Society and Volunteering: Latest Findings from the Implementation of the UN Nonprofit Handbook," Comparative Nonprofit Sector Working Paper No. 49.

Sambanis, Nicholas (2002) "A Review of Recent Advances and Future Directions in the Quantitative Literature on Civil War," *Defense and Peace Economics*, Vol. 13,

No. 3, pp. 215–243.

Sambanis, Nicholas (2004) "What is Civil War? Conceptual and Empirical Complexities of an Operational Definition," *Journal of Conflict Resolution*, Vol. 48, No. 6, pp. 814–858.

Samuels, David J. (2007) "Separation of Powers," in Carles Boix and Susan Stokes eds., *The Oxford Handbook of Comparative Politics*, Oxford University Press, pp. 703–726.

Samuels, David J. (2013) *Comparative Politics*, Pearson.

Samuels, David J. and Mathew S. Shugart (2010) *Presidents, Parties, and Prime Ministers: How the Separation of Powers Affects Party Organization and Behavior*, Cambridge University Press.

Sartori, Giovanni (1976) *Parties and Party Systems: A Framework for Analysis*, Cambridge University Press (岡沢憲芙・川野秀之訳『現代政党学――政党システム論の分析枠組み』早稲田大学出版部，2000年).

Savoia, Antonio and Kunal Sen (2012) "Measurement and Evolution of State Capacity: Exploration of a Lesser Known Aspect of Governance," ESID Working Paper No. 10, University of Manchester.

Schedler, Andreas (2013) *The Politics of Uncertainty: Sustaining and Subverting Electoral Authoritarianism*, Oxford University Press.

Schelling, Thomas (1978) *Micromotives and Macrobehavior*, Norton.

Schmitter, Philippe C. (1979) "Still the Century of Corporatism?" in Philippe C. Schmitter and Gerhard Lehmbruch eds., *Trends Toward Corporatist Intermediation*, Sage Publications, pp. 7–52 (「いまもなおコーポラティズムの世紀なのか？」山口定監訳『現代コーポラティズム（Ｉ）』木鐸社，1984年，pp. 23–100).

Schmitter, Philippe C. (2006) "The Nature and Future of Comparative Politics," European University Institute Working Paper.

Schneider, Ben Ross (1991) *Politics within the State: Elite Bureaucrats and Industrial Policy in Authoritarian Brazil*, University of Pittsburgh Press.

Schumpeter, Joseph A. (1942) *Capitalism, Socialism and Democracy*, Harper and Brothers（中山伊知郎・東畑精一訳『資本主義・社会主義・民主主義』東洋経済新報社，1995年).

Selway, Joel and Kharis Templeman (2012) "The Myth of Consociationalism? Conflict Reduction in Divided Societies," *Comparative Political Studies*, Vol. 45, No. 12, pp.

1542-1571.
Shepsle, Kenneth A. (2006) "Ratio nal Choice Institutionelism," in R. A. W. Rhodes, Sarah A. Binder and Bert A. Rockman eds., *The Oxford Handbook of Political Institutions*, Oxford University Press. pp. 23-38.
Shugart, Matthew S. (1998) "The Inverse Relationship between Party Strength and Executive Strength: A Theory of Politician's Constitutional Choices," *British Journal of Political Science*, Vol. 28, No. 1, pp. 1-29.
Shugart, Matthew S. (2005) "Semi-Presidential Systems: Dual Executive and Mixed Authority Patterns," *French Politics*, Vol. 3, No. 3, pp. 323-351.
Shugart, Matthew S. and John M. Carey (1992) *Presidents and Assemblies: Constitutional Design and Electoral Dynamics*, Cambridge University Press.
Siavelis, Peter M. and Scott Morgenstern (2008) *Pathways to Power: Political Recruitment and Candidate Selection in Latin America*, Pennsylvania State University Press.
Simpser, Alberto (2013) *Why Governments and Parties Manipulate Elections: Theory, Practice, and Implications*, Cambridge University Press.
Sirowy, Larry and Alex Inkeles (1990) "The Effects of Democracy on Economic Growth and Inequality: A Review," *Studies in Comparative International Development*, Vol. 25, No. 1, pp. 126-157.
Skocpol, Theda (1979) *States and Social Revolutions: A Comparative Analysis of France, Russia and China*, Cambridge University Press.
Skocpol, Theda, Marshall Ganz and Ziad Munson (2000) "A Nation of Organizers: The Institutional Origins of Civic Voluntarism in the United States," *American Political Science Review*, Vol. 94, No. 3, pp. 527-546.
Slater, Dan (2010) *Ordering Power: Contentious Politics and Authoritarian Leviathans in Southeast Asia*, Cambridge University Press.
Small, Melvin and J. David Singer (1982) *Resort to Arms: International and Civil War, 1816-1980*, Sage.
Smelser, Neil J. (1962) *Theory of Collective Behavior*, Free Press of Glencoe.
Smith, Anthony D. (1987) *The Ethnic Origins of Nations*, Blackwell（巣山靖司・高城和義・河野弥生訳『ネイションとエスニシティ――歴史社会学的考察』名古屋大学出版会，1999年）.
Spruyt, Hendrik (1994) *Sovereign State and Its Competitors: An Analysis of Systems*

Change, Princeton University Press.

Steinmo, Sven (2010) *The Evolution of Modern States: Sweden, Japan, and the United States*, Cambridge University Press.

Stepan, Alfred and Cindy Skach (1993) "Constitutional Frameworks and Democratic Consolidation: Parliamentarianism versus Presidentialism," *World Politics*, Vol. 46, No. 1, pp. 1–22.

Stephens, John D. (1979) *The Transition from Capitalism to Socialism*, Macmillan.

Stewart, Frances, ed. (2008) *Horizontal Inequalities and Conflict: Understanding Group Violence in Multiethnic Societies*, Palgrave Macmillan.

Stokes, Susan C. (2001) *Mandates and Democracy: Neoliberalism by Surprise in Latin America*, Cambridge University Press.

Stolle, Dietlind (1998) "Bowling Together, Bowling Alone: The Development of Generalized Trust in Voluntary Associations," *Political Psychology*, Vol. 19, No. 3, pp. 497–525.

Stolle, Dietlind (2003) "The Sources of Social Capital," in Marc Hooghe and Dietlind Stolle eds., *Generating Social Capital: Civil Society and Institutions in Comparative Perspective*, Palgrave Macmillan, pp. 19–42.

Strøm, Kaare (1990) "A Behavioral Theory of Competitive Political Parties," *American Journal of Political Science*, Vol. 34, No. 2, pp. 565–598.

Strøm, Kaare (2003) "Parliamental Democracy and Delegation," in Kaare Strøm, Wolfgang C. Müller and Torbjörn Bergman eds., *Delegation and Accountability in Parliamentary Democracies*, Oxford University Press, pp. 55–106.

Strøm, Kaare, Wolfgang C. Müller and Torbjörn Bergman eds. (2003) *Delegation and Accountability in Parliamentary Democracies*, Oxford University Press.

Svolik, Milan (2012) *The Politics of Authoritarian Rule*, Cambridge University Press.

Swenson, Peter A. (1991) "Bringing Capital Back in, or Social Democracy Reconsidered: Employer Power, Cross-Class Alliances, and the Centralization of Industrial Relations in Denmark and Sweden," *World Politics*, Vol. 43, No. 4, pp. 513–544.

Swenson, Peter A. (2002) *Capitalists against Markets: The Making of Labor Markets and Welfare States in the United States and Sweden*, Oxford University Press.

Tarrow, Sidney (1994) *Power in Movement: Social Movements, Collective Action, and Politics*, Cambridge University Press.

Theiss-Morse, Elizabeth and John R. Hibbing (2005) "Citizenship and Civic Engagement," *Annual Review of Political Science*, Vol. 8, pp. 227-249.

Thies, Cameron G. (2005) "War, Rivalry, and State Building in Latin America," *American Journal of Political Science*, Vol. 49, No. 3, pp. 451-465.

Tilly, Charles (1985) "State Formation as Organized Crime," in Evans, Peter, Dietrich Rueschemeyer, and Theda Skocpol eds., *Bringing the State Back in*, Cambridge University Press.

Tilly, Charles (1990) *Coercion, Capital, and European States, A.D. 990-1990*, Blackwell Ltd.

Tilly, Charles and Sidney Tarrow (2006) *Contentious Politics*, Oxford University Press.

Toft, Monica D. (2003) *The Geography of Ethnic Violence*, Princeton University Press.

Tsai, Lily (2007) "Solidarity Groups, Information Accountability, and Local Public Goods Provisions in Rural China," *American Political Science Review*, Vol. 101, No. 2, pp. 355-372.

Tsebelis, George (2002) *Veto Players: How Political Institutions Work*, Princeton University Press.

Tyler, Tom R. (1990) *Why People Obey the Law*, Yale University Press.

Uslaner, Eric M. (2002) *The Moral Foundations of Trust*, Cambridge University Press.

Vandewalle, Dirk (1998) *Libya since Independence: Oil and State-building*, Cornell University Press.

Verba, Sidney, Kay Lehman Schlozman, and Henry E. Brady (1995) *Voice and Equality: Civic Voluntarism in American Politics*, Harvard University Press.

Vreeland, James Raymond (2008) "The Effect of Political Regime on Civil War: Unpacking Anocracy," *Journal of Conflict Resolution*, Vol. 52, No. 3, pp. 401-425.

Ward, Michael, Katherine Stovel, and Audrey E. Sacks (2011) "Network Analysis and Political Science," *Annual Review of Political Science*, Vol. 14, pp. 245-264.

Wedeen, Lisa (1999) *Ambiguities of Domination: Politics, Rhetoric, and Symbols in Contemporary Syria*, University of Chicago Press.

Weingast, Barry R. (1997) "The Political Foundations of Democracy and the Rule of Law," *American Political Science Review*, Vol. 91, No. 2, pp. 245-263.

Weingast, Barry R. (2002) "Rational Choice Institutionalism," in Ira Katznelson and

Helen V. Milner eds., *Polktk Science : The state of the Discipline*, W.W. Norton, pp. 660-692

Wilensky, Harold L.（1975）*The Welfare State and Equality: Structural and Ideological Roots of Public Expenditures*, University of California Press（下平好博訳『福祉国家と平等——公共支出の構造的・イデオロギー的起源』木鐸社，1984年).

Wimmer, Andreas, Lars-Erik Cederman, Brian Min（2009）"Ethnic Politics and Armed Conflict: A Configurational Analysis of a New Global Data Set," *American Sociological Review*, Vol. 74, No. 2, pp. 316-337.

Woodberry, Robert D.（2012）"The Missionary Roots of Liberal Democracy," *American Political Science Review*, Vol. 106, No. 2, pp. 244-274.

World Bank（2011）*The World Development Report 2011: Conflict, Security and Development*, World Bank.

Wright, Joseph and Abel Escribà-Folch（2012）"Authoritarian Institutions and Regime Survival: Transitions to Democracy and Subsequent Autocracies," *British Journal of Political Science*, Vol. 42, No. 2, pp. 283-309.

おわりに

　本書は，筆者が2004年より慶應義塾大学において担当している比較政治学の授業をもとにしています。かれこれ10年ほど「比較政治学を教える」ことと悪戦苦闘してきたことになりますが，その，現時点での成果が本書です。筆者を比較政治学という学問分野に導いてくださった3人の恩師に，この場を借りてお礼を申し上げたいと思います。学部ゼミでお世話になった故内山秀夫先生からは，「政治学は人間がよりよく生きるための学問である」という「内山政治学」の薫陶を（多くの場合飲み屋で）受けました。筆者が学部生としてフィリピンに留学していた際に出会った藤原帰一先生は，東京大学大学院での指導をひき受けてくださり，当時はフィリピン研究を志していた筆者が比較政治学に軸足を移す橋渡しとなってくださいました。また，筆者が現在奉職している慶應義塾大学法学部政治学科では，地域研究の伝統が非常に強いなかで，国分良成先生が地域研究系列科目の1つとして比較政治学の理論枠組みを教えるよう後押ししてくださいました。本書を通じ，これらの先生方から受けた学恩を少しでも社会に還元できたら，と思います。

　本書を書く直接のきっかけとなったのが，ミネルヴァ書房の東寿浩さんからの「比較政治学の教科書を書きませんか」という打診でした。東さんは原稿提出の度重なる遅延にも，教科書でありながら脚注を沢山つけたいという筆者のわがままにも，いつも寛大にご対応くださり，感謝の念に堪えません。

　そして，1人ではカバーしきれないほどの多くのテーマを本書で扱うことができたのは，同業者のみなさんから頂戴したアドバイスやコメントのおかげです。以下の方々から，それぞれがご専門とするテーマの草稿を読んでいただいたことに深く感謝申し上げます。出岡直也，岡山裕，鹿毛利枝子，鎌原勇太，川中豪，菊池啓一，久保慶一，河野勝，塩川伸明，中井遼，根元邦朗，稗田健志，

東島雅昌，三浦まり（五十音順，敬称略）。また，筆者のゼミ生である川崎健司君と小向葵君，そして東京大学アメリカ太平洋地域研究センター特任研究員の高野麻衣子さんには，草稿へのコメントに加え，文献の整理でもお世話になりました。もちろん，本書の不備な点や誤りはすべて筆者の責任です。ご指摘やご質問がありましたら，筆者あてに電子メールでご連絡を頂戴できると幸いです（ykasuya@law.keio.ac.jp）。

　日本における比較政治学研究はこれまで，どちらかというと海外の研究者の理論や枠組みを受容し，それを応用する形で進んできました。しかし，日本を拠点とする研究者が新しい理論をつくって世界に発信する流れはすでに形成されつつあります。本書が，そのような流れを加速させる踏み台になることを願っています。

　　2014年8月

　　　　　　　　　　　　　　　　　　　　　　　　　　　　粕谷祐子

索　引
（＊は人名）

あ　行

＊アーモンド，ガブリエル　7, 123-125, 128, 129
＊アイバーセン，トーベン　174, 175
　アカウンタビリティ　49, 205
　アクティベーション　231, 232
＊アスレイナー，エリック　132
＊アッシャー，ウィリアム　33
　アドボカシー団体　38, 44
　アノクラシー　81, 82, 95
＊アリストテレス　5, 87, 89
＊アンセル，ベン　116, 118-120
＊アンダーソン，ベネディクト　52-55, 57, 58
＊イーストン，デイヴィッド　7
　1票の格差　167
＊イングルハート，ロナルド　124, 125, 129, 130, 189
＊ヴァーバ，シドニー　7, 123-125, 128, 129
＊ヴァルガス，ホアン　76
＊ウィレンスキー，ハロルド　221
＊ウェイ，ルシアン　150, 151, 153
＊ウェーバー，マックス　21, 23, 24
＊ウッドベリー，ロバート　137
＊ヴリーランド，ジェイムズ　81, 82, 94
　エスニシティ　54, 55, 59, 68
＊エスピン-アンデルセン，イエスタ　218-220, 223-225, 231
　M＋1（エムプラスワン）ルール　172, 173
　エリート競合モデル　116, 117
＊エリクセン，トーマス　54

　演繹的分析（アプローチ）　8, 105, 112-116, 120, 121
＊エンゲルス，フリードリッヒ　22
　王政（型権威主義）　141
＊オコナー，ジュリア　225
＊オップ，カール＝ディーター　44
＊オドンネル，ギジェルモ　45, 112, 114, 120, 157
＊オルソン，マンサー　39, 41

か　行

＊ガー，テッド　94
　階級交叉連合　227
＊鹿毛利枝子　42
＊カッツ，リチャード　182, 184
＊カリヴァス，スタシス　72, 73, 75
　カルテル政党　184
＊カローサーズ，トーマス　140
＊ガンディ，ジェニファー　156
＊ガンディ，ソニア　94
　幹部政党　182, 183
＊ギアーツ，クリフォード　124
　議席決定方式　162
＊キッチェルト，ハーバート　193, 194
　帰納的分析（アプローチ）　8, 105, 108, 112, 120, 121
＊ギャラガー，マイケル　169
＊キャリー，ジョン　204, 208
　競合的権威主義　150
　協定（パクト）　113
＊ギルバート，ニール　231

265

＊キルヒハイマー，オットー　184
＊キング，ギャリー　9
　近代化パラダイム　7, 108, 123
　近代国家　20
　草の根団体　38, 39, 44
＊クラーク，ウィリアム　110, 135, 137
　グランドセオリー（巨視理論）　6, 10, 15
＊グレディッシュ，クリスチャン　82, 83
　クレディブル・コミットメント　113-115, 118, 144
　軍政（型権威主義）　141
　経路依存性　28, 29
＊ゲデス，バーバラ　148
＊ゲルナー，アーネスト　53, 58-60
　権威主義体制　90
　　──の定義　91
　権限委譲　205
　原初主義　59
　建設的不信任　199
　権力資源論（パワーリソースモデル）　222, 225
　公共財　39, 40
　合理的選択論　8, 9
　コーポラティズム　100, 101
＊ゴールドストーン，ジャック　82
　国際開発援助（ODA）　31-33
＊コックス，ギャリー　172, 173
　コミットメント→クレディブル・コミットメント
＊コリアー，ポール　75, 77, 79, 87
　コンセンサス型民主主義　98, 99, 101-103

さ　行

　最後通牒ゲーム　127
　再分配モデル　116
＊サスキス，デイヴィッド　174, 175

＊サミュエルズ，デイヴィッド　116, 118-120, 209, 210, 213
＊ザルド，マイヤー　42
＊サルトーリ，ジョヴァンニ　181
＊シェイブブ，ジョゼ　94
＊ジェンキンス，クレイグ　43
　資源動員論　43
　資本主義の諸類型　226
＊清水展　4
　市民文化　128
　社会運動　39
　社会科学研究評議会　6
　社会権　220, 231
　社会的亀裂　186, 187
　社会民主主義レジーム　224, 225, 231
　集合行為問題　35, 39, 40
　自由主義レジーム　224, 225
＊シュガート，マシュー　204, 208-210, 213
　主権　20, 21
　首相・大統領型（の半大統領制）　200, 206, 211, 212
　首相公選制　212
＊シュミッター，フィリップ　45, 112, 120
＊シュンペーター，ヨーゼフ　91-96
　小選挙区制　164, 168, 174, 175
　小選挙区比例代表併用制　165
＊ジョンソン，チャルマーズ　23
　自律性　22
＊シンガー，デイヴィッド　70, 71
　新家産主義　142
＊スウェンソン，ピーター　227
＊スヴォリック，ミラン　145, 147
＊スカッチ，シンディ　208
＊スコチポル，シーダ　42
＊ステパン，アルフレッド　37, 208
＊ストークス，スーザン　110, 212

索 引

＊ストロム，カーレ　204
＊スブラマニアン，アルヴィンド　32
＊スミス，アンソニー　59, 60
＊ズメーリ，ソンヤ　133
＊スモール，メルヴィン　70, 71
　スルタン主義　142
＊スレーター，ダン　31
　政策追及戦略　211
　政策フィードバック　229, 230
　政治システム論　7
　政治的機会構造　43, 44
　政治的自由化　112
　正統性　21
　絶対多数制　163, 164
　セテリス・パリブス　13
＊セリグソン，ミッチェル　129
　選挙区定数　166
　全体主義体制　90
　選択的誘因　41
＊センテノ，ミゲル　30
　戦略投票　172
＊ソーサ，インドラ・デ　80
　ソーシャル・キャピタル　123, 130-132
　阻止条項　167
＊ソスキス，デイヴィッド　226

た 行

＊ダール，ロバート　92, 93, 95, 96, 100
　大衆政党　182, 183
　大統領・議院内閣型（の半大統領制）　200, 206, 211
＊ダウンズ，アンソニー　181, 191, 193
　多数決型民主主義　98, 99, 101-103
　脱物質主義　189
　単記非移譲式投票制　165
　単純多数・二回投票制　178

　単純多数制　163, 164, 176-178
　地域研究　4
　中選挙区制　166
　中範囲理論　10
＊ツァイ，リリー　48, 49
　ＤＤ指標　94, 95, 97
　ティッピング・ゲーム　62-64
＊ティリー，チャールズ　25-27, 29
＊デューベ，オエインドリラ　76
＊デュベルジェ，モーリス　171, 173, 182, 188
　デュベルジェの法則　171, 172
　天然資源　31-33
　　――の呪い　153, 154
＊トーマス，ロバート　27
＊トクヴィル，アレクシ・ド　98
　得票最大化戦略　211
＊トフト，モニカ　78
　ドント式　165

な 行

＊ナック，スティーブン　32, 47, 132
　ニッチ政党　190
＊ニュートン，ケン　133
　能力開発国家　226, 231
＊ノース，ダグラス　24, 27-29, 114, 115

は 行

＊バーク，エドマンド　181
＊パーソンズ，タルコット　7
＊ハーブスト，ジェフリー　29, 30
＊バーマン，シェリ　46
＊パットナム，ロバート　47, 130-132
　パトロネージ　156
＊ハビャリマナ，ジェイムズ　66
＊バルセルス，ライラ　72, 73
　パワーシェアリング　144, 146-149

267

*ハンチントン, サミュエル　46, 106, 107, 122, 134, 157
半比例制　165
*ピアソン, ポール　229, 230
非比例性指数　169, 170
*ビョーンスコフ, クリスチャン　47
比例代表制　164, 168, 174-178
*ファンデワル, ディルク　32
*フィアロン, ジェイムズ　80
*フェルデル, ハネ　80
福祉国家の「新しい政治」　229, 230
福祉レジーム　217-219, 223
*プシェヴォスキ, アダム　109, 110
負託代表　212
フリーダムハウス指標　95-97, 135
フリーライダー　40, 49
*ブローティガム, デボラ　32
分割政府　207
文民支配（型権威主義）　141
閉鎖的権威主義　150
ベヴァリッジ報告　220
*ヘグレ, ハヴァード　81
*ペッカネン, ロバート　44
*ヘフラー, アンケ　75, 77
*ペルソン, トーステン　174
ペレストロイカ運動　8-10
*ペロー, チャールズ　43
*ヘンリッヒ, ヨーゼフ　127
*ボイシュ, カルラス　110, 115, 120, 176, 177
包括政党　184
法の支配　24
*ホール, ピーター　226
保守主義レジーム　224, 225
ポリアーキー　92
ポリティ指標　94-97, 106
本人・代理人モデル　198, 205, 206

ま 行

*マーシャル, トーマス＝ハンフリー　220, 231
*マガロニ, ベアトリス　145
*マキャベリ　5
*マッカーシー, ジョン　42
*マックアダム, ダグ　44
*マディソン, ジェームズ　197
*マルクス, カール　22, 223
*ミグダル, ジョエル　25
*ミゲル, エドワード　64, 65, 76
*ミューラー, エドワード　129, 130
*ミル, ジョン・スチュアート　99, 122
*ムーア, バリントン　106, 111-114, 120
*メイヤー, ピーター　184
*メインワリング, スコット　208
*メグイド, ボニー　190
メディアン・ヴォーター定理　181, 191, 192
*メナルド, ビクター　146
*メリアム, チャールズ　7
*モンテスキュー　6, 122

や 行

有効政党数　170
有効政党数指数　171

ら 行

ラークソ・タゲペラ指数　170
*ライリー, ディラン　46
*ラジャン, ラグラム　32
*ラスウェル, ハロルド　7
利益集団多元主義　100
*リプセット, マーティン＝シーモア　4, 108, 110, 113, 114, 120, 134, 135, 186, 187, 189
*リンス, ホアン　37, 90, 207, 208

＊ルイス，ジェイン　　225
＊ルゲリ，アンドレア　　82
＊レイティン，デイヴィッド　　53, 60-62, 64, 80
＊レイプハルト，アレンド　　99, 100, 103, 162
　『レヴァイアサン』　　11
＊レヴィツキ，スティーブン　　150, 151, 153
＊ロス，マイケル　　154

＊ロスタイン，ボー　　132, 133
＊ロッカン，スタイン　　185-187, 189
　ロックイン効果　　230

わ　行

　ワークフェア　　231, 232
＊ワインガスト，バリー　　114, 115

≪著者紹介≫

粕谷祐子（かすや・ゆうこ）

1968年新潟県生まれ。慶應義塾大学法学部政治学科卒業，東京大学大学院法学政治学研究科博士課程単位取得退学，カリフォルニア大学サンディエゴ校博士課程終了（Ph.D.）。現在，慶應義塾大学法学部政治学科教授（比較政治学）。主な著作に，*Presidents, Assemblies, and Policy-Making in Asia*（Palgrave MacMillan, 2013, 編著），*The Politics of Change in the Philippines*（Anvil, 2010, Nathan Quimpoとの共編著），『アジアにおける大統領の比較政治学──憲法構造と政党政治からのアプローチ』（ミネルヴァ書房，2010年，編著），*Presidential Bandwagon: Parties and Party Systems in the Philippines*（Keio University Press/Anvil, 2009, 単著），最近の訳書に『民主主義 対 民主主義──多数決型とコンセンサス型の36カ国比較研究』（アレンド・レイプハルト著，勁草書房，2014年，菊池啓一との共訳）がある。

比較政治学

2014年9月30日　初版第1刷発行　　　　　〈検印省略〉
2024年2月25日　初版第7刷発行

定価はカバーに表示しています

著　者　　粕　谷　祐　子
発行者　　杉　田　啓　三
印刷者　　藤　森　英　夫

発行所　株式会社　ミネルヴァ書房
607-8494 京都市山科区日ノ岡堤谷町1
電話代表　(075)581-5191
振替口座　01020-0-8076

©粕谷祐子, 2014　　　　亜細亜印刷・吉田三誠堂製本

ISBN978-4-623-07144-9
Printed in Japan

S・R・リード 著 比較政治学	A5判・306頁 本体3200円
O・フェルドマン 著 政治心理学	A5判・352頁 本体3200円
猪口　孝 著 政治理論	A5判・304頁 本体3200円
賀来健輔・丸山　仁 編著 政治変容のパースペクティブ［第2版］	A5判・296頁 本体3200円
岡﨑晴輝・木村俊道 編 はじめて学ぶ政治学	A5判・340頁 本体2800円
大山耕輔 監修／笠原英彦・桑原英明 編著 公共政策の歴史と理論	A5判・328頁 本体2800円
橋本行史 編著 新版　現代地方自治論	A5判・296頁 本体2800円
村上　弘・佐藤　満 編著 よくわかる行政学［第2版］	B5判・248頁 本体2800円
大芝　亮 編著 国際政治学入門	A5判・242頁 本体2800円
大芝　亮 著 国際政治理論	A5判・234頁 本体2800円

―――― ミネルヴァ書房 ――――
http://www.minervashobo.co.jp/